Annales

Sujets & corrigés

Anglais Term

Clémence Arnette
Carole Dessoliers
Professeures agrégées d'Anglais
Lycée Pablo-Neruda de Dieppe

Christelle Brouteele
Professeure certifiée d'Anglais
Institut de Genech

Sylvie Léger
Professeure agrégée d'Anglais
Lycée international François-Ier de Fontainebleau

Nathan

MODE D'EMPLOI

Ces Annales ABC du Bac ont été conçues pour vous aider à réviser efficacement et progressivement l'épreuve d'évaluation commune d'anglais en Terminale.

RÉUSSIR LE NOUVEAU BAC

Toutes les infos sur le **nouveau Bac** et la **description des épreuves**.

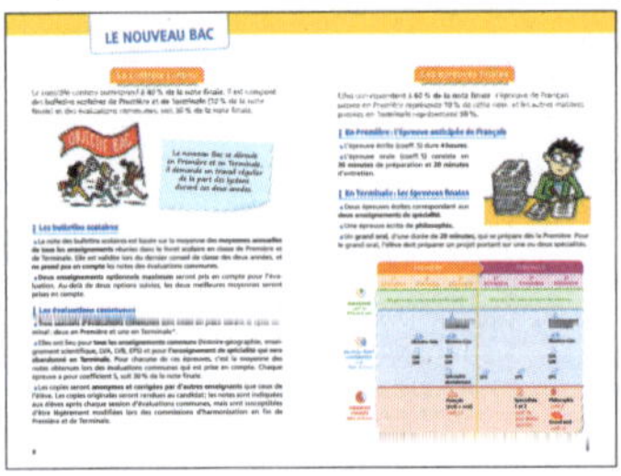

l'**épreuve expliquée** et les **astuces pour réussir** et apprendre à bien mémoriser.

S'ORGANISER POUR BIEN RÉVISER

La **méthode** pour traiter le sujet de l'épreuve d'évaluation commune, avec des conseils pour réussir **étape par étape**.

Tous les types d'**exercice expliqués**, de la compréhension orale à l'expression orale.

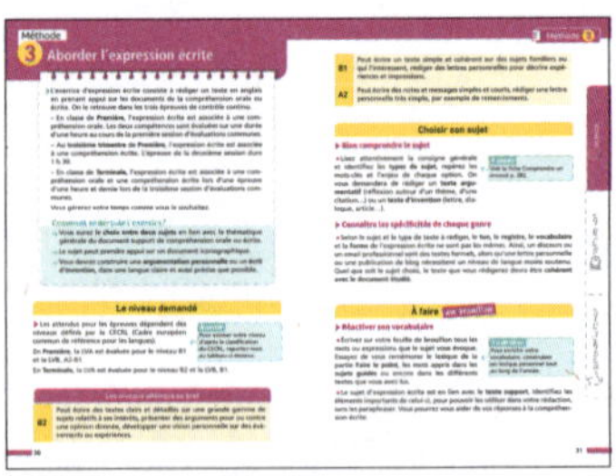

Toutes les étapes de l'épreuve expliquées, de la **feuille de brouillon** à la rédaction **sur la copie**.

RÉVISER ET PROGRESSER

Chaque **axe du programme** est traité de **manière progressive** pour réviser **son cours**, se tester et se préparer avec des **sujets guidés**.

Faire le point

Rappels de cours, **définitions et lexique**.

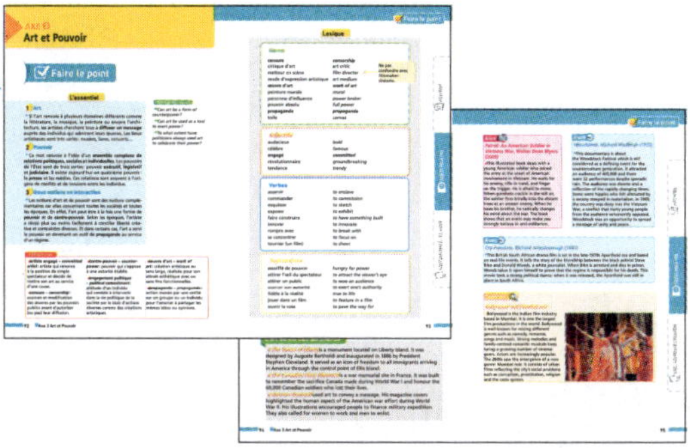

L'axe en un coup d'œil et des **références culturelles** à mobiliser dans votre copie.

Sujets guidés

Des **sujets expliqués** avec une démarche pas à pas.

Méthode par étapes pour **tester votre compréhension** et acquérir les bons réflexes.

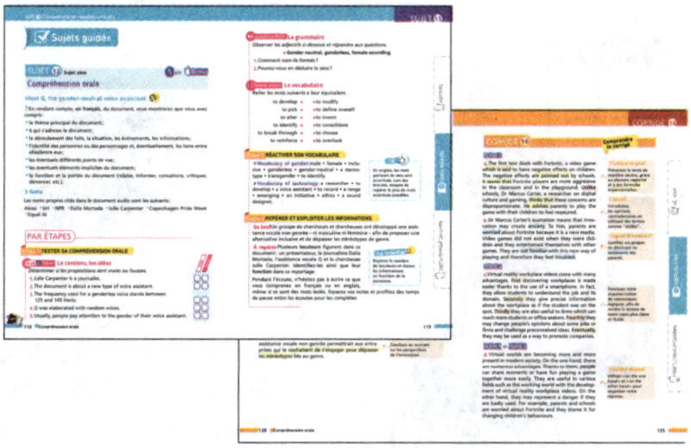

Corrigé commenté avec les **conseils et astuces** des correcteurs.

S'ENTRAÎNER POUR LE JOUR J

Des **sujets complets corrigés** conformes à l'épreuve d'évaluation commune.

Des **sujets avec minutage** pour mieux se préparer.

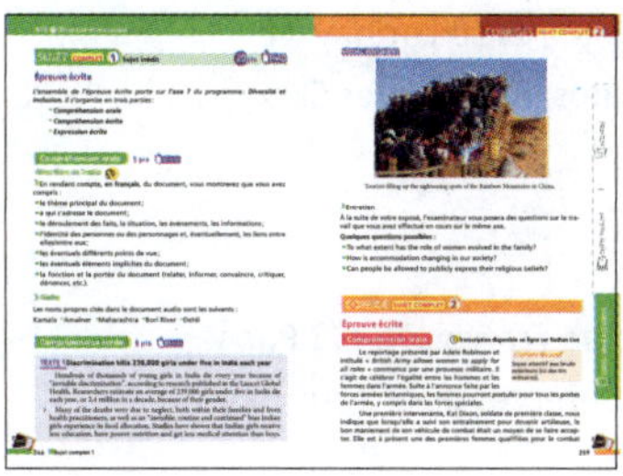

Dans les corrigés, **des astuces** pour gagner des points et **éviter les pièges** dans votre copie !

Nathan live!

COMMENT FAIRE ? C'EST FACILE !

1. Téléchargez gratuitement l'application Nathan live disponible dans tous les stores (App store, Google Play).
2. Dès que vous voyez un picto, scannez la page.
3. Découvrez les ressources !

Direction éditoriale : Raphaëlle Mourey
Coordination éditoriale : Julie Langlais, Sophie Zeegers
Édition : Maria Tasso
Conception graphique intérieur : Élise Launay
Couverture : Jean-Marc Denglos, Pierre-Yves Skrzypczak
Compositeur : IGS
Fabrication : Laurence Monai

ISBN : 978-2-09-157523-3

SOMMAIRE

Sujets comme à l'examen

LE NOUVEAU BAC

Le contrôle continu

Le contrôle continu correspond à **40 % de la note finale**. Il est composé des **bulletins scolaires de Première et de Terminale** (**10 %** de la note finale) et des évaluations communes, soit **30 %** de la note finale.

Le nouveau Bac se déroule en Première et en Terminale, il demande un travail régulier de la part des lycéens durant ces deux années.

Les bulletins scolaires

- La note des bulletins scolaires est basée sur la moyenne des **moyennes annuelles de tous les enseignements** réunies dans le livret scolaire en classe de Première et de Terminale. Elle est validée lors du dernier conseil de classe des deux années, et **ne prend pas en compte** les notes des évaluations communes.
- **Deux enseignements optionnels maximum** seront pris en compte pour l'évaluation. Au-delà de deux options suivies, les deux meilleures moyennes seront prises en compte.

Les évaluations communes

- **Trois sessions d'évaluations communes** sont mises en place durant le cycle terminal : deux en Première et une en Terminale*.
- Elles ont lieu pour **tous les enseignements communs** (histoire-géographie, enseignement scientifique, LVA, LVB, EPS) et pour **l'enseignement de spécialité qui sera abandonné en Terminale**. Pour chacune de ces épreuves, c'est la moyenne des notes obtenues lors des évaluations communes qui est prise en compte. Chaque épreuve a pour coefficient 5, soit 30 % de la note finale.
- Les copies seront **anonymes et corrigées par d'autres enseignants** que ceux de l'élève. Les copies originales seront rendues au candidat ; les notes sont indiquées aux élèves après chaque session d'évaluations communes, mais sont susceptibles d'être légèrement modifiées lors des commissions d'harmonisation en fin de Première et de Terminale.

* Toutes ces informations correspondent aux instructions officielles de juin 2020.

Les épreuves finales

Elles correspondent à **60 % de la note finale** : l'épreuve de Français passée en Première représente **10 %** de cette note, et les autres matières passées en Terminale représentent **50 %**.

En Première : l'épreuve anticipée de Français

- L'épreuve écrite (coeff. 5) dure **4 heures**.
- L'épreuve orale (coeff. 5) consiste en **30 minutes** de préparation et **20 minutes** d'entretien.

En Terminale : les épreuves finales

- Deux épreuves écrites correspondant aux **deux enseignements de spécialité**.
- Une épreuve écrite de **philosophie**.
- Un **grand oral**, d'une durée de **20 minutes**, qui se prépare dès la Première. Pour le grand oral, l'élève doit préparer un projet portant sur une ou deux spécialités.

	PREMIÈRE			TERMINALE		
	1er trimestre	2e trimestre	3e trimestre	1er trimestre	2e trimestre	3e trimestre
BULLETINS coeff. 10 10 % de la note	Moyenne des notes de toutes les matières.			Moyenne des notes de toutes les matières.		
ÉVALUATIONS COMMUNES coeff. 5 30 % de la note		Histoire-Géo LVA LVB	Enseignement scientifique Histoire-Géo LVA LVB Spécialité abandonnée	EPS	EPS	Enseignement scientifique Histoire-Géo LVA LVB EPS
ÉPREUVES FINALES 60 % de la note			Français (écrit + oral) coeff. 10		Spécialités 1 et 2 coeff. 16 pour chaque spécialité	Philosophie coeff. 8 GRAND ORAL Grand oral coeff. 10

L'ÉPREUVE EN BREF

Trois sessions d'**évaluations communes** sont prévues lors du cycle terminal.

PREMIÈRE SESSION

Durée : 1h30
Coefficient : 5
Notation : 20 pts

- La **première session** a lieu au **deuxième trimestre** de l'année de **Première**. L'épreuve d'anglais est composée d'une **compréhension orale** et d'une **expression écrite**.

La compréhension orale

Description :
Vous écoutez le document trois fois, avec une minute entre chaque écoute.

- La compréhension orale se base sur un **document audio ou vidéo en anglais** de 1 min 30 au maximum. Vous devez rendre compte de ce que vous avez compris **en français**.
- **Les attendus** : savoir relever des informations détaillées sur le contexte et établir des liens entre elles ; relever l'essentiel des éléments porteurs de sens et identifier des liens de causalité simple ; identifier l'expression de points de vue, souhaits ou perspectives.

L'expression écrite

- L'expression écrite offre le **choix entre deux sujets** en lien avec la thématique générale du document support de la compréhension orale. Il s'agit de rédiger **en anglais** une **opinion argumentée** ou un écrit d'invention.
- **Les attendus** : produire un écrit intelligible et relativement développé ; faire référence à quelques éléments culturels ; rendre compte d'expériences en décrivant ses sentiments et réactions ; exposer et illustrer un point de vue ; maîtriser les structures simples et courantes.

DEUXIÈME SESSION

Durée : 1h30
Coefficient : 5
Notation : 20 pts

- La **deuxième session** a lieu au **troisième trimestre** de l'année de **Première**. L'épreuve d'anglais est composée d'une **compréhension écrite** et d'une **expression écrite**.

La compréhension écrite

- La compréhension écrite se base sur **un ou deux textes** en lien avec une thématique du programme.
- **Les attendus** : savoir relever des informations détaillées sur le contexte et établir des liens entre elles ; relever l'essentiel des éléments porteurs de sens ; identifier l'expression de points de vue, souhaits ou perspectives ; identifier la nature de l'articulation entre les documents.

L'expression écrite

- Voir Première session.

TROISIÈME SESSION

• La **troisième session** a lieu au **troisième trimestre** de l'année de **Terminale**. L'épreuve d'anglais se déroule en deux temps : une épreuve écrite d'une heure et demie, composée d'une **compréhension orale** et **écrite** et d'une **expression écrite** ; et une épreuve d'**expression orale** de dix minutes. Pour la description précise des épreuves, voir les parties Première session et Deuxième session.

Durée : 1h30
Coefficient : 5
Notation : 20 pts

La compréhension orale

• **Les attendus** : identifier la richesse d'un contexte ou d'une situation d'énonciation ; identifier la cohérence globale d'un document ; repérer une intention en distinguant l'expression d'un point de vue de l'exposé des faits.

La compréhension écrite

• **Les attendus** : identifier la richesse d'un contexte ou d'une situation d'énonciation, identifier la cohérence globale d'un document, repérer une intention en distinguant l'expression d'un point de vue de l'exposé des faits, identifier des éléments implicites de l'articulation entre des documents.

L'expression écrite

• **Les attendus** : produire un texte structuré en indiquant la relation entre les faits et les idées ; prendre appui sur certains éléments culturels pertinents ; maîtriser les structures simples et courantes ; employer un lexique précis et des formulations variées.

L'expression orale

• L'expression orale est une épreuve **individuelle** d'une durée de **dix minutes**, sans temps de préparation. Vous aurez le choix entre **trois axes culturels** du programme sélectionnés par l'examinateur, qui vous proposera alors des pistes de discussion. L'épreuve se base sur **deux documents,** qui peuvent être des documents iconographiques ou des citations. Vous devrez expliquer **en anglais** quel document illustre le mieux l'axe choisi selon vous, pendant **cinq minutes maximum**.

Description :
L'épreuve est composée de 5 minutes de présentation puis de 5 minutes de discussion.

• À l'issue de votre présentation, vous échangerez avec l'examinateur. Cet **entretien de cinq minutes** sera l'occasion de répondre à des questions plus générales sur l'axe.

• **Les attendus** : savoir développer un point de vue pertinent et étayé ; nuancer un propos en s'appuyant sur des références culturelles ; argumenter, chercher à convaincre ; réagir avec pertinence et relancer la discussion ; s'exprimer de manière intelligible, avec des énoncés fluides et des formulations variées.

Bien se préparer

Travailler régulierement

- Tout au long de l'année, rédigez des fiches de révision sur les axes, le vocabulaire, certaines notions importantes. N'hésitez pas à tenir un cahier avec vos références culturelles personnelles ! La lecture n'est pas le seul moyen d'apprentissage : il existe de nombreux podcasts ou documentaires qui peuvent vous permettre de diversifier vos modes de révisions.
- Pour la compréhension orale, développez votre propre méthode de prise de notes : abréviations, codes couleurs, carte mentale… Cela vous permettra de gagner du temps et d'être efficace le jour de l'examen.

Le jour J

- Gérer son temps est primordial, particulièrement pour une épreuve comme l'anglais qui évalue le vocabulaire et la clarté de la rédaction. Ne rédigez pas vos réponses au brouillon, et prenez le temps de relire intégralement votre copie.

Gérer son stress

- Les épreuves orales peuvent être stressantes, d'autant plus lorsqu'elles sont en langue étrangère. Afin d'être le plus à l'aise le jour de l'oral, il n'y a qu'un seul moyen : l'entraînement. Entraînez-vous à faire des présentations de cinq minutes devant vos amis ou votre famille. Vous pouvez même retenir certaines formulations (de présentation, pour combler un silence…) si cela vous rassure !

BIEN MÉMORISER

Différents types de mémoire

Je fais le test sur Nathan Live en flashant cette page. Est-ce que ma mémoire est plutôt **visuelle**, **auditive** ou **corporelle** ?

Connaître son type de mémoire

• Il existe différentes manières de **traiter les informations** et donc d'apprendre et de mémoriser. Selon votre **profil dominant**, vous apprendrez différemment, il faut donc adapter vos méthodes pour mémoriser et réviser.

Mettre en place les stratégies adaptées

• **Vous avez une mémoire visuelle** : vous retenez mieux ce que vous lisez, voyez et écrivez. Soignez la présentation de vos cours, en utilisant tout ce qui peut marquer votre mémoire visuellement : codes couleur, schémas, mise en page, surlignage…

• **Vous avez une mémoire auditive** : vous retenez mieux ce que vous entendez, que ce soit votre prof ou la lecture de vos cours à voix haute. Dites à l'oral ce que vous avez compris avec vos propres mots ou enregistrez-vous en train de lire votre cours. N'hésitez pas à vous poser des questions et à travailler en groupe.

• **Vous avez une mémoire corporelle** : vous retenez mieux en bougeant, vos sensations et émotions jouent un rôle important dans la mémorisation. Privilégiez les activités motrices, les jeux, l'écriture. Vous pouvez rédiger des fiches de révision, réviser en vous déplaçant, ou encore associer des informations à des gestes (renseignez-vous sur la Méthode des lieux).

Comment bien mémoriser ?

Se mettre en condition

• Le processus de mémorisation dépend de plusieurs facteurs : l'intérêt, la motivation, le niveau de difficulté et l'état physique et émotionnel.

S'entraîner

Être attentif, c'est avoir jeté un coup d'œil au manuel avant le cours, être ouvert aux informations, se couper des interférences parasites.

• La **mémoire de travail**, ou à court terme, nous permet de stocker pour une **durée limitée** les informations que nous recevons. Selon la qualité de **concentration** et d'**attention**, elle sera plus ou moins efficace, d'où l'importance d'avoir une écoute active en cours.

Opter pour un travail espacé dans le temps et régulier

• Notre cerveau a une capacité limitée de stockage, il est donc crucial de ne pas perdre des informations importantes, en les enregistrant dans la **mémoire à long terme**.

• La **réactivation** consiste à mobiliser son cours de manière régulière. Sans celle-ci, nous perdons une grande partie des informations le jour même où nous les avons apprises. Il faut privilégier un **apprentissage espacé dans le temps** en variant les méthodes : faire des schémas, raconter le cours à quelqu'un... Ainsi, on apprend plus vite, et pour plus longtemps.

Les méthodes à adopter

Les bonnes pratiques

• **Limiter les sources d'informations** : coupez tout ce qui n'a rien à voir avec les éléments à mémoriser (SMS, réseaux sociaux, etc.) durant vos révisions. Si vos pensées parasitent votre travail, faites des exercices pour vous relaxer ou vous recentrer.

> **À savoir**
> Soyez « mono-tâche ». Faites une relecture de votre copie en plusieurs fois et selon des filtres spécifiques, plutôt que de relire de manière globale.

• **S'approprier l'information** : plus vous transformez et personnalisez l'information, plus vous créez des connexions neuronales fortes. Mettez de la couleur, des symboles, procédez par association d'idées, transformez l'information en schéma ou en histoire.

• **Regrouper les informations** : la mémoire de travail ne pouvant accueillir que cinq à neuf informations simultanément, les rassembler par « groupes » permet de faire croire au cerveau qu'il y en a moins à traiter. Vous pouvez trier des données par catégorie, inventer des codes couleur ou des acronymes.

• **Repérer les points communs entre plusieurs tâches** : en comprenant la structure et l'enjeu d'un exercice, vous pourrez acquérir des réflexes de résolution. Vous pourrez ainsi appliquer une même méthode en différents contextes.

Utiliser des moyens mnémotechniques

• Relier une information nouvelle à une ancienne peut s'avérer très efficace, c'est ce qu'on appelle un **indice récupérateur**.

• Une information facile à retenir vous évoque une autre information plus difficile à mémoriser : elle peut être logique, thématique, émotionnelle, ou même tout simplement surprenante – **le cerveau retient plus facilement ce qui lui semble étrange**.

Méthode pour le **BAC**

Méthode

1 Aborder la compréhension orale

L'exercice de compréhension orale consiste à restituer en français le contenu d'un document audio ou vidéo en langue anglaise. On le retrouve dans deux des trois épreuves de contrôle continu.

– En classe de **Première**, la compréhension orale est associée à une expression écrite. Les deux compétences sont évaluées sur une durée d'une heure au cours du **deuxième trimestre** (lors de la première session d'évaluations communes).

– En classe de **Terminale**, la compréhension orale est associée à une compréhension écrite et à une expression écrite lors d'une épreuve d'une heure et demie à la fin du **troisième trimestre** (lors de la troisième session d'évaluations communes).

Vous gérerez votre temps entre les exercices comme vous le souhaitez.

Comment se déroule l'exercice ?

- → L'enregistrement **audio** ou **vidéo** proposé sera en lien avec l'une des thématiques du cycle terminal.
- → Le document n'excédera pas **1 minute 30**.
- → Vous bénéficierez de **trois écoutes espacées d'une minute de pause**.
- → Vous rendrez compte **en français** de ce que vous avez compris.

Le niveau demandé

Les attendus pour les épreuves dépendent des niveaux définis par le CECRL (Cadre européen commun de référence pour les langues).

En **Première**, la LVA est évaluée pour le niveau B1 et la LVB, A2-B1.

En **Terminale**, la LVA est évaluée pour le niveau B2 et la LVB, B1.

À savoir

Pour estimer votre niveau d'après la classification du CECRL, reportez-vous au tableau page suivante.

Les niveaux attendus en bref	
B2	Peut suivre une intervention d'une certaine longueur comportant une argumentation complexe à condition que le sujet soit assez familier et que le plan général de l'exposé soit indiqué par des marqueurs explicites.
B1	Peut comprendre les points principaux d'une intervention dans une langue claire et standard sur des sujets familiers rencontrés régulièrement au travail, à l'école, pendant les loisirs, y compris des récits courts.
A2	Peut comprendre des expressions et des mots relatifs à des domaines de priorité immédiate (par exemple, information personnelle et familiale de base, achats, géographie locale, emploi), à condition que la diction soit claire, bien articulée et lente.

Avant l'épreuve

▶ Connaître les types de documents possibles

• Lors de l'épreuve, il est important d'identifier la **nature** du document : audio ou vidéo.

• Apprenez à reconnaître et à nommer les différentes natures de document : un **discours** (*a speech*) • un **flash information** à la radio (*a radio newsflash*) • un **débat** (*a debate*) • un **sondage** (*a survey*) • une **interview** (*an interview*) • une **émission télévisée** (*a TV show*) • un **reportage** (*a report*).

> **S'entraîner**
> Certains sites sont dédiés à la compréhension orale et proposent différents accents.
> **→ Entraînez-vous notamment sur les sites Elllo.org, Breakingnewsenglish.com et Podcastsinenglish.com.**

• Entraînez-vous à repérer le **nombre de locuteurs** pour préciser s'il s'agit d'un **monologue**, d'un **dialogue**, ou d'une **conversation** regroupant plus de deux personnes.

À faire lors des écoutes

▶ Avant l'écoute

• Le **titre** du document vous sera donné. Il vous donnera des indices sur son contenu. Vous pourrez également identifier la ou les notions en jeu pour cette écoute.

• Vous pourrez émettre des **hypothèses** quant au genre et au contenu du document.

• Cette étape sera très rapide, c'est le moment de vous concentrer et de vous préparer à la première écoute, imminente.

Première écoute

- Elle vous permet de découvrir le **type de document**.
- Vous pourrez alors valider les hypothèses que vous avez émises lors de l'anticipation.
- Vous pourrez cibler le **contexte** en répondant à certaines questions :

À savoir
Il est normal de ne pas avoir compris l'ensemble du document à l'issue de la première écoute. Ne vous découragez pas !

QUI ? Le ou les locuteurs	nombre de voix type de locuteur (homme, femme, enfant) âge origines (accent) fonction (travail, milieu social...)
QUAND ? Le moment	indications temporelles (dates, moment de la journée, chronologie des événements...)
OÙ ? Le lieu	environnement (radio, plateau de télévision, etc.)
QUOI ? Le sujet	mots-clés thème message passé cible

Deuxième écoute

- Dégagez les **idées explicites** du document.
- Relevez les **éléments essentiels** et mettez-les en relation pour construire du sens.
  - Quels sont les liens entre les locuteurs ?
  - De quoi parle(nt) le ou les locuteurs ?
  - À quoi correspondent les chiffres et dates entendus ?

L'astuce du prof
Profitez des pauses pour organiser vos notes et rendre les idées cohérentes.

Troisième écoute

- Dégagez les **idées implicites** du document.
- Déterminez avec plus de précision le **message** du ou des locuteurs, les **points de vue**.
- Déduisez le **sens des mots inconnus** ou peu clairs lors des précédentes écoutes.
- Aboutissez à une **compréhension détaillée** et fine du document.

À savoir
Pour certains, fermer les yeux peut aider à faire plus facilement le tri dans les informations entendues.

Les outils pour comprendre

L'environnement sonore et visuel

Considérez tous les **éléments non verbaux**, ils sont une aide considérable pour préciser, voire définir le contexte.

- Les **sons** présents dans le document vous donneront des indications sur le lieu de l'enregistrement : une cour d'école, un rassemblement (fête, concert…), une rue, etc.
- Dans le cas d'une vidéo, aux éléments sonores s'ajoutent les **aides visuelles** qui vous donneront davantage d'informations. Vous pourrez observer **l'attitude** et **la gestuelle** des locuteurs : les **expressions du visage**, le positionnement des mains, etc.

L'intonation

- L'intonation des locuteurs peut révéler leurs **intentions** : convaincre, interroger, défendre…
- Cette dernière permet aussi de définir des **émotions** : la colère, la tristesse, l'engouement, la peur, etc.

À savoir
Les questions fermées (Yes/No) ont souvent une intonation montante et pour les questions ouvertes (Wh-) elle est descendante.

Le lexique

- Les mots **répétés et accentués** sont les mots importants, repérez-les rapidement, ils vous donneront des indications sur le **thème** du document.
- Ces mêmes termes vous permettront également de définir un ou plusieurs **champs lexicaux**.
- Relevez les **mots de liaison**, ils précisent comment les idées et les arguments s'articulent.
- Déduisez le sens des **mots inconnus** ou peu clairs. Utilisez le contexte : les termes qui entourent ce mot. Analysez la construction du mot (mot composé, préfixe, suffixe, etc.).

À faire au brouillon 5 min

Il est essentiel d'acquérir certains **réflexes** qui vous permettront de gagner en efficacité.

Le support

- Choisissez une ou plusieurs grandes feuilles. Il est important d'**aérer** votre prise de notes pour avoir une meilleure vision d'ensemble et vous préparer à la restitution.

L'astuce du prof
Privilégiez les rectos quitte à utiliser plusieurs feuilles.

▶ Le type de prise de notes

• Lors des entraînements à la compréhension orale, testez différentes méthodes de prise de notes pour trouver celle qui vous convient.

L'astuce du prof
Ne cherchez pas à traduire à tout prix lors de l'écoute.

• Vous pourrez opter pour une prise de note :

– **linéaire/chronologique**. Veillez alors à laisser des espaces suffisants pour compléter vos notes au fur et à mesure des écoutes ;

– sous forme de **tableau** afin de séparer le contenu des trois écoutes.

▶ Les outils pour gagner en rapidité

• Utilisez des **couleurs** pour distinguer les locuteurs ou encore pour classer les idées et le lexique par exemple.

• Créez des **abréviations** pour gagner du temps lors de l'écoute (par exemple : ***because*** : bec ; ***with*** : w ; ***increase*** : ↗ ; ***decrease*** : ↘).

S'entraîner
Mettez au point vos propres codes lors des entraînements.

→ Retrouvez également une liste d'abréviations utiles en flashant cette page.

À rédiger sur sa copie – 10-15 min

▶ Les étapes à respecter

• Précisez tout de suite de quel **type de document** il s'agit et qui parle (« Le document est un discours prononcé par… » ; « L'enregistrement est une vidéo, il s'agit de l'interview de… »).

• Donnez le **sujet** ou la **thématique** (par exemple : « Le réchauffement climatique est le thème de la discussion… »).

• Présentez de ce que vous avez compris de manière **logique** en intégrant des mots de liaison qui faciliteront la lecture (« tout d'abord », « puis », « ensuite », « enfin »).

• Il ne s'agit pas de traduire mais de rendre compte. Ainsi, vous emploierez le **discours rapporté** (« La journaliste explique que… » ; « Le présentateur questionne l'invité sur… »).

• Il ne s'agit pas non plus d'interpréter ou d'analyser le contenu du document. Rapportez ce que vous entendez de manière neutre.

• **Relisez-vous**. Vérifiez ainsi si votre résumé est exprimé clairement et si les faits sont exprimés de manière cohérente et logique.

• Veillez à corriger votre orthographe et à éviter les anglicismes.

Gagnez des points !
Lorsque cela est possible, traduisez les noms renvoyant à des lieux (ex : London = Londres).

▶ Gérez votre temps

• Prenez l'habitude de gérer votre temps. Entraînez-vous et **chronométrez** votre temps de restitution écrite.

• En Première, dédiez **30 minutes** à la compréhension orale, puis 30 minutes à l'expression écrite.

> **S'entraîner**
> Consacrez 15 minutes maximum à la restitution du document audio ou vidéo.

• En Terminale, dédiez **25 à 30 minutes** à la compréhension orale, 30 minutes à la compréhension écrite et 30 minutes à l'expression écrite. N'oubliez pas de consacrer quelques minutes à la relecture complète de votre copie.

Méthode

2 Aborder la compréhension écrite

▶ L'exercice de compréhension écrite est présent à la fois dans la deuxième épreuve de Première, et dans celle de Terminale.

– En classe de **Première**, la compréhension écrite est associée à une expression écrite. Les deux compétences sont évaluées sur une durée de 1 h 30 lors de la deuxième session d'évaluations communes.

– En classe de **Terminale**, la compréhension écrite est associée à une compréhension orale et à une expression écrite pour une durée de deux heures lors de la troisième session d'évaluations communes.

Vous gérerez votre temps comme vous le souhaitez.

Comment se déroule l'exercice ?

→ **Un ou deux textes** vous seront proposés sur une thématique similaire liée au programme.

→ **Deux cas de figure** peuvent se présenter :

- soit vous répondrez à des questions qui vous permettront de repérer les éléments clés du ou des documents en langue cible ;
- soit vous devrez synthétiser le ou les documents par vous-même en langue cible.

Le niveau demandé

▶ Les attendus pour les épreuves dépendent des niveaux définis par le CECRL (Cadre européen commun de référence pour les langues).

En **Première**, la LVA est évaluée pour le niveau B1-B2 et la LVB, A2-B1.

En **Terminale**, le LVA est évaluée pour le niveau B2 et la LVB, B1.

À savoir

Pour estimer votre niveau d'après la classification du CECRL, reportez-vous au tableau ci-dessous.

Les niveaux attendus en bref	
B2	Peut comprendre des textes courts et simples contenant un vocabulaire extrêmement fréquent, y compris un vocabulaire internationalement partagé.
B1	Peut lire des textes factuels clairs sur des sujets relatifs à son domaine et à ses intérêts avec un niveau satisfaisant de compréhension.

A2	Peut comprendre des textes courts et simples contenant un vocabulaire extrêmement fréquent, y compris un vocabulaire internationalement partagé.

Avant la lecture

▶ Connaître les types de documents possibles

• Vous pourrez traiter un extrait de différentes sortes de document: des extraits de romans, des articles de presse écrite ou de journaux en ligne; il peut s'agir également d'extraits de blogs.

▶ Anticiper le contenu

• Ne vous lancez pas directement dans la lecture du document. Prenez le temps **d'émettre des hypothèses** que vous validerez au moment de la lecture.

L'astuce du prof

Les questions peuvent aussi indiquer la thématique du texte.

• Observez les éléments qui entourent éventuellement le texte: un dessin, une photographie, une légende, un gros titre, le chapeau d'un article de presse, etc.

À savoir

Le chapeau (ou chapô) désigne la partie en gras rédigée avant l'article. Il résume le propos qui sera développé.

• Déterminez le type de document en lisant le **paratexte** en bas de page.

• Repérez alors les informations suivantes:

Auteur	• Est-ce une personne célèbre ? • Dans quel courant littéraire s'inscrit-il ? • Connaissez-vous sa fonction, son rôle (chef d'État, écrivain célèbre, figure emblématique américaine ou britannique, etc.) ?
Source, titre du texte	• Définissez la nature du texte: extrait de roman, autobiographie, etc.
Date de publication	• S'inscrit-il dans un contexte historique précis ? • Le document est-il récent ?

À faire pendant la lecture

▶ Première lecture

- La première lecture du texte vous donne une **vue d'ensemble**.
- Confirmez les hypothèses émises lors de l'anticipation.
- Identifiez le **narrateur** (qui parle ?).
- Dégagez la **thématique générale** en ciblant les mots-clés. Sur quoi le texte fait-il réfléchir ?

> **Conseil**
> Utilisez des surligneurs pour faire ressortir les éléments importants. Appropriez-vous des outils de repérages.

- Faites abstraction des mots que vous ne connaissez pas, ils n'auront pas d'incidence sur la compréhension globale.
- **Résumez** le texte en une ou deux expressions : ***Jealousy / anger / happiness / relaxed – tense atmosphere / violence / death / persuasion…***

▶ Deuxième lecture

- La deuxième lecture est indispensable. Elle vous permet d'**affiner** votre compréhension du texte et de faciliter l'élaboration du résumé ou les réponses aux questions.

> **L'astuce du prof**
> Variez les expressions utilisées pour formuler le thème du texte : *the text deals with, the document is about, refers to…*

- Chaque paragraphe a une **cohérence** : il indique qu'il y a une **unité de sens et de temps**, et comment l'action et le message progressent.
- Selon le type de texte, identifiez les éléments suivants :

WHO	Les personnages, les liens entre eux, le narrateur, la cible.
WHERE	Les indications de lieu.
WHEN	Les indications de temps.
WHAT	Le ou les thèmes, le contexte, ce qui se passe, l'atmosphère, les émotions, l'objectif du document.

Les outils pour comprendre

▶ Observer la structure du texte

- Quel que soit le type de texte, les paragraphes sont immédiatement repérables visuellement.
- Chaque paragraphe exprime une idée ou un argument et assure la **cohérence de sens** du texte. Vous pouvez attribuer un titre, un mot-clé à chaque paragraphe pour faciliter la compréhension globale du texte.

• Relevez les **mots de liaison** (ou connecteurs logiques). Ils aident à l'organisation du texte et vous permettent d'émettre des hypothèses de sens (voir fiche p. 280).

> **Conseil**
> Retenez quelques mots de liaison dans chaque rubrique. Vous gagnerez en efficacité.

▶ Repérer pour comprendre

• Repérez les phrases dites « **minimales** ». Elles indiquent les **informations principales** du document. Il peut s'agir de phrases complexes mais en supprimant les groupes de mots qui ne sont pas indispensables, vous retrouverez une phrase simple.

> **À savoir**
> La phrase minimale doit être grammaticalement correcte et avoir un sens.

– Dans cet exemple, les mots soulignés composent la phrase minimale :

The police officer in charge of the case was standing in front of Jane who nearly fainted when he announced that her husband had been stabbed to death a few days ago.

• Repérez les **référents** des **adjectifs possessifs et des pronoms (possessifs, relatifs, personnels, compléments, etc.)**, identifiez les noms ou groupes de mots qu'ils remplacent. Vous ferez ainsi les liens à l'intérieur du texte.

Exemple : ***The officer whose car was parked along the street remained silent after his announcement. Jane wished she could run away but she knew that he would not let her go. The necklace that she was wearing that day had been found on the crime scene.***

• Repérez les **mots-clés et les champs lexicaux**. Soyez attentifs aux adjectifs, aux verbes, à l'expression des **émotions**. Ils sont autant d'éléments qui vous permettront de mieux appréhender l'**atmosphère** du texte ou encore l'attitude et les **sentiments** des personnages.

> **Conseil**
> Lire contribue à enrichir votre vocabulaire ! Ouvrez-vous à la lecture quelle qu'elle soit !

▶ Donner du sens aux mots inconnus

• **Inférer le sens d'un mot :**

– Observez le **contexte** pour trouver le sens d'un mot ou expression. Appuyez-vous sur ce qui est connu pour comprendre ce qui est inconnu. Cernez l'atmosphère et les émotions des personnages.

Exemple : ***Her hands were shaking when she murmured: "The old lady was stabbed to death. The thief left the knife on the carpet by mistake..."***

– Plusieurs éléments peuvent vous mettre sur la voie :

« ***hands were shaking*** » : le personnage qui s'apprête à parler a les mains qui tremblent, signe d'une émotion particulière : la peur.

« ***death*** », « ***thief*** », « ***knife*** » : vous retrouvez des termes appartenant à un même champ lexical. Vous pouvez donc déduire que « ***stabbed to death*** » signifie « poignardée à mort ».

> **À savoir**
> Les formes verbales comme « *stabbed to death* », « *shot dead* » sont des tournures résultatives.

• Observez la **nature** du mot :

– **la composition** : plusieurs mots assemblés forment un seul mot.

Brushstroke : coup de pinceau = ***brush*** (pinceau) + ***stroke*** (coup)

> **À savoir**
> Attention aux modifications orthographiques : *pity-pitiless*.

– **la dérivation** : ajout de **préfixes** ou **suffixes** à la racine du mot.

Unprepared : préfixe privatif ***un-*** + ***prepare*** + suffixe ***-ed*** (participe passé) : non préparé/ improvisé

Appuyez-vous sur les **mots transparents** : ***planet*** (planète), ***atmosphere*** (atmosphère), ***crucial*** (crucial), ***racial*** (racial), ***criticise*** (critiquer), ***question*** (question), ***plural*** (pluriel)…

• Méfiez-vous des **faux-amis** (liste non exhaustive p. 278).

À rédiger sur sa copie

▶ Pour répondre aux questions

• Lisez attentivement toutes les questions avant d'y répondre. Vous éviterez ainsi le hors-sujet et les contre-sens.

• Répondez aux questions **dans l'ordre**, elles suivent logiquement la **progression** du texte.

• Lorsque vous citez, n'omettez pas les **guillemets** et indiquez le **numéro des lignes**.

• Respectez le **nombre de mots** demandés.

• Si l'on vous demande une seule citation pour justifier un énoncé, respectez cette consigne. Si vous proposez plusieurs phrases du texte pour répondre à la question, le correcteur ne prendra en compte que la première que vous aurez écrite.

• **Relisez-vous** pour vous assurer de n'avoir omis aucune information.

• Les expressions souvent rencontrées dans les consignes : voir fiche Comprendre un énoncé p. 282.

▶ Pour rédiger le résumé en anglais

• Si la consigne pour cet exercice de compréhension écrite est de synthétiser le texte, **suivez les étapes vues précédemment.**

- répondez aux « **questions wh-** » (*what, where, who, why*);
- faites correspondre les **personnages** à leurs **actions, émotions, arguments, etc.**;
- ciblez le **but** du texte: **à qui s'adresse-t-il et pourquoi**;
- relevez les **idées centrales** de chaque paragraphe;
- établissez le **lien** entre les textes s'il y en a plusieurs, identifiez la **thématique commune**.

> **S'entraîner**
> Prenez l'habitude de surligner les verbes des consignes, ils vous indiquent le nombre de tâches à effectuer.

> **Conseil**
> N'hésitez pas à faire un schéma ou une carte mentale pour mettre en relief les idées du texte.

• **Organisez et rédigez votre synthèse:**

- au brouillon, écrivez les idées clés du document;
- à partir de vos notes, rédigez un texte cohérent au propre;
- articulez les idées et informations à l'aide de **mots de liaison** pour rendre votre **résumé cohérent et organisé**;
- employez **le discours rapporté** en variant les verbes introducteurs.

> **S'entraîner**
> Le but de la synthèse n'est pas de réécrire, d'interpréter ou encore de donner votre opinion.

Exemple: ***The narrator asks her daughter if she is happy to take a gap year.***

• Relisez-vous! Ne négligez pas cette étape. Vous vous assurerez que votre résumé est **cohérent** et que votre **syntaxe** et votre **orthographe** sont correctes.

Gérer son temps

▶ En Première

• Vous disposez de 1h30 pour l'ensemble des deux épreuves. Consacrez **45 minutes** maximum pour la compréhension écrite.

> **Conseil**
> Ne rédigez pas de phrases complètes au brouillon, vous n'en aurez pas le temps.

▶ En Terminale

• Vous disposez de 1h30 pour l'ensemble des trois épreuves. Consacrez **30 minutes** maximum à cet exercice de compréhension écrite.

Méthode

3 Aborder l'expression écrite

L'exercice d'expression écrite consiste à rédiger un texte en anglais en prenant appui sur les documents de la compréhension orale ou écrite. On le retrouve dans les trois épreuves de contrôle continu.

– En classe de **Première**, l'expression écrite est associée à une compréhension orale. Les deux compétences sont évaluées sur une durée d'une heure au cours de la première session d'évaluations communes.

– Au **troisième trimestre** de **Première**, l'expression écrite est associée à une compréhension écrite. L'épreuve de la deuxième session dure 1 h 30.

– En classe de **Terminale**, l'expression écrite est associée à une compréhension orale et une compréhension écrite lors d'une épreuve d'une heure et demie lors de la troisième session d'évaluations communes.

Vous gérerez votre temps comme vous le souhaitez.

Comment se déroule l'exercice ?

→ Vous aurez le **choix entre deux sujets** en lien avec la thématique générale du document support de compréhension orale ou écrite.

→ Le sujet peut prendre appui sur un document iconographique.

→ Vous devrez construire une **argumentation personnelle** ou un **écrit d'invention**, dans une langue claire et aussi précise que possible.

Le niveau demandé

Les attendus pour les épreuves dépendent des niveaux définis par le CECRL (Cadre européen commun de référence pour les langues).

En **Première**, la LVA est évaluée pour le niveau B1 et la LVB, A2-B1.

En **Terminale**, la LVA est évaluée pour le niveau B2 et la LVB, B1.

À savoir

Pour estimer votre niveau d'après la classification du CECRL, reportez-vous au tableau ci-dessous.

Les niveaux attendus en bref	
B2	Peut écrire des textes clairs et détaillés sur une grande gamme de sujets relatifs à ses intérêts, présenter des arguments pour ou contre une opinion donnée, développer une vision personnelle sur des événements ou expériences.

B1	Peut écrire un texte simple et cohérent sur des sujets familiers ou qui l'intéressent, rédiger des lettres personnelles pour décrire expériences et impressions.
A2	Peut écrire des notes et messages simples et courts, rédiger une lettre personnelle très simple, par exemple de remerciements.

Choisir son sujet

Bien comprendre le sujet

• Lisez attentivement la consigne générale et identifiez les **types de sujet**, repérez les mots-clés et l'enjeu de chaque option. On vous demandera de rédiger un **texte argumentatif** (réflexion autour d'un thème, d'une citation…) ou un **texte d'invention** (lettre, dialogue, article…).

À savoir
Voir la fiche Comprendre un énoncé p. 282.

Connaître les spécificités de chaque genre

• Selon le sujet et le type de texte à rédiger, le **ton**, le **registre**, le **vocabulaire** et la **forme** de l'expression écrite ne sont pas les mêmes. Ainsi, un discours ou un email professionnel sont des textes formels, alors qu'une lettre personnelle ou une publication de blog nécessitent un niveau de langue moins soutenu. Quel que soit le sujet choisi, le texte que vous rédigerez devra être **cohérent avec le document étudié**.

À faire au brouillon

Réactiver son vocabulaire

• Écrivez sur votre feuille de brouillon tous les mots ou expressions que le sujet vous évoque. Essayez de vous remémorer le lexique de la partie **Faire le point**, les mots appris dans les **sujets guidés** ou encore dans les différents textes que vous avez lus.

S'entraîner
Pour enrichir votre vocabulaire, construisez un lexique personnel tout au long de l'année.

• Le sujet d'expression écrite est en lien avec le **texte support**. Identifiez les éléments importants de celui-ci, pour pouvoir les utiliser dans votre rédaction, sans les paraphraser. Vous pourrez vous aider de vos réponses à la compréhension écrite.

▶ Faire appel à ses connaissances

• Notez ce que vous avez pu voir en cours qui se rattache au sujet : la référence à des faits culturels étudiés peut valoriser votre copie. Pensez notamment au **tableau récapitulatif de chaque axe** qui présente des films, des livres, des personnages historiques ou fictionnels en lien avec chaque thématique. Vous connaissez sûrement des exemples culturels, provenant de vos lectures, vos loisirs, ou tout simplement de votre culture générale : exploitez-les !

S'entraîner
Tout au long de l'année, listez les exemples qui correspondent aux axes.

▶ Préparer ses arguments

• Dans le cas d'un texte argumentatif notamment, il est important de préparer la structure au brouillon.

- Listez les **mots-clés** de vocabulaire, les expressions idiomatiques à insérer dans votre rédaction.
- Listez les **arguments**, et classez-les sous forme logique et cohérente, en commençant par le plus efficace.
- Associez des **exemples** ou des **citations** à chaque argument.

Vous pouvez organiser votre brouillon comme suit :

Vocabulaire	Plan
Arguments ou idées	1.
Citations et exemples	2. 3.

• Si le sujet implique une introduction et une conclusion, il est préférable de les rédiger au brouillon. La conclusion répond à la question, clôt le devoir, et soulève une autre réflexion.

À rédiger sur sa copie

▶ Adapter son ton au type de rédaction

Vous devez faire preuve de votre capacité à défendre un point de vue, à exprimer un jugement, à commenter un fait de civilisation, etc. Votre prise de position devra être nuancée, cohérente et articulée. La qualité de votre expression entre en ligne de compte : vous devez être capable d'employer un lexique riche et varié, sans erreurs grammaticales majeures.

▶ Faire des paragraphes et utiliser des connecteurs

Faites des efforts de **présentation** et de **clarté** : soignez votre copie, construisez des paragraphes aérés, sautez des lignes. Les **mots de liaisons** indiquent à votre lecteur où vous voulez en venir, précisent ce que vous allez expliquer, démontrer, conclure, etc.

▶ Se relire attentivement

Prenez le temps de vérifier la forme et le fond : la cohérence et l'enchaînement des idées, la grammaire, le vocabulaire.

Types de sujets possibles

▶ Écrire un texte argumentatif

• Le **sujet d'argumentation** vous amène à discuter d'une question relative au thème abordé dans le document support. Le sujet peut être une citation, une affirmation ou une question, et peut éventuellement être accompagné d'un document annexe. Il vous faudra appuyer votre réponse sur des exemples personnels ou tirés de connaissances que vous avez sur ce sujet.

• Relevez les **mots-clés** de manière à délimiter le sujet. Chaque paragraphe doit contenir une idée principale, illustrée par un exemple. Il est important d'utiliser des **mots de liaison** pour articuler logiquement vous idées et structurer votre argumentation (***First, moreover, thus, however, in addition…***).

→ Voir corrigés des sujets guidés 3, 7, 11, 15, 19, 23, 27 et 31.

▶ Écrire un dialogue

• Lisez attentivement le texte d'origine : il est impératif de respecter le **temps**, le **lieu**, le **thème central**, l'**identité** des personnages, leur **niveau de langue** (familier, soutenu, formel…). Avant de commencer la rédaction, réfléchissez à un scénario plausible et cohérent avec le texte et le sujet.

À savoir

Il n'y a pas d'inversion du sujet et du verbe introducteur comme en français.

Ex : *He shouted angrily* cria-t-il, en colère.

• Pour rédiger un dialogue **vivant**, il faut faire émerger la singularité de chaque personnage. Cela peut se faire par l'emploi d'**adverbes** (***joyfully, angrily, dryly…***), de **tournures orales**, la variation des **verbes introducteurs** (conjugués au prétérit).

L'astuce du prof

Les dialogues en anglais sont introduits par des **guillemets** (" ") et non des tirets comme en français.

• Il est parfois nécessaire d'introduire votre dialogue pour présenter la scène. D'autres sujets, au contraire, demandent une suite immédiate au texte.

▶ Imaginer la scène qui précède ou qui suit

> **L'astuce du prof**
> Attention au contexte, notamment aux anachronismes !

• Le correcteur doit avoir l'impression de lire une scène issue de la même œuvre que le document support. Votre scénario doit donc être **plausible** et en cohérence avec celui-ci. Identifiez le **temps verbal**, le **point de vue** (omniscient, interne…), la **tonalité** (tragique, pathétique…) et adoptez-les ! La transition entre votre rédaction et le texte d'origine doit également être cohérente et logique.

→ Voir corrigé du sujet guidé 31.

▶ Écrire un discours

• Un bon discours se construit avec des **figures de style**, une variation de rythme. Selon l'enjeu du discours, vous pouvez choisir de **convaincre** ou d'**émouvoir** votre auditoire. Vous pouvez insister sur certains points, utiliser des **modaux** (***we should/must, this could be…***), avoir recours à des **questions rhétoriques** (***who would have imagined?***), inclure des éléments personnels pour que le public puisse s'identifier.

→ Voir corrigés des sujets guidés 19 et 23.

▶ Écrire une lettre

• Certains **éléments formels** sont attendus : les **coordonnées** de l'expéditeur en haut à gauche, celles du destinataire en haut à droite, la **date**, la **formule de politesse** en fin de lettre (***Yours sincerely, Best wishes…***). Cependant, le **registre de langue** diffère selon l'auteur et le destinataire : mettez-vous dans la peau du personnage principal, et imaginez le locuteur à qui vous adressez la lettre. En fonction de la relation entre les deux, vous opterez pour une lettre formelle ou informelle.

▶ Écrire un email

> **Gagnez des points !**
> N'oubliez pas de proposer un objet de mail.

• Contrairement à la lettre, l'email a généralement pour but d'**informer** : il peut s'agir d'une démarche administrative, d'un courrier à un ami, d'un email professionnel… Le registre et le style seront plus ou moins formels et soutenus selon le destinataire. Par exemple pour un email administratif, il faudra employer **des formules de politesse** au début (***Dear Sir/Madam***) et à la fin (***I look forward to hearing from you, Kind regards…***).

▶ Écrire un article

> **Conseil**
> Soyez le plus réaliste possible, exprimez les faits de manière neutre et détaillée.

• L'écriture journalistique doit être la plus **neutre** possible : employez des **tournures impersonnelles** (***there is, it is possible…***) évoquez le discours ou les opinions des personnes mentionnées grâce au **discours rapporté** (***he revealed that, she advised…***).

Selon le type de journal et d'article, vous n'opterez pas pour le même **registre de langue**. Soyez créatifs dans le choix du **titre** : en général il est énoncé au présent simple sans déterminant (***Police interrogates crime suspect***), mais il peut également être l'occasion d'un jeu de mots, d'une référence culturelle.

→ Voir corrigé du sujet guidé 3.

▶ Écrire un post de blog

• Les sujets abordés sur un blog sont très divers, les publications peuvent être similaires à des **entrées de journal intime**, ou des textes sur des **thématiques précises**.

• Généralement, la consigne vous indique l'**objectif** de la publication, et vous permet d'identifier les éléments du texte à reprendre ou à exploiter. La forme est moins codifiée que la lettre ou l'email. Néanmoins, il faut **organiser** votre propos et l'articuler de façon logique. Il faudra également choisir un **titre** représentatif du contenu et de la tonalité du post.

▶ Écrire une entrée de journal intime

• Un journal intime porte en général sur les faits d'une seule journée, sur le **contexte** du document support. Il faut donc bien le relire afin de pouvoir incarner le personnage qui écrit, sa personnalité et son style de rédaction.

• Le ton est plutôt **intime**, utilisez la **première personne** et un **registre de langue familier**, tout en vous adressant au journal comme si c'était une personne (***Dear diary, You will not believe what happened today...***). Il est possible d'employer des **phrases exclamatives**, le lexique des **sentiments** (***disappointed, excited, angry...***), le **discours rapporté** (***he told me that...***), des phrases sans sujet (***How sad!***).

L'astuce du prof

Choisissez le **temps approprié** :
- le **prétérit** pour parler d'événements achevés ;
- le ***present perfect*** pour faire un bilan de ce qui s'est passé ;
- le **présent simple** pour parler de vos sentiments ;
- le **futur** pour exprimer vos plans et résolutions.

→ Voir corrigés des sujets guidés 7 et 27.

▶ Écrire une interview

• L'interaction écrite prend de plus en plus d'importance au quotidien avec le développement des réseaux sociaux et outils nomades de **communication** : courriel, SMS, tweet, forum de discussion, écriture collaborative de texte en ligne, etc. Il s'agit **d'échanger** avec un ou plusieurs correspondants suivant un principe de **coopération** qui construit la conversation.

• Demandez-vous qui sont les **locuteurs** qui interviennent (célébrité, homme ou femme politique, anonyme...) et pour quel type de **média** (blog, article de journal en ligne, plateau TV...).

• Rédiger une interview implique systématiquement l'emploi :
- de **questions** : retravaillez la syntaxe si nécessaire.
- d'un **registre** de langue **adapté** à la situation.

Méthode

4 Aborder l'expression orale en filière générale

▶ Cette épreuve aura lieu au **troisième trimestre** de l'année de **Terminale**, lors des épreuves d'**évaluations communes**. C'est une épreuve orale individuelle d'une durée de **10 minutes**, sans temps de préparation.

Comment se déroule l'exercice ?

→ Vous aurez le **choix entre trois axes culturels** du programme sélectionnés par l'examinateur qui vous proposera alors des pistes de discussion : 2 documents iconographiques, ou 2 citations, ou 1 document iconographique et 1 citation.

→ Vous expliquerez en langue cible pendant **5 minutes** maximum quel document illustre le mieux l'axe selon vous et pourquoi.

→ Un entretien de **5 minutes** vous permettra de répondre à des questions plus générales sur l'axe choisi.

Le niveau demandé

▶ Les attendus pour les épreuves dépendent des niveaux définis par le CECRL (Cadre européen commun de référence pour les langues).

En **Terminale**, la LVA est évaluée pour le niveau B2 et la LVB, B1.

À savoir
Pour estimer votre niveau d'après la classification du CECRL, reportez-vous au tableau ci-dessous.

Les niveaux attendus en bref

	Production orale	Production orale en interaction
B2	Peut faire une description et une présentation détaillées sur une gamme étendue de sujets relatifs à son domaine d'intérêt en développant et justifiant les idées par des points secondaires et des exemples pertinents.	Peut mettre en valeur la signification personnelle de faits et d'expériences, exposer ses opinions et les défendre avec pertinence en fournissant explications et arguments.

B1	Peut assez aisément mener à bien une description directe et non compliquée de sujets variés dans son domaine en la présentant comme une succession linéaire de points.	Peut aborder sans préparation une conversation sur un sujet familier, exprimer des opinions personnelles et échanger des informations sur des sujets familiers d'intérêt personnel.
A2	Peut décrire ou présenter simplement des gens, des conditions de vie, des activités quotidiennes, ce qu'il aime ou pas, par de courtes séries d'expressions ou de phrases non articulées.	Peut faire face à des échanges simples sans effort; peut poser des questions, répondre à des questions et échanger des idées et des renseignements sur des sujets familiers dans des situations de la vie quotidienne.

Avant l'épreuve

▶ Préparer l'épreuve en amont

• Quand bien même vous ne connaîtrez pas les documents à l'avance, vous devrez **réinvestir les problématiques** travaillées en cours sur l'axe en question.

• Retenez quelques expressions permettant d'introduire la problématique en jeu:

The quotation deals with…	La citation traite de…
The document raises the issue of…	Le document soulève le problème de…
The quotation emphasises the notion of…	La citation met en valeur la notion de…

• C'est également le moment d'inclure des **éléments de culture et d'expériences personnelles**. Travaillez ces compétences tout au long de l'année:

– Certains sites Internet offrent des reportages courts sur l'actualité, c'est le cas de Ted.com ou de Bbc.co.uk, qui proposent des documents audio de 6 minutes.

– Regardez des films et séries en version originale (si vous voulez vous rassurer avec des sous-titres, mettez-les en anglais).

– Faites tout simplement preuve de curiosité pour enrichir votre lexique: cherchez à comprendre les paroles des chansons que vous appréciez par exemple.

– Lisez des articles dans le journal en ligne *The Huffington Post*, qui propose du contenu à votre portée.

Conseils

• Rédigez des fiches synthétiques des notions.

• Faites des recherches personnelles pour enrichir vos connaissances et votre présentation.

• Entraînez-vous, vous n'avez que 5 minutes de présentation.

▶ Connaître les différents types de documents possibles

• La citation proposée pourra être très célèbre et provenir d'une figure emblématique. Mais elle peut aussi être liée à une personne moins connue.

• Le document iconographique ne vous sera peut-être pas inconnu. Vous reconnaîtrez probablement les personnages, le contexte.

Dans les deux cas, les documents proposés feront immédiatement et clairement allusion à l'axe.

À faire pendant la prise de parole en continu citation

Si selon vous la citation illustre le mieux l'axe, situez-la à l'aide des mots-clés, de l'auteur et du contexte avant de développer votre point de vue personnel.

▶ Les étapes à respecter

• Identifiez **l'auteur** ainsi que **la date**.

• Ciblez les **mots-clés**: ils vous permettront de **faire le lien avec la thématique** en jeu.

• Inscrivez la citation dans le **contexte historique**: fonction ou rôle de l'auteur, circonstances historiques et sociales...

• **Interprétez** la citation et donnez votre **opinion**.

À faire pendant la prise de parole en continu doc icono

Si selon vous c'est le document iconographique qui illustre le mieux l'axe, vous devrez respecter trois étapes pour la présentation de l'image: **identifier, décrire et proposer une interprétation**.

▶ Identifier le document iconographique

Voir fiche p. 276 pour connaître les différents types de documents icono.

Commencez par présenter le document iconographique:

The document comes from / It is an extract from...	Le document est extrait de...
It was published in (+ name of newspaper / magazine) ***on + date***	Il a été publié dans (nom du journal / magazine) le (date)
It was drawn by / painted by / made by... ***The painter / the photographer / the cartoonist / the advertiser is...***	Il a été peint / dessiné / créé par... Le peintre / le photographe / le dessinateur / le publicitaire est...

▶ Décrire et analyser le document

• Nommez les **différents éléments** de l'image :

A person / people, characters, a landscape, a setting, a caption…

• **Situez** les différents éléments **dans l'espace** en employant les **prépositions de lieu** :

At the top / In the bottom	En haut / en bas
At the top left / right hand corner	En haut à gauche / à droite
In the bottom left / right hand corner	En bas à gauche / à droite
On the left / right hand side	À gauche / à droite
In the background / foreground	En arrière-plan / au premier plan
In the middle / above / under	Au milieu / au-dessus / sous
Near / next to / by / close to	À côté de
Behind / in front of / between	Derrière / devant / entre
In the distance	Au loin

• Décrivez les **angles de vue** :

the camera's angle : l'angle de l'appareil photo

high-angle shot : vue en plongée

low-angle shot : vue en contre-plongée

wide-angle view : grand angle de vue

narrow-angle view : petit angle de vue

front(al) view : vue de face / ***back view*** : vue de derrière / ***side view*** : de côté

À savoir

Pour décrire les éléments d'une image, employez la préposition ***in*** : « ***in the picture*** *there is / are…* »

• Définissez les **couleurs et les contrastes**.

– Couleurs **sombres** : ***dark / gloomy / dusky / obscure / black and white***

– Couleurs **vives** : ***bright / vivid / colourful / garish / flashy***

• Décrire les **apparences** : ***look / seem*** **+ adjectif**

Ex : ***The man seems happy because he is laughing***

L'homme a l'air heureux car il sourit

look like / seem like **+ nom**

Ex : ***The woman looks like a rich person since she's driving a luxurious car***

La femme semble être riche car elle conduit une voiture luxueuse

À savoir

Pour décrire des actions, employez le présent continu : *be + v-ing*.

▶ Interprétez et donnez votre opinion

• Expliquez en quoi l'image est liée à la problématique.

– Quel est le message de l'auteur ?

– Qui est le destinataire de ce message et pourquoi ?

- Exprimez votre ressenti sur le document :
– sur la portée du message ;
– sur l'atmosphère qui s'en dégage.

Voir fiche p. 284 Organiser sa pensée/donner son opinion

Conclure l'analyse du document

- Vous pourrez conclure votre analyse en justifiant votre choix vis-à-vis de l'autre document suggéré pour illustrer l'axe.

Ex : ***To finish, we can say that, unlike the photograph, the quotation clearly deals with the notion of "Fictions and realities".***

Pour finir, nous pouvons dire que contrairement à la photo, la citation est clairement en lien avec la notion « Fictions et réalités ».

Ex : ***To conclude, I would say that this document is more accurate than the other.***

Pour conclure, je dirais que ce document est plus pertinent que l'autre.

Ex : ***As a conclusion, the image is less representative of the notion than the quotation I have analysed.***

Pour conclure, l'image est moins représentative de la notion que la citation que je viens d'analyser.

S'entraîner
Vous n'avez pas de temps de préparation, entraînez-vous pour bien gérer votre temps !

Voir fiche p. 281 Établir une comparaison/un contraste

À faire pendant l'interaction

La seconde partie de cette épreuve orale consiste en une interaction de **5 minutes** avec l'examinateur. Vous aurez l'opportunité d'apporter des **précisions** sur le contenu de votre exposé et/ou de donner des informations que vous n'auriez pas mentionnées. L'examinateur peut aussi vous poser des questions sur votre **opinion personnelle** ou vos expériences.

Écouter l'examinateur

- Observez et écoutez votre interlocuteur. Si l'examinateur vous demande de **répéter** un mot ou une expression, c'est qu'il y a probablement une erreur que vous devrez **corriger**.

Conseil
N'employez pas de formes contractées comme *wanna* ou *gonna*, elles sont trop familières. Favorisez les formes pleines : *I want to…*

- Choisissez les **expressions** appropriées pour **intervenir dans la discussion** :
– ***Can I say something?*** Puis-je dire quelque chose ?
– ***I wish to bring details about…*** Je souhaite apporter une précision sur…

▶ Répondre aux questions

• Anticipez les questions. Si vous n'avez pas été très clair sur certains points, attendez-vous à ce que l'on vous demande des précisions. Vous éviterez ainsi de répondre par des formules comme ***I don't know…***

• Les questions peuvent aussi faire appel à vos **connaissances** ou **expériences personnelles**.

• Si vous ne comprenez pas la question de l'examinateur, employez des expressions comme :

– ***Excuse me but I don't understand…*** Excusez-moi mais je ne comprends pas…

– ***Could you repeat your question please?*** Pourriez-vous répéter votre question s'il vous plaît ?

• Employez les termes appropriés pour exprimer votre opinion.

– Exprimer son accord :

I agree with you… Je suis d'accord avec vous…

I share the same point of view… Je partage le même point de vue…

So do I / Neither do I… Moi aussi / Moi non plus…

– Exprimer son désaccord :

I do not totally agree with you… Je ne suis pas totalement d'accord avec vous…

You might be right but, to my mind… Vous avez probablement raison mais, selon moi…

That's not my point of view… Ce n'est pas mon point de vue…

I don't see things that way… Je ne vois pas les choses de cette façon…

Acquérir de l'aisance lors de la prise de parole

Ne vous exprimez qu'en anglais quoi qu'il advienne.

• En cas d'hésitation :

– Employez des expressions type :

Sorry, I am looking for my words… Excusez-moi je cherche mes mots…

Just a moment, please… Juste un instant s'il vous plaît…

> **À savoir**
> Il est tout à fait normal d'avoir des moments d'hésitation à l'oral, ne paniquez pas !

– Utilisez des *gap fillers* :

Hum…, well…, I mean…

• Si un mot vous manque :

– Essayez de paraphraser, trouvez des alternatives pour pallier la difficulté.

– En dernier recours, demandez poliment à l'examinateur de vous venir en aide :

Excuse me, could you help me? Excusez-moi, pouvez-vous m'aider ?

Excuse me, could you tell me the English word for… please? Excusez-moi, pouvez-vous me dire le mot anglais pour… s'il vous plaît ?

Méthode

5 Aborder l'enseignement technologique en langue vivante

▶ L'évaluation de l'enseignement technologique en langue vivante **(ETLV) se substitue à l'expression orale de l'épreuve de Terminale de la LVA**. C'est une épreuve orale individuelle d'une durée de **10 minutes**.

Comment se déroule l'exercice ?

→ L'oral repose sur **l'enseignement technologique qui a fait l'objet d'un enseignement d'ETLV** au cours de l'année de **Terminale**. Le jury est composé de deux enseignants, l'un pour l'enseignement technologique choisi, l'autre pour la langue vivante.

→ Le contenu de l'ETLV est **en lien avec les 8 axes de la LVA**.

→ Vous commencez par une prise de parole en continu de **5 minutes** maximum en langue cible, pour laquelle vous produirez des **ressources**.

→ Un **entretien de 5 minutes** avec le jury vous permettra d'éclaircir certains aspects de votre présentation.

Le niveau demandé

▶ Les attendus pour les épreuves dépendent des niveaux définis par le CECRL (Cadre européen commun de référence pour les langues).

En **Terminale**, la LVA est évaluée pour le niveau B1-B2 et la LVB, A2-B1.

Les niveaux attendus en bref

	Production orale	Production orale en interaction
B2	Peut faire une description et une présentation détaillées sur une gamme étendue de sujets relatifs à son domaine d'intérêt en développant et justifiant les idées par des points secondaires et des exemples pertinents.	Peut mettre en valeur la signification personnelle de faits et d'expériences, exposer ses opinions et les défendre avec pertinence en fournissant explications et arguments.

B1	Peut assez aisément mener à bien une description directe et non compliquée de sujets variés dans son domaine en la présentant comme une succession linéaire de points.	Peut aborder sans préparation une conversation sur un sujet familier, exprimer des opinions personnelles et échanger des informations sur des sujets familiers d'intérêt personnel.
A2	Peut décrire ou présenter simplement des gens, des conditions de vie, des activités quotidiennes, ce qu'il aime ou pas, par de courtes séries d'expressions ou de phrases non articulées.	Peut faire face à des échanges courants simples sans effort excessif; peut poser des questions, répondre à des questions et échanger des idées et des renseignements sur des sujets familiers dans des situations de la vie quotidienne.

Prise de parole en continu 5 min

Vous devrez **communiquer** en langue cible sur des travaux effectués au cours du cycle terminal en **ETLV**, en lien avec votre **enseignement de spécialité**. Ne vous exprimez qu'en anglais; lorsque vous arrivez, lors de votre présentation et lorsque vous prenez congé.

▶ Organisez votre prise de parole

Vous devrez présenter votre travail en abordant les aspects relatifs au **cahier des charges** que vous aurez établi tout au long du projet.

S'entraîner

Préparez votre intervention ! Chronométrez-vous pour ne pas être pris par le temps le jour de l'épreuve !

- Décrivez le **contexte** dans lequel s'inscrit votre projet:
  - Donnez le **nom du projet, son principe, ses objectifs, ses bénéficiaires, ses échéances…**
  - Présentez-vous en précisant quelle est votre **spécialité**.
  - Parlez de **votre rôle** au sein de l'équipe qui a mené à bien le travail.
- Retenez quelques expressions permettant d'introduire la problématique en jeu:

Name ***We will talk about / here is the…***	**Nom** Nous allons parler de… / voici…
Function / principle ***It can be used to… / its function is to…***	**Fonction / principe** On peut l'utiliser pour… / sa fonction est de…

Equipment / components	**Équipement / composants**
The device is equipped with... / it is composed of...	Ce système est équipé de... / il est composé de...
Team members	**Membres du groupe**
The team is composed of... members	Le groupe est composé de... membres
Your role	**Votre rôle**
I had to deal with...	Je devais me charger de...
My work consisted in building / programming / drawing / creating / looking for...	Mon travail consistait à construire / programmer / dessiner / créer / rechercher...

• Décrivez les **problématiques** rencontrées.

En fonction de votre **cahier des charges**, vous exposerez les **problèmes** auxquels vous aurez eu à faire face. Voici quelques questions que vous pouvez vous poser :

> **Conseil**
> 5 min, c'est très court ! Il faut être efficace, se concentrer sur les informations les plus importantes.

What were the constraints imposed by the specifications? Quelles ont été les contraintes imposées par le cahier des charges ?

What is the need of the user? Quel est le besoin de l'utilisateur ?

What were the problems concerning materials? Quels ont été les problèmes liés aux matériaux ?

What were the problems concerning the organisation of the tasks? Quels ont été les problèmes liés à l'organisation des tâches ?

What about the impact on the environment? Qu'en est-il de l'impact sur l'environnement ?

• Donnez les **solutions** apportées aux problèmes :

- Présentez les expériences de mesure ***(measurements)***, les simulations ***(simulations)***, les maquettes ***(models)***, les prototypes ***(prototypes)*** dans le but de valider un principe ou une solution.
- Argumentez sur la pertinence des solutions choisies d'un **point de vue social et technique**.
- Retenez quelques expressions utiles :

This problem was solved by... Ce problème a été résolu par...

This device has enabled us to... Ce système nous a permis de...

We improved its functionalities with... Nous avons amélioré ses fonctionnalités avec...

The best solution / option was to... La meilleure solution / option a été de...

▶ Concevoir un support visuel efficace

- Votre prise de parole sera accompagnée d'une **présentation visuelle** que vous élaborerez au moyen de **diapositives**.
- Le contenu doit être **en anglais exclusivement !**

À savoir
Il existe des alternatives à Powerpoint, comme Prezi, Visme ou Canva.
→ **Scanne la page avec ton appli Nathan Live.**

- Dites le plus possible avec peu de texte. Le support visuel est un complément à votre prise de parole.
- Insérez volontiers des images ***(pictures / images)***, diagrammes ***(diagrams)*** et graphiques ***(charts)*** mais ne rédigez pas de phrases sur vos diapositives.

Interaction 5 min

La seconde partie de cette épreuve orale consiste en une interaction de **5 minutes** avec l'examinateur.

Vous aurez l'opportunité d'apporter des **précisions** sur le contenu de votre exposé et/ou de donner des informations que vous n'auriez pas mentionnées.

L'examinateur peut aussi vous poser des questions sur votre **opinion personnelle** ou vos **expériences**.

▶ Écouter l'examinateur

- Observez et écoutez votre interlocuteur. Si l'examinateur vous demande de **répéter** un mot ou une expression, c'est qu'il y a probablement une erreur que vous devrez **corriger**.
- Choisissez les **expressions** appropriées pour **intervenir dans la discussion** :

Conseil
N'employez pas de formes contractées comme *wanna* ou *gonna*, elles sont trop familières. Favorisez les formes pleines : *I want to…*

- ***Can I say something?*** Puis-je dire quelque chose ?
- ***I wish to bring details about…*** Je souhaite apporter une précision sur…

▶ Répondre aux questions

- Anticipez les questions. Si vous n'avez pas été très clair sur certains points, attendez-vous à ce que l'on vous demande des précisions. Vous éviterez ainsi de répondre par des formules comme ***I don't know…***
- Les questions peuvent aussi faire appel à vos **connaissances** ou **expériences personnelles**.
- Si vous ne comprenez pas la question de l'examinateur, employez des expressions comme :

Excuse me but I don't understand… Excusez-moi mais je ne comprends pas…

Could you repeat your question please? Pourriez-vous répéter votre question s'il vous plaît ?

• Employez les termes appropriés pour exprimer votre opinion.

– Exprimer son accord :

I agree with you... Je suis d'accord avec vous...

I share the same point of view... Je partage le même point de vue...

So do I / neither do I... Moi aussi / moi non plus...

Conseil

Si un mot ou une expression vous manque, contournez la difficulté en employant un synonyme ou en paraphrasant.

– Exprimer son désaccord :

I do not totally agree with you... Je ne suis pas totalement d'accord avec vous...

You might be right but, to my mind... Vous avez probablement raison mais, selon moi...

That's not my point of view... Ce n'est pas mon point de vue...

I don't see things that way... Je ne vois pas les choses de cette façon.

Sujets pas à pas

AXE 1

Identités et échanges

Faire le point

L'essentiel

1 Identités

- La notion **d'identité** regroupe la conscience que les individus ont d'eux-mêmes et la reconnaissance de leurs pairs. L'identité permet aux individus de différencier ce qui est de l'ordre de l'individualité et du collectif.
- Les identités peuvent être multiples dans nos sociétés, elles sont liées au sentiment d'appartenance des individus à des groupes de différentes natures, qu'ils soient religieux, ethniques, sociaux, familiaux…

2 Échanges

- Les **échanges** sont des opérations par lesquelles les individus échangent des biens, matériels ou immatériels. La réciprocité est la base de l'échange.
- Ceux-ci mettent en relation les personnes dans des contextes variés: échanges commerciaux, culturels ou encore flux migratoires.

3 Deux notions en interaction

- Les notions d'identités et d'échanges se rencontrent lorsque les individus ou les communautés entrent en rapport. Si ces rapports (commerce, voyages, conflits…) existent depuis des siècles, ils évoluent dans le contexte de la **mondialisation**.
- En effet, les échanges se mondialisent toujours plus, et la notion d'identité évolue. En outre, les échanges entre individus dans un monde globalisé font évoluer la notion de **territoires** et de **frontières**.

PROBLÉMATIQUES

→ *Do we all live in a global world?*

→ *To what extent are exchanges developing at an international level?*

→ *To what extent is the notion of citizenship globalising?*

DÉFINITIONS

- **frontière – *border***: limite de territoire ou limite séparant deux États.
- **influence d'un groupe – *peer pressure***: influence exercée sur une personne par un groupe pour lui imposer des normes dominantes.
- **mondialisation – *globalisation***: ouverture des économies nationales sur un marché mondial entraînant une interdépendance entre les États.
- **village planétaire – *global village***: idée que le monde est un ensemble de localités reliées par la mondialisation.

Lexique

Noms

bidonville	*slum*
blocus	*blockade*
chômage	*unemployment*
dépaysement	*change of scenery*
manifestation	*demonstration*
préjugé	*prejudice*
réfugié	*refugee*
traversée	*crossing*

Adjectifs

défavorisé	*underprivileged*
démuni	*impoverished*
impitoyable	*ruthless*
mal payé	*badly-paid* ← **synonyme :** *underpaid*
mondial	***worldwide, global***
peureux	*fearful*
riche	*wealthy*
séparé, ségrégué	*segregated*

Verbes

déclencher	*to trigger*
dénoncer	*to denounce*
exporter	*to export*
fournir	*to supply*
importer	*to import*
manifester violemment	*to riot*
partager	*to share*
saccager	*to ransack*

Expressions

bénéficier	*to take advantage of*
commerce équitable	*fair trade*
gravir les échelons	*to climb up the career ladder*
liens commerciaux	*trade ties*
plonger un pays dans la guerre	*to lead a country into war*
prendre la route	*to hit the road*
réussir à	*to succeed in*
sortir des sentiers battus	*to stray off the beaten track*

← Vous pouvez aussi dire : *to stray off the beaten path.*

L'axe en un coup d'œil

Si le sujet du bac tombe sur cette **thématique**

je peux mobiliser ces **idées** pour l'expression écrite et orale.

Individus et environnement

- *As we live in a more global world,* living in harmony with the natural environment means we must make both individual and collective efforts to preserve the planet. These efforts include recycling, reusing things, car-pooling and sharing. Many cities now have short-term bicycle or car-rental services, that are much cheaper and easier than traditional rental agencies.
- *To raise awareness,* governments must educate pupils and help them become more environmentally conscious, or eco-aware. The Eden Project in Cornwall, England, is a botanical complex composed of two huge inflated plastic domes that house more than one million plants. The goal is to educate the public about the interdependence of plants and people.

Individus et mondialisation

- *To produce at lower costs,* companies delocalise their factories to developing countries where they can hire a labour force at more competitive wages. This can be positive for local workers since it creates jobs. On the other hand, working conditions in those factories where keeping costs low is the main priority, are often not good. In addition, the system can lead to unemployment in industrialised countries.
- *Education systems* allow countries to have a more highly-skilled labour force and to increase their commercial exchanges. This reduces the "brain drain", which is the need for students to leave their country to pursue their education in the West and secure better living and working conditions.

Citoyenneté et monde en évolution

- *As the world is becoming more and more global,* some people feel they are global citizens rather than citizens of a particular state. The notion of identity is evolving, it is no longer related to borders and territories. It means being a citizen of a larger class: humanity. But global citizens do not reject their nationalities or local identities.
- *Brexit* is a portemanteau word composed of the words British and exit. It refers to the United Kingdom leaving the European Union. The Brexit Party is led by Nigel Farage and it has been very active since January 2019. The eurosceptic feeling has developed since the integration of the UK into the EU. The members think that the EU undermines national sovereignty and the nation state. They also encouraged a fear of immigration.

À lire

Gap Year, A Detective's Story, Sid Colton (2015)

• It is the story of a retired detective who is bored with his new life. So as soon as he discovers that his friend's daughter has gone missing on her gap year, he decides to go and find her. The protagonist travels to Africa, encountering new challenges on his way and discovering that he misses both Scotland Yard and the British laws. For the first time in his life, he is working outside his comfort zone. Solving this mystery is going to be tougher than he thought.

À voir

The Last Tree, Shola Amoo (2019)

• This movie tells the story of a Black Briton who is facing an identity crisis. It deals with uprooting and the feeling of belonging to a community. Growing up with his foster mother in the rolling fields of rural Lincolnshire, Femi's young life seems as idyllic as the landscape. But when he returns to London to live with his birth mother, he begins to struggle with the culture and values of his new environment. As the years pass, he must decide which path to adulthood he wants to take and what it means to be a young black man in London during the early 2000s.

À écouter

Inside America's first eco-town

• Babcock Ranch, in Southwest Florida is the first solar-powered town. The area used to be scrubland inhabited by some cattle, rattlesnakes and alligators. Once finished, the eco-town will be able to accommodate 50,000 residents. The place was created by Syd Kitson, a former National Football League player who designed it as a sustainable community. The houses are all solar-powered with modern conveniences and high technology, such as autonomous vehicles and a health and wellness centre with Telehealth. Residents have more contacts within the community thanks to the design of the city. A couple is interviewed and they think that the natural resources of Florida are better used in this eco-town than in the rest of the state.

To listen to this, flash this page with your Nathan Live app.

Zoom sur...

BedZed, Beddington Zero Energy Development

• BedZed is an environmentally-friendly housing development or eco-village in London. It was designed to be carbon neutral in order to protect the environment and promote a more sustainable lifestyle. The eighty-two houses were built with recycled and local natural materials. They have solar panels and the houses are thus well-insulated to reduce energy consumption. Inhabitants are encouraged to recycle, collect rainwater for plants and get around on foot, by bike or by bus. In fact, the British Government encourages sustainable development policies and projects that reinforce people's sense of belonging in their community. People from BedZed meet their needs in a way that will not compromise future generations' ability to meet their needs. In other words, they try to produce and consume what they need now without doing irreparable damaging to the environment.

Sujets guidés

SUJET 1 Sujet zéro

5 pts 30 min

Compréhension orale

Does globalisation destroy culture?

› En rendant compte, **en français**, du document, vous montrerez que vous avez compris :

- le thème principal du document ;
- à qui s'adresse le document ;
- le déroulement des faits, la situation, les événements, les informations ;
- l'identité des personnes ou des personnages et, éventuellement, les liens entre elles/entre eux ;
- les éventuels différents points de vue ;
- les éventuels éléments implicites du document ;
- la fonction et la portée du document (relater, informer, convaincre, critiquer, dénoncer, etc.).

› Note

Les noms propres cités dans le document sont les suivants :

Riverdance • U2 • Guinness

PAR ÉTAPES

Étape 1 TESTER SA COMPRÉHENSION ORALE

True or False? Le contenu, les idées

Déterminer si les propositions sont vraies ou fausses.

	true	false
1. Globalisation destroys local cultures.	☐	☐
2. Globalisation creates homogeneity.	☐	☐
3. People don't try to keep their local cultures.	☐	☐

Questions flash La grammaire

Observer les deux exemples ci-dessous et répondre aux questions.

- **"The Irish language has grown"**
- **"It has been taught in private schools"**

1. Quel est le temps utilisé dans ces deux formes verbales ? Pourquoi ?
2. Quelle est la différence entre les deux formes ?

Termes à relier Le vocabulaire

Relier les mots suivants à leur équivalent.

indigenous •	• admit
box store •	• supermarket
grant •	• unlucky
unfortunate •	• local

Étape 2 RÉACTIVER SON VOCABULAIRE

- **Vocabulary of trade:** a market • a fast-food chain • a box store • to sell • global • competitive • prosperity.
- **Vocabulary of culture:** music • poetry • a film • a dance • a language • traditional • indigenous • local • heritage.

Étape 3 REPÉRER ET EXPLOITER LES INFORMATIONS

En bref La vidéo évoque les effets de la mondialisation sur les cultures locales. Le journaliste constate une homogénéisation des enseignes commerciales. Un intervenant, au contraire, y voit un bénéfice pour la culture irlandaise dans le monde.

À repérer Les images de la vidéo qui montrent différentes enseignes commerciales ainsi que des exemples de la culture irlandaise.

Au brouillon

Relevez les informations concernant le pays : Où ? Quoi ? Quand ? Par qui ? Pourquoi ?

CORRIGÉ 1

Comprendre le corrigé

La vidéo s'intitule « *Does globalisation destroy culture?* ». Plusieurs intervenants y prennent la parole sur le sujet de la mondialisation et de la culture locale. Le premier locuteur, un journaliste, dépeint négativement les effets de la mondialisation. Il affirme que cette dernière détruit la culture locale en homogénéisant les différents pays avec les chaînes de restauration rapide et les enseignes de la grande distribution. Selon lui, le fait de tout réduire au plus bas dénominateur commun dans tous les pays détruit les cultures indigènes.

Le deuxième intervenant appuie les dires du journaliste. En effet, en voyageant autour du monde, on observe de nombreuses enseignes similaires. Cependant, il pointe le fait que cette homogénéisation a pour conséquence la résurgence de formes traditionnelles de culture, car les individus souhaitent défendre leur identité propre.

La troisième personne à intervenir est quant à elle convaincue que la mondialisation est la cause de la résurgence de la langue irlandaise. En effet, son enseignement avait été abandonné par les trois ou quatre générations précédentes, alors qu'il y a aujourd'hui une réelle demande des parents pour que l'enseignement de l'irlandais soit réintroduit dans les écoles. On remarque ainsi une volonté de retrouver non seulement la langue irlandaise, mais également la musique ou la danse. C'est ce qui a donné son ampleur au phénomène Riverdance : un spectacle de danse traditionnelle irlandaise.

Quant au dernier intervenant, il reconnaît que l'Irlande a déjà utilisé la mondialisation pour promouvoir sa culture dans le monde. En effet, celle-ci possède une culture riche, avec de grands groupes de rock comme U2, la fameuse bière Guinness ou encore la poésie et les films. Cela prouve qu'un petit pays peut rencontrer un grand succès grâce à la mondialisation.

Soyez attentif à la répétition de certains mots comme « *destroy* ».

L'astuce du prof

Utilisez le discours rapporté.

Gagnez des points !

Veillez à organiser clairement votre compte-rendu en créant des paragraphes et en utilisant des connecteurs logiques.

Conseil

Repérez les mots accentués comme « *huge success* ».

SUJET 2 Sujet inédit 5 pts 30 min

Compréhension écrite

TEXTE 1 How Covid-19 is disrupting the lives of flower farmers in Kenya

As Covid-19 devastates the global flower trade, Louise Donovan speaks to a British florist and the Kenyan flower farmer thousands of miles away who supplies her to find out how their lives have been impacted.

Tanith Fix-James quite likes funerals. “I know that sounds strange”, the florist acknowledges over the phone, but she’d choose farewells over fairy-lit weddings any day. When an order lands in her inbox, the 35-year-old carefully begins hand-picking bouquets for her customers in Knighton, a small town on the Welsh border. […] So when, in March, her suppliers cancelled all upcoming orders the day after the UK’s coronavirus lockdown measures swung into effect[1], she sat down and sobbed. As reports of Covid-19 cases mounted, Tanith’ sales at the Flower Box dropped by half.

The reason is twofold[2]: cancelled events meant demand for flowers evaporated overnight. At the same time, restricted flights left growers unable to ship via passenger or cargo plane. Kenya is Europe’s biggest supplier, shipping roughly £815 million worth of flowers each year. Lockdowns in European countries, therefore, have had a devastating trickle-down effect[3] on the floriculture sector. […] As Tanith sat at her computer, some 4,000 miles away Nafula Nyongesa, 27, worried about feeding her two children. She works as a harvester for Lamorna, a Fairtrade[4] flower farm on the shores of Lake Naivasha, roughly two hours from Nairobi, the Kenyan capital. […]

By the end of March, more than 70,000 Kenyan workers in the flower sector either lost their jobs or were sent home on annual leave. Cut flowers are Kenya’s second-biggest exporter after tea, and many fear a looming[5] collapse of the industry. Some are receiving support. Fairtrade certified farms, for example, have responded to the crisis by enabling farms to use the Fairtrade Premium (an extra sum on top of the selling price usually invested back into community projects) to cover food costs for workers, as well as protective equipment and sanitiser.

Louise Donovan, *Marie Claire UK*, May 26, 2020 (abridged and adapted).

1. **to swing into effect:** *to be applied*
2. **two-fold:** *having two parts*
3. **trickle-down effect:** *situation in which something starts in the high parts of the system and spreads to the whole of the system*
4. **Fairtrade:** *trading that guarantees a fair price to producers*
5. **looming:** *something worrying about to happen*

TEXTE 2 The "Chocolate Slaves"

Chocolate comes from the cacao bean, a crop grown in tropical climates. Around 70% of the world's cocoa supply comes from the Ivory Coast, where slave trade still occurs for the chocolate industry as it did centuries ago. The majority of slaves are children, unwittingly* sold into trade by families with no money to feed them or stolen from neighbouring countries.

Child labour in the chocolate industry is a tragically obscure and horrific instance of slavery. [...] There is little organisation in big chocolate corporations like Mars, maker of M&M's and Milky Way, Hershey's and Nestlé. None of these companies can identify where over half their cocoa comes from; if the farms where cocoa comes from cannot be identified, then the role of slavery cannot be determined. Even third-party organisations like Fairtrade and the Rainforest Alliance, which supposedly guarantee ethically-produced goods, do not have thorough certification guidelines regarding child labour.

Aarushi Nohria, *The Daily Campus,* May 1, 2020 (abridged and adapted).

* **unwittingly:** *without knowing or planning*

QUESTIONS

› Answer the following questions in English using your own words:

TEXTE 1

a. After reading the text, what can you say about Tanith's situation due to Covid-19?

b. How have flower farmers from Kenya been impacted?

c. How do Fairtrade farms help their workers?

TEXTE 2

d. After reading the text, what can you say about the chocolate industry in the Ivory Coast?

e. Who are the chocolate slaves?

f. Can fair trade organisations fight against child labour?

TEXTE 1 et TEXTE 2

g. In your opinion, is fair trade the best solution to protect workers?

PAR ÉTAPES

Étape 1 TESTER SA COMPRÉHENSION DU TEXTE

True or false? Le contenu, les idées

Déterminer si les propositions sont vraies ou fausses.

	true	false
TEXTE 1		
1. Tanith's flower sales have decreased by 50%.	☐	☐
2. Nafula is the owner of a fair trade flower farm on the shores of Lake Naivasha.	☐	☐
3. Kenya exports cut flowers and tea.	☐	☐
TEXTE 2		
4. The Ivory Coast produces more than two-third of the cocoa supplies.	☐	☐
5. Mars cannot precisely explain the origins of their cocoa supplies.	☐	☐
6. Fair trade organisations can easily certify that farmers do not use child labour.	☐	☐

Questions flash La grammaire

Observer les deux exemples ci-dessous et répondre aux questions.

- **"The Kenyan flower farmer thousand miles away <u>who</u> supplies her" (Texte 1)**
- **"The Ivory Coast, <u>where</u> slave trade still occurs" (Texte 2)**

1. À quoi correspondent « *who* » et « *where* » ?
2. Expliquez leur emploi.

Termes à relier Le vocabulaire

Relier les mots suivants à leur équivalent.

trade •	• crash
looming •	• flower seller
florist •	• dreadul
horrific •	• commerce
collapse •	• impending

Étape 2 RÉACTIVER SON VOCABULAIRE

• **Vocabulary of trade:** to supply • a supplier • to ship • a grower • an exporter • sales • an order • demand • a corporation.

MÉTHODE

SUJETS PAS À PAS

SUJETS COMME À L'EXAMEN

• **Vocabulary of work:** a job • on annual leave • labour • child labour • to employ • a sector • an industry • guidelines.

Étape 3 REPÉRER ET EXPLOITER LES INFORMATIONS

TEXTE 1

En bref Une journaliste s'est intéressée aux effets du **confinement** sur le travail d'une fleuriste au pays de Galles, Tanith, et sur ses fournisseurs kenyans, plus particulièrement sur la récoltante Nafula. Elle les interviewe toutes les deux dans cet article.

À repérer Les noms des personnages, les indications de lieu et les données chiffrées. Attention à distinguer « *fair trade* », le commerce équitable, de l'organisme Fairtrade.

Au brouillon
Prenez des notes sous forme de carte mentale ou de tableau à plusieurs colonnes (une pour chaque question en « wh- »).

Pour bien répondre aux questions

a. **Relevez** toutes les informations concernant Tanith et sa situation pendant le confinement. Puis, **reliez-les** pour expliquer l'évolution de la situation. Identifiez les **données chiffrées**.

b. Repérez dans le texte le nom du pays, le Kenya, et relevez les informations concernant les **difficultés rencontrées** par les producteurs. Quelles en sont les causes ?

c. Repérez le **mot-clé** « *Fairtrade farmers* » et le mot « *worker* » dans le texte et cherchez quelle **relation** unit les producteurs et leurs ouvriers. Il vous faut repérer l'aide proposée.

TEXTE 2

En bref La Côte d'Ivoire produit 70 % de la fève de cacao et l'industrie du chocolat emploie de nombreux ouvriers dont des enfants, et ce malgré l'action d'organismes de **commerce équitable**.

Au brouillon
Surlignez les mots-clés du texte.

À repérer Les mots-clés, les noms des entreprises et des organismes de commerce équitable. Identifiez à quel niveau de la chaîne commerciale se situe le problème.

Pour bien répondre aux questions

d. Relevez toutes les informations concernant l'industrie du chocolat en Côte d'Ivoire. Puis, reliez-les pour dresser le **bilan de la situation**.

e. Le mot-clé « *chocolate slaves* » apparaît dans le texte. Dans un premier temps, il s'agit de **comprendre** le nom composé. Puis, dans un second temps, repérez tous les éléments permettant de **définir** ce nom composé.

f. Il vous faut relever, dans le texte, les actions des organisations de commerce équitable. Puis, vérifiez si elles peuvent **mener à bien ces actions.** Quel acteur empêche les organisations d'être transparentes sur les conditions de production ?

TEXTE 1 et **TEXTE 2**

Pour bien répondre aux questions

g. Pour répondre à cette question, vous devez relever des éléments du texte 1 et du texte 2. Il s'agit ensuite de **donner votre opinion** par rapport à votre compréhension. On voit que dans le texte 1, les actions peuvent être menées alors que ce n'est pas le cas dans le texte 2.

CORRIGÉ 2

Comprendre le corrigé

TEXTE 1

a. Due to Covid-19, Tanith's job as a florist has been impacted. In fact, just after the beginning of lockdown, her orders were cancelled by her suppliers and her sales were reduced by 50%. Before the pandemic, she had many orders. Once lockdown started, her suppliers could not send her orders and she was unable to sell flowers anymore.

L'astuce du prof
Ne paraphrasez pas le texte : *To drop = to be reduced, to decrease, to diminish…*

b. Lockdown has had a devastating impact on the flower sector in Kenya. Before the pandemic, Europe was the biggest exporter of flowers with a turnover of £815 million and it suddenly stopped. It can be explained by the fact that flower farmers were unable to ship their productions by passenger or cargo ship.

c. In Kenya, 70,000 workers lost their jobs or were sent home on annual leave. These workers were in financial difficulties. That is the reason why Fairtrade farmers help their workers by giving them extra money, the Fairtrade Premium, to pay for food costs, protective equipment and sanitiser.

Gagnez des points !
Mobilisez les données chiffrées identifiées dans le texte.

TEXTE 2

d. Chocolate needs a tropical climate to grow and this is the case for the Ivory Coast. That is the reason why the country plays a major role in the cocoa trade. In fact, it produces 70% of the world's cocoa. However the strong demand for cocoa implies a large workforce that can be paid a very low wage, in this case child labour.

e. In the Ivory Coast, slave trade is still present. And the cocoa industry employs children who are the new "chocolate slaves". Some children come from families who don't have enough money to feed them. Others were kidnapped in neighbouring countries. They may be working for big corporations like Mars.

Vocabulaire

Slave: esclave

Slavery: esclavage

f. Fair trade organisations encounter difficulties to fight against child labour because the producers don't give enough guarantee. They do not know where the cocoa comes from and by whom it was harvested. Consequently, they cannot verify the working conditions.

TEXTE 1 et TEXTE 2

g. Although fair trade organisations encounter difficulties in controlling cocoa suppliers from the Ivory Coast, I truly think that fair trade is the best solution to protect workers. In fact, they managed to help flower workers in Kenya for example, by providing them with financial help in a dire situation.

Gagnez des points !

Pour exprimer votre opinion : *I truly think, I am convinced…*

SUJET 3 Sujet zéro

5 pts · 30 min

Expression écrite

› Vous traiterez **en anglais** et en 120 mots minimum au moins l'**un des deux sujets suivants au choix**.

Les sujets proposés ci-dessous sont en relation avec la thématique du document de la compréhension orale du sujet 1 p. 52.

SUJET A

Next to your house, a traditional restaurant has been replaced by an international fast food chain restaurant. Write an article for the school magazine to describe what happened and the reaction of the people living on your street.

SUJET B

Do you think globalisation only has negative effects? Give an example to illustrate your point.

PAR ÉTAPES

Étape 1 CHOISIR SON SUJET

SUJET A Rédaction d'un article pour le magazine de l'école

Le sujet A demande d'adopter les **codes de la rédaction** d'un article de journal. Il convient dans ce type d'écrit de proposer un titre, de débuter par une accroche et d'opter pour une écriture dynamique, avec des phrases courtes.

SUJET B Rédaction d'une opinion argumentée

Dans ce sujet, il s'agit de produire une opinion argumentée en vous appuyant sur des **exemples**. Vous pouvez mobiliser vos connaissances liées à l'axe « Identités et échanges », mais aussi vos cours de géographie sur la mondialisation.

Étape 2 ANALYSER LE SUJET ET ORGANISER SES IDÉES

- **Vocabulaire à utiliser:** street • waste • parking space • noise • multinational • underprivileged • crowded • neighbourhood.
- **Mobiliser des exemples connus:** McDonald's restaurant • Nike • Apple.

SUJET A

Définir un angle de rédaction

- Le sujet portant sur l'installation d'un restaurant de chaîne de restauration rapide à la place d'un restaurant traditionnel, vous devez décrire ce qui s'est passé et la réaction des gens du voisinage.

TIP

- Adoptez un ton formel pour rédiger votre article.
- Organisez vos idées chronologiquement.

SUJET B

Construire une opinion argumentée

- Organisez vos idées avec un plan qui permet de démontrer que les **effets de la mondialisation** sont négatifs. La façon dont est formulé le sujet indique que vous devez ensuite ajouter un **contre-argument** en l'illustrant.
- Démontrez que les effets de la mondialisation peuvent être un **atout** dans certaines situations et illustrez vos arguments par une expérience ou des connaissances personnelles.

Au brouillon

Notez les exemples que vous souhaitez développer au brouillon en les classant (positif/négatif) pour ne pas oublier de les citer lors de la rédaction.

CORRIGÉ 3

Comprendre le corrigé

SUJET A

Cause to Worry on Castle Street

Every inhabitant in the neighbourhood knows Clockworks, the traditional restaurant on Castle Street. The food you could eat there was tasty and it was the place where neighbours could gather. Up to last week, the street used to be a peaceful area where residents liked wandering around. Unfortunately, the situation has changed. The owners of Clockworks went bankrupt and they were compelled to sell the property to a fast-food chain restaurant, a McDonald's restaurant.

Before its opening, families were happy and expected to bring their children there. In fact, children wished they could eat a hamburger with French fries and have fun in the indoor playground. However, they have changed their minds! Indeed, the street is now overcrowded and cars are queuing to find a parking space. At night, the situation is not better, since the fast-food restaurant is open around the clock. The street is now noisy and crowded from Monday to Sunday.

Donnez un titre à votre article

À savoir

Utilisez le prétérit pour parler de la situation passée et le present perfect pour parler des changements.

L'astuce du prof

Donnez l'opinion des habitants du quartier comme si vous aviez été les interroger.

Gagnez des points !

Insistez sur le contraste en faisant des parallèles implicites avec la situation du premier paragraphe.

Moreover, the customers of the restaurant are disrespectful. They eat in their cars and throw their waste on the ground. They stay there listening to music loud for hours and do not care about the neighbours.

The neighbourhood collective has urged the mayor to intervene to stop this intolerable behaviour. If the mayor does not call for more respect, the inhabitants on Castle Street may take the law into their own hands.

Concluez votre argumentation par une ouverture.

SUJET B

Globalisation is usually said to have more negative effects than positive ones. It is accused of destroying cultural diversity and increasing unemployment and pollution in some fields such as the textile industry. In fact, some factories choose to delocalise to produce more and at a lower cost. The labour force there have poor working conditions and low wages.

L'astuce du prof
Utilisez le passif pour introduire les arguments.

The system is pointed out to make the rich richer and the poor poorer. Thus it leads big multinationals like fast-food chains, McDonald's or KFC for example, to take over small restaurants.

Gagnez des points !
Appuyez-vous sur des exemples concrets dans votre argumentation.

The United States has the biggest cultural impact around the world. Today, wherever you live, you may find a McDonald's restaurant, an Apple Store or buy online on the website Amazon. The world is progressively adopting the American lifestyle and cultural references. Moreover, by endangering local culture, globalisation may favour cultural homogeneity.

I reckon that globalisation may have negative effects. Nevertheless, it does not only have bad consequences. It is also positive for some countries like India or Indonesia. In fact, it helps them by bringing them business. In those countries, globalisation contributes to improving the population's living conditions. The underprivileged have more access to water for instance thanks to the amenities built by big multinationals.

À savoir
The + adjectif pour exprimer un nom collectif.

In conclusion, globalisation enables the integration of goods and people from different countries. That is the reason why it has both positive and negative effects on populations. Governments should be aware of the dangers and act to protect their populations.

Concluez votre écrit en répondant de façon nuancée à la question du sujet.

SUJET 4 Sujet inédit

5 pts 10 min

Expression orale

› Parmi les deux documents ci-dessous, choisissez celui qui selon vous représente le mieux l'axe **Identités et échanges**.

QUOTATION

"If people lose their land, they have nothing. You lose your land – you lose your culture, you lose self."
Richard Gere, actor and activist.

VISUAL DOCUMENT

McDonald's restaurant, Bulgaria, 2018.

› Entretien

À la suite de votre exposé, l'examinateur vous posera des questions sur le travail que vous avez effectué en cours sur le même axe.

Quelques questions possibles :

- Do you think that globalisation destroys culture?
- Can tourism change local customs and traditions?
- Does globalisation have a negative impact on the environment?

PAR ÉTAPES

Étape 1 TESTER SA COMPRÉHENSION DU DOCUMENT

True or false? Le contenu, les idées

Déterminer si les propositions sont vraies ou fausses.

DOC 1

	true	false
1. The people who are uprooted have nothing left.	☐	☐
2. Losing your culture doesn't mean losing your personality.	☐	☐
3. The notion of territory and culture is important to the individual.	☐	☐

DOC 2

	true	false
4. The photo shows a fast-food restaurant in Bulgaria.	☐	☐
5. Bulgaria is globalising.	☐	☐
6. McDonald's is part of Bulgarian culture.	☐	☐

Termes à relier Le vocabulaire

Relier les mots suivants à leur équivalent.

loss •	• unsound
identity •	• self
culture shock •	• purchasing power
damaging •	• change of scenery
standard of living •	• deprivation

Étape 2 CONSTRUIRE SA PRISE DE PAROLE

Repérer et exploiter les informations

DOC 1

En bref Richard Gere pense que l'identité de l'individu est liée à son territoire et à sa culture. S'il perd son pays et sa culture, il perd tout.

À repérer Les mots-clés : *land, to lose, nothing, culture, self.*

> **Au brouillon**
> Surlignez les mots-clés et reformulez la citation avec vos propres mots.

DOC 2

En bref La photo montre une enseigne d'un restaurant McDonald's en Bulgarie. La photo pourrait être prise **dans une autre ville ou dans un autre pays**. Seule la légende nous permet de dire qu'il s'agit de la Bulgarie.

À repérer Les éléments montrant le phénomène de mondialisation : *neon light sign of McDonald's, skyscrapers, motorways.*

Choisir et lier un document à l'axe

DOC 1

La citation de Richard Gere a pour objectif d'alerter le public sur les dangers de perte d'identité lorsqu'on **déracine un peuple**. Il utilise trois fois le verbe « *to lose* » pour insister sur la notion de perte. Il vous appartient d'insister également sur la notion de perte d'identité dans votre développement. En conclusion, n'hésitez pas à proposer un conseil ou une piste de réflexion.

TIP

Utilisez des synonymes de « *lose* » : *to be deprived of, to suffer the loss of, to no longer have, to stop having…*

DOC 2

La photo montre que la notion de territoire évolue. L'architecture est normalement le reflet de l'identité d'un pays mais avec la mondialisation, les **échanges** se multiplient et les territoires tendent à se ressembler. Il faut insister sur le fait que cette photo peut avoir été prise dans une autre ville, tant elle ressemble à une photo de ville moderne. Seule la légende nous permet de savoir qu'il s'agit de la Bulgarie. Le point central de la photo est le M de McDonald's facilement reconnaissable par tous. En conclusion, n'hésitez pas à souligner la diversité des traditions alimentaires.

CORRIGÉ 4

Comprendre le corrigé

DOC 1

Richard Gere is a humanitarian and actor. He uses his fame to convey messages. His quotation aims at raising people's awareness about the dangers of uprooting indigenous peoples.

Gagnez des points !
Si vous le connaissez, présentez l'auteur en quelques mots.

Many indigenous peoples are regularly uprooted from their land due to discriminatory policies or armed conflicts. Because they have different cultures and customs, they may be evicted from their ancestral lands. They suffer from landlessness and poverty.

As Richard Gere, I think that the people who lose their land lose their culture and their identity. Governments should urgently develop laws to protect

Conseil
Donnez votre opinion, tant que vous la justifiez.

the indigenous peoples, their lands and thus their livelihoods. In Australia for example, the indigenous people, the Aborigines, are facing great dangers. They suffer from violence, drug and alcohol consumption and they have the highest rate of suicide among teenagers.

We may wonder who is responsible for this situation. It seems that it is due to globalisation. Indeed the global race for economic growth and the increasing consumption of goods have consequences for indigenous peoples. Their lands and territories are often grabbed, sold or simply polluted by governments, private companies or powerful individuals.

À savoir
Montrez l'évolution de votre réflexion.

As citizens, we must feel concerned. We cannot let the indigenous peoples die. In Brazil, for example, the government has been exploiting the Amazon Basin forest which covers an area greater in size than the Democratic Republic of Congo.

L'astuce du prof
Utilisez vos connaissances, l'actualité ou des exemples vus en cours.

To conclude, we can say that Richard Gere is right to use his fame to draw our attention on the indigenous peoples. As we have seen in the chapter "Identity and exchanges", our land and our culture have built our communities and our self. We must protect them and make sure fragile populations will never be deprived of them.

Conseil
Reliez systématiquement le document aux problématiques de l'axe.

DOC 2

The photo shows a city in Bulgaria at night, which is representative of the notion "Identity and exchanges". In the middle of the document, there is a neon light sign of a McDonald's restaurant. The restaurant is surrounded by skyscrapers and motorways.

Situez l'élément central : in the middle.

What is striking is that this photo could have been taken in different places or countries. The caption below the photo is the only way to know that it deals with a Bulgarian city. We can deduce that the photographer wants to draw our attention on the development of a global world. Countries integrate products, cultures and ideas from other countries and it generates interdependence between them.

Gagnez des points !
N'hésitez pas à exprimer votre ressenti, à tirer des conclusions.

Multinational companies, advanced transportation and infrastructures are more and more present. As if the world was a global village, coun-

Vocabulaire
Global village: the world has become a single community thanks to trade and modern communication.

tries are interconnected and develop the same buildings or infrastructures. The visual document shows modern skyscrapers as well as large motorways. It also highlights the famous M that every citizen in the world is able to recognise and associate with McDonald's.

Fast-food chains like McDonald's were first set in the United States and can now be easily found everywhere in the world. This is the reason why the Big Mac is used as an index to measure the purchasing power between two countries! However, turning the world into a global village may have negative consequences. In fact, local food traditions may disappear and be replaced by global or western food, such as the hamburger.

As a conclusion, this document raises questions about globalisation and thus embodies the notion "Identity and exchanges". Globalising food may raise questions about its origins too, which is more and more difficult to pinpoint. People may have a larger access to various types of food but some food habits are endangered.

Vocabulaire

Big Mac Index: a tool to compare the purchasing power between nations by comparing the price of the Big Mac.

To pinpoint: to figure out.

L'astuce du prof

Explicitez en quoi ce document en particulier représente l'axe.

L'entretien

Do you think that globalisation destroys culture?

From my point of view, there is a real danger with globalisation. In fact, if global companies such as restaurants or stores are set up all over the world, travellers might prefer choosing them because they feel like being at home. Consequently, they endanger local restaurants and stores.

L'astuce du prof

Introduisez votre opinion avec une expression.

Can tourism change local customs and traditions?

I truly think that tourism can change local customs and traditions because natives may be tempted to change their cultural particularities to please travellers. Some customs and traditions may even disappear to be replaced by global or western culture.

Does globalisation have a negative impact on the environment?

To me, globalisation has a negative impact on the environment. In fact, corporations manufacture their goods where the labour force is cheaper. The consumption of goods is increased and it is harmful for the environment as natural resources are depleted.

Vocabulaire

Depleted: reduced

Filières technologiques

Voici quelques pistes pour construire vos dossiers d'enseignement technologique en langue vivante (ETLV) autour de l'axe **Identités et échanges**.

- **Sciences et techniques sanitaires et sociales**: *Is access to healthcare universally granted? Does social protection regulation exist on a European scale?*
- **Biochimie – Biologie – Biotechnologie**: *What regulations should be implemented on a European scale concerning the classification and labelling of chemical products?*
- **Conception et création en design et métiers d'art**: *What are the links between art and immigration?*
- **Ingénierie, innovation et développement durable**: *How has globalisation affected resource management? What international partnerships are there in terms of sustainable development?*
- **Management, sciences de gestion et numérique**: *What are the interactions between national and international jurisdictions? Do cultural and linguistic specificities have to be integrated into managerial strategies?*

AXE 2

Espace privé et espace public

Faire le point

L'essentiel

1 Espace privé

- L'espace privé est relié à **l'identité de l'individu**. Il marque la notion de famille, de l'enfance à l'âge adulte. L'individu a le pouvoir de modifier son espace privé. C'est le cas du logement qui peut évoluer. Cet espace est également le lieu de la **communauté**, à savoir la culture, les rites ou encore la religion de cette communauté.

2 Espace public

- Il s'agit d'un espace permettant **le rassemblement de tous**. L'espace public n'est pas forcément extérieur. Il est, par contre, **ouvert à tous**. Il doit être conçu pour accueillir une grande palette d'activités accessibles aux individus sans discrimination et gratuitement. À **l'ère du numérique**, la notion d'espace public prend une dimension nouvelle : les **réseaux sociaux** constituent des « espaces » de rencontres et d'échanges.

3 Deux notions en interaction

- Ces deux notions d'espace privé et d'espace public entrent en interaction car l'individu doit quitter sa sphère privée pour aller vers les autres dans un **espace public commun**. De plus, les politiques publiques ont un impact direct sur la vie personnelle de chacun. Ainsi, des questions privées voire intimes peuvent faire l'objet de **revendications politiques**.

PROBLÉMATIQUES

→ *To what extent does the role of the individual evolve in the family?*

→ *How does the office integrate different individuals?*

→ *To what extent does public opinion play a role in political institutions?*

DÉFINITIONS

- **accessibilité – *accessibility***: capacité d'un lieu à accueillir tout le monde sans discrimination, en particulier concernant les handicaps.
- **espace privé – *private sphere***: domaine qui relève de l'individu, et qui est associé à la famille, à l'intime, aux coutumes.
- **espace public – *public sphere***: domaine qui relève de tous et qui doit être accessible à tous sans restriction.
- **manifestation – *demonstration***: acte collectif se positionnant en faveur ou défaveur d'une cause, en général dans des espaces publics comme la rue.
- **soulèvement – *uprising***: mouvement collectif de révolte pour exprimer un désaccord.

Lexique

Noms

bidonville	*slum* ← **synonyme :** *shanty town*
conseil	*council* ← **Par exemple :** *city council*
dictateur	*dictator*
embourgeoisement	*gentrification*
exode rural	*urban migration*
extérieur	*outdoors*
fonctionnaire	*public servant*
habitant	*inhabitant* ← **synonyme :** *resident*
intérieur	*indoors*
logement	*accomodation*
privatisation	*privatisation*
quartier	*neighbourhood*
ville dortoir	*bedroom community*

Adjectifs

abordable	*affordable*
délabré	*decrepit*
déshonorant	*disreputable*
fiable	*dependable*
fourbe	*double-dealing*
sordide	*squalid* ← **synonyme :** *seedy*
totalitaire	*totalitarian*

Verbes

calomnier	*to slander*
diriger	*to rule*
envahir	*to invade*
faire chanter	*to blackmail*
forcer la démission	*to oust*
opprimer	*to oppress*
se réunir	*to gather*

Expressions

accéder au sommet	*to rise to the top*
bâillonner la presse	*to gag the press*
être sous le joug de	*to be under the sway of*
limiter la liberté de la presse	*to curtail press freedom*
investir d'un pouvoir	*to vest power in*
se délabrer	*to fall into decay*
se réapproprier	*to claim ownership*

L'axe en un coup d'œil

Si le sujet du bac tombe sur cette **thématique**

je peux mobiliser ces **idées** pour l'expression écrite et orale.

L'évolution de la famille

- ***Young people*** used to look up to their parents and other relatives as examples to follow. But the nuclear family, in other words a family consisting of two children and their parents, is no longer the norm. It may also be a single-parent family, an extended family or a stepfamily.
- ***The role of women*** has changed significantly over the decades. From housewives to CEOs, the transition can be seen at an accelerating rate. Indeed, they have attained success in every field, whether it is sports, politics or academics. With the encouragement of education, women are now marching side by side with men in the public sphere.

Logement et communautés

- ***Suburban areas*** are located on the outskirts of cities. They have lower population density and can sometimes be quite green. Many suburban areas are called commuter towns, because the people who live there commute to and from work in the nearby city every day. On the other hand, rural areas are sparsely populated; their inhabitants live in small towns or on farms.
- ***A sense of belonging*** is essential to a person's home, which can be an important facet of their identity. Sometimes, people choose to live near people who share a similar cultural identity. Many areas become associated with ethnic communities. A ghetto is a neighbourhood that people may not be able to leave – because they can't afford to go or don't feel welcome elsewhere. A gated community, on the other hand, is an exclusive residence that is wary of outsiders and where non-residents may not enter.

Opinion publique et citoyenneté

- ***Public opinion*** plays an important role in many societies today, because it favours democracy. The press is an essential outlet that shapes public opinion today, as is social media, which can lead to the spreading of fake news or propaganda. It also enables everyone to share their opinions.
- ***Civil disobedience*** is non-violent political action that involves breaking or refusing to obey certain laws, by forming a peaceful blockade or entering a public place illegally for example. Civil disobedience actions are performed to influence public opinion and lead to a change in the laws, particularly in authoritarian states or dictatorships.

À lire

Brave New World, Aldous Huxley (1932)

• This dystopian novel takes place in the future, in the year 2540, or "632 after Ford". The world state is a dictatorship. All human beings are divided into five castes, and the State uses hypnosis to condition them to be obedient members of society. But most members are happy, because they have lots of food and material goods. A few characters in the novel fight for their individuality, and they demand the "right to be unhappy". The book explores themes such as totalitarianism and the use of technology to control society. It greatly influenced George Orwell, and the science fiction genre as a whole.

À voir

Good Night and Good Luck, George Clooney (2005)

• This historical drama directed by George Clooney, who is better-known as an actor than a director, portrays the true story of the conflict between the respected TV journalist, Edward R. Murrow and US Senator Joe McCarthy. The plot focuses on Murrow's efforts to show the damage McCarthy's anti-Communist "witch hunt" was doing to ordinary people in the 1950s. The journalist worked hard to expose the Senator's lies, despite pressure to stop from the show's sponsors. The film is in black and white, as a tribute to film and TV of that era. The film's title is the phrase Murrow used at the end of his program every night.

À consulter

Telecommuting jobs on the rise in the United States

• With telecommuting jobs, workers can be happier with their jobs. Indeed driving to work is a waste of time, energy and money: one has to pay for gas, toll and eating out for lunch. In the United States, telecommuting has greatly increased these past years. There is a website dedicated to telecommuting jobs whose database offers 40,000 job postings. But job searchers should not use the keywords "work from home" because a lot of scammers use them to trick potential workers. The right keywords to use are "telecommuting" or "virtual jobs". Telecommuters must have time management, great communication skills and a proactive personality.

To read this, flash this page with your Nathan Live app.

Zoom sur...

Barack Obama and the birther movement

• As their private life is made public and scrutinised, many celebrities are suffering from malicious attacks on social networks. Their haters are not jealous of them, they want to knock them down. One of the best examples in American society is the "birther movement" who relentlessly expressed its hostility towards President Obama. During his campaign in 2008 and throughout his presidency, Barack Obama faced numerous racist attacks. The most important one was about his birthplace: the birthers argued that he was not a natural-born citizen of the United States as required by Article Two of the Constitution, and therefore could not be president. Obama was forced to show his birth certificate to prove he was legitimate. The Tea Party activists tried to tarnish his image and convince public opinion that he was not eligible to take office.

Sujets guidés

SUJET 5 Sujet zéro

5 pts 30 min

Compréhension orale

Disastrous situation in Somalia

› En rendant compte, **en français**, du document, vous montrerez que vous avez compris :

- le thème principal du document ;
- à qui s'adresse le document ;
- le déroulement des faits, la situation, les événements, les informations ;
- l'identité des personnes ou des personnages et, éventuellement, les liens entre elles/entre eux ;
- les éventuels différents points de vue ;
- les éventuels éléments implicites du document ;
- la fonction et la portée du document (relater, informer, convaincre, critiquer, dénoncer, etc.).

› Note

Les noms propres cités dans le document sont les suivants :

Sylvia Lorne • Tom Silver • Al Shabab

PAR ÉTAPES

Étape 1 TESTER SA COMPRÉHENSION ORALE

True or False? Le contenu, les idées

Déterminer si les propositions sont vraies ou fausses.

	true	false
1. A quarter of a million people died of war in Somalia.	☐	☐
2. The figure is much higher than estimated.	☐	☐
3. Western NGOs wanted to bring aid but they couldn't do it.	☐	☐
4. During the famine in 1992, 240,000 people are said to have died.	☐	☐

live!

Questions flash La grammaire

Observer les deux exemples ci-dessous et répondre aux questions.

- **"Welcome to the latest news"**
- **"The number of casualties is higher than in previous estimates"**

1. Quelle forme est au comparatif de supériorité ?
2. Quelle forme est au superlatif de supériorité ?
3. Expliquer l'utilisation du comparatif et du superlatif et rappeler leur formation.

Termes à relier Le vocabulaire

Relier les mots suivants à leur équivalent ou leur antonyme.

famine •	• to live
to die •	• to begin
alarming •	• dryness
drought •	• starvation
to start off •	• reassuring

Étape 2 RÉACTIVER SON VOCABULAIRE

- **Vocabulary of catastrophy:** a drought • disastrous • a casualty • to die • alarming • a tragedy • a conflict • an emergency • in dire straits.
- **Vocabulary of radio:** a record • estimates • a newsflash • a broadcaster • radio announcer.

Étape 3 REPÉRER ET EXPLOITER LES INFORMATIONS

En bref Il s'agit d'un reportage radio sur la situation de la Somalie suite à la famine qui a sévi entre 2010 et 2012. Il a pour but d'alerter sur la gravité de la situation.

À repérer Les chiffres, comme le nombre de victimes estimé, le nombre réel et la situation dans laquelle se trouve la population.

Au brouillon
Relevez les informations concernant le pays : Où ? Quoi ? Quand ? Par qui ?

CORRIGÉ 5

Ce document est un reportage du 6 juin sur la famine qui a sévi en Somalie entre 2010 et 2012. La journaliste, Sylvia Lorne, dresse un premier bilan. Elle annonce qu'un rapport de l'ONU fait état d'un nombre de morts plus élevé que celui qui avait été estimé.

En effet, il y a eu 250 000 morts alors que le gouvernement n'avait annoncé que 50 000 à 100 000 morts. Les enfants comptent pour la moitié des victimes. La journaliste donne ensuite la parole à Tom Silver, envoyé spécial en Somalie. Il ajoute aux propos de Sylvia Lorne que des dizaines de milliers d'individus sont morts inutilement et que la communauté internationale a été lente à réagir alors que des signes précurseurs auraient dû les alerter en 2010. Une précédente famine avait en effet eu lieu en 1992 et elle avait fait 220 000 morts. Le constat est d'autant plus alarmant que ces chiffres sont publiés pour la première fois. Il apparaît que la sécheresse est la cause de la famine mais cette dernière a aggravé le conflit. Les ONG occidentales ont proposé une aide mais elle a été rejetée par les militants d'Al Shabab qui contrôlent certaines zones de la Somalie.

En conclusion, le reportage invite les auditeurs à prendre conscience de la situation catastrophique dans laquelle se trouvent les populations de la Somalie et il montre également que les autorités publiques n'ont pas été assez promptes à réagir.

Comprendre le corrigé

À savoir

La Somalie est un pays situé dans la partie orientale de la corne de l'Afrique, qui a subi deux famines graves : en 1992 et en 2010-2012.

L'astuce du prof

Entraînez-vous à dire les nombres élevés en anglais :

- 250,000: two hundred fifty thousand
- 1992: nineteen ninety-two

Gagnez des points !

En conclusion, insistez sur la cible du document et sur sa portée. Est-il destiné à informer, à faire réagir, à dénoncer ?

SUJET 6 Sujet inédit

5 pts 30 min

Compréhension écrite

TEXTE 1 Shared interest beyond differences

The narrator recalls his sea voyage to England as a child.

His name was Mr. Fonseka and he was travelling to England to be a teacher. I would visit him every few days. He knew passages from all kinds of books he could recite by heart, and he sat at his desk all day wondering about them, thinking what he could say about them. I knew scarcely[1] a thing about the world of literature, but he welcomed me with unusual and interesting stories, stopping abruptly in mid-tale and saying that someday I should find out what happened after that. [...] Often, during the night, while stalking the adult world with Ramadhin and Cassius, I'd attempt to add to the bare bones of an adventure Mr. Fonseka had left unfinished.

I tried to coax[2] him up on deck a few times, but his porthole[3] and what he could see through it seemed enough nature for him. With his books as well as a few family photographs, he had no need to leave his time capsule. I would visit that smoky room if the day was dull, and he would at some point begin reading to me. It was the anonymity of the stories and the poems that went deepest into me. And the curl of a rhyme was something new. I had not thought to believe he was actually quoting something written with care, in some far country, centuries earlier. He had lived in Colombo all his life, and his manner and accent were a product of the island, but at the same time he had this wide-ranging knowledge of books. [...]

I brought Cassius and Ramadhin to meet him. He had become curious about them, and he made me tell him of our adventures on the ship. He beguiled[4] them as well, especially Ramadhin. Mr. Fonseka seemed to draw forth an assurance or a calming quality from the books he read.

Mr. Fonseka would not be a wealthy man. And it would be a spare life[5] he would be certain to lead as a schoolteacher in one urban location. But he had a serenity that came with the choice of the life he wanted to live. And this serenity and certainty I have seen only among those who have the armour of books close by.

Michael Ondaatje, *The Cat's Table*, 2011 (abridged and adapted).

1. **scarcely:** *barely*
2. **to coax:** *to gently persuade*
3. **porthole:** *round window on the side of a ship*
4. **to beguile:** *to charm*
5. **a spare life:** *a simple life*

MÉTHODE

SUJETS PAS À PAS

SUJETS COMME À L'EXAMEN

TEXTE 2 Hidden from view

Together they focused on the film.

Pembe watched *The Kid* with wide-open eyes, the look of surprise on her countenance deepening with each scene. When Chaplin found an abandoned baby in a rubbish bin, and raised him like his own son, she smiled with appreciation. When the child flung stones at the neighbours' windows so that the tramp[1] could fix them and earn some money, she chuckled. When social services took the boy away, her eyes welled up with tears. And, finally, as father and son were reunited, her face lit up with contentment, and a trace of something that Elias took to be melancholy. What a funny thing it was to be jealous of Charlie Chaplin. [...]

Only minutes before the film came to an end, he found the nerve to reach out for her fingers, feeling like a teenager on his first date. To his relief, she didn't move her hand away. They sat still – two sculptures carved out of the dark, both scared of making a move that would disrupt the tenderness of the moment.

When the lights came back on, it took them a few seconds to grow accustomed[2] to real life. Quickly, he took out a notepad and wrote down the name of another cinema in another part of the town. "Next week, same day, same time, will you come?"

"Yes", she faltered[3].

Before he'd found a chance to say anything else, Pembe leaped to her feet and headed towards the exit, running away from him and everything that had taken place between them, or would have taken place, had they been different people. She held in her palm the name of the place they were to meet next time, grasping it tightly, as if it were the key to a magic world, a key she would use right now were it in her power to decide.

And so it began. They started to meet every Friday at the same time, and occasionally on other afternoons. They frequented the Phoenix more than any other place, but they also met at several other cinemas, all far-away from their home, all unpopular. In time he found out more things about her, pieces of a jigsaw puzzle that he would complete only long after she had gone home.

Slowly he was beginning to make sense of the situation. This unfathomable, almost enigmatic attraction that he felt for her, a woman so alien to the life he had led, was like a childhood memory coming back.

Elif Shafak, *Honour,* 2012 (abridged and adapted).

1. **tramp:** *beggar*
2. **accustomed:** *familiar*
3. **to falter:** *to whisper* (ici)

QUESTIONS

Answer the following questions in English using your own words:

TEXTE 1

a. After reading the text, give three of Mr. Fonseka's activities during the voyage. What do they have in common?

b. Which four adjectives best correspond to Mr. Fonseka's personality? Justify with your own words: kind – selfish – captivating – fussy – educated – serene – dull – introverted.

c. Was Mr. Fonseka likely to have a prestigious career? Explain your opinion.

TEXTE 2

d. What do the two characters do together? Give three reasons to explain why.

e. "Together they focused on the film" (l. 1). Explain if this sentence is true for both characters.

f. Explain the reason why they choose cinemas that are distant from their homes.

TEXTE 1 et TEXTE 2

g. Explain what each character has to offer to the other.

PAR ÉTAPES

Étape 1 TESTER SA COMPRÉHENSION DES TEXTES

True or false? Le contenu, les idées

Déterminer si les propositions suivantes sont vraies ou fausses.

TEXTE 1

	true	false
1. Mr. Fonseka could recite by heart all kinds of books.	☐	☐
2. Cassius and Ramadhin were interested in Mr. Fonseka's stories.	☐	☐
3. Mr. Fonseka regretted his life.	☐	☐

TEXTE 2

	true	false
4. Pembe enjoyed *The Kid* very much.	☐	☐
5. Elias couldn't stop watching the film.	☐	☐
6. Pembe and Elias always go to the same cinema.	☐	☐

Questions flash La grammaire

Observer les deux exemples ci-dessous et répondre aux questions.

- **"I would visit him" (Texte 1)** • **"a key she would use" (Texte 2)**

1. Quel est l'emploi de « *would* » dans le premier exemple ?
2. Quel est l'emploi de « *would* » dans le deuxième exemple ?

Termes à relier Le vocabulaire

Relier les mots suivants à leur équivalent.

tale •	• labyrinth
maze •	• beggar
rubbish bin •	• disturb
disrupt •	• story
tramp •	• trash can

Étape 2 RÉACTIVER SON VOCABULAIRE

- **Vocabulary of sea:** a sea voyage • a deck • a porthole • a ship.
- **Vocabulary of feelings:** a surprise • to smile • to chuckle • eyes welled up with tears • contentment • melancholy • to be jealous of • to be scared of • tenderness • attraction.

Étape 3 REPÉRER ET EXPLOITER LES INFORMATIONS

TEXTE 1

En bref Le narrateur raconte un épisode de son enfance. Il retrace sa rencontre avec M. Fonseka, un passionné de littérature, lors de sa traversée en mer.

À repérer Identifiez les noms des personnages, les indications de lieu et de temps. Soyez attentifs à la manière dont le narrateur caractérise M. Fonseka.

Pour bien répondre aux questions

a. Utilisez des surligneurs de couleurs différentes pour repérer les informations sur les **personnages**, les **lieux** et le **temps**. Identifiez tous les **verbes d'actions** associés au personnage de M. Fonseka.

b. Il s'agit de choisir les adjectifs qui se rapprochent le plus de la description que fait le narrateur. Le garçon admire le professeur, il faudra donc choisir des **adjectifs mélioratifs**. Basez-vous sur les interactions entre les personnages pour justifier votre réponse.

c. Concentrez-vous sur le dernier paragraphe, où le narrateur évoque les **ambitions** du professeur. Vos réponses précédentes devraient également vous aider.

TEXTE 2

En bref Pembe et Elias sont deux amoureux qui se retrouvent secrètement au cinéma chaque semaine pour regarder un film ensemble.

À repérer Pembe et Elias ont des attitudes et des sentiments différents pendant la projection du film.

Pour bien répondre aux questions

d. Les deux personnages regardent un film au cinéma. Recherchez dans le texte les **raisons** de ce choix : quel rapport chacun des personnages entretient-il avec le film et quelle est la particularité de ce lieu ?

e. Il s'agit pour cette question de **comparer l'attitude** des deux personnages. Aidez-vous du fait que toutes les informations sur les réactions de Pembe nous sont données par le point de vue d'Elias. Les deux personnages accordent-ils la même attention au film ? Pensez à employer des mots de liaison pour exprimer le **contraste**, la **comparaison**.

f. L'attitude de Pembe et d'Elias au moment où les lumières s'allument devraient vous donner des indices sur la nature de leur relation.

TEXTE 1 et TEXTE 2

Pour bien répondre aux questions

g. Cette question se base sur les deux textes, il faut donc **examiner deux relations** : celle du garçon et M. Fonseka, et celle de Pembe et Elias. Relevez les **verbes d'action** et les **adjectifs de sentiment** qui caractérisent les personnages principaux. Quelle est la nature des deux relations, et quels sentiments motivent chacune d'elles ?

CORRIGÉ 6

Comprendre le corrigé

TEXTE 1

a. Mr. Fonseka's activities during the voyage included reciting texts from memory as he knew them by heart. Telling stories was another activity. In fact he liked reading unusual interesting stories out loud. And to complete this list, Mr. Fonseka enjoyed singing songs he had learned in books. Those three activities have in common the fact that they are all related to books.

Gagnez des points !
Pour évoquer ses activités, employez : *like + V-ing* ou *enjoy + V-ing*.

b. At first, Mr. Fonseka was kind because he was happy to welcome the narrator with interesting stories. Secondly, he was captivating because he drew the narrator's attention even if the stories and the poems were anonymous. Thirdly, he was serene because he knew which life he wanted to live. Lastly, he was educated because he had a wide-ranging knowledge of books.

L'astuce du prof
Utilisez des mots de liaison pour distinguer les adjectifs.

c. Mr. Fonseka wasn't likely to have a prestigious career. In fact, he did not try to be a wealthy man. The life he was planning to have was one of a schoolteacher.

TEXTE 2

d. The two characters go to the cinema together every week. There are three reasons explaining why they do so. Firstly, Pembe enjoys watching movies. She was fascinated by *The Kid* for example. Secondly, it is a way to be together, since they enjoy each other's company. Thirdly, cinemas are dark places where they can be anonymous as they always choose movie houses far from their homes. This enables them to hold hands discreetly since their relationship is secret.

> **Conseil**
> Énumérez les différentes raisons à l'aide de mots de liaison.

e. Pembe is totally focused on the film and she reacts to it emotionally: she watches it with wide-open eyes, smiles with appreciation, chuckles, her eyes well up with tears and at the end her face lights up. On the contrary, Elias is paying more attention to Pembe and her reactions than to the film itself. He even expresses jealousy towards Charlie Chaplin.

> **Gagnez des points !**
> Les deux personnages n'ont pas la même attitude : insistez sur le contraste.

f. They choose to meet far from home because they don't want to be seen by anyone they know or who knows them. The farther and the more unpopular the cinemas are, the easier it is to keep their relationship a secret.

> **À savoir**
> L'adjectif « *far* » est une exception : son comparatif de supériorité est « *farther* » et pas « *farer* ».

TEXTE 1 et TEXTE 2

g. In the first text, Mr. Fonseka introduced the boy to the world of literature. In return, the boy and his friends told Fonseka about their adventures on the ship. In the second text, Elias takes Pembe to the cinema. She offers him discreet moments of tenderness, and allows him to feel a deep attraction. They seem to be falling in love, which is like a gift they give to each other.

> **L'astuce du prof**
> Explicitez ce que chaque personnage tire de sa relation.

SUJET 7 Sujet inédit

5 pts 30 min

Expression écrite

› Vous traiterez **en anglais** et en 120 mots minimum au moins **l'un des deux sujets suivants au choix.**

Les sujets proposés ci-dessous sont en relation avec la thématique du document de la compréhension écrite du sujet 6 p. 77.

SUJET A

Pembe writes in her diary about her secret relationship with Elias.

SUJET B

How can relationships between people who are different enrich their lives?

PAR ÉTAPES

Étape 1 CHOISIR SON SUJET

SUJET A Rédaction d'un journal intime

Pour écrire une page de journal intime, il est nécessaire de bien relire le texte qui vous est donné comme support, afin d'**incarner le personnage** qui écrit. C'est dans le texte que vous prendrez des idées et du lexique. Il faut aussi s'inspirer du **style** pour la rédaction de la page de journal intime.

Ce sujet est destiné aux élèves qui ne seraient pas à l'aise avec la rédaction d'un texte argumentatif, puisqu'il implique un **ton informel** et laisse place à la créativité.

> **Au brouillon**
> La première étape est de réactiver votre vocabulaire : écrivez tous les mots ou expressions que le sujet vous évoque.

SUJET B Rédaction d'une opinion argumentée

Pour écrire une opinion argumentée, vous devez discuter d'une question relative au thème abordé dans les textes de compréhension écrite : ici les **relations**, amicales ou amoureuses. Il s'agit de formuler votre opinion personnelle fondée sur vos arguments. Pour cela, il faut appuyer votre réponse sur des **exemples** du texte, des références culturelles ou sur votre expérience personnelle (tout en gardant le ton formel de l'argumentation).

> **Au brouillon**
> Identifiez les champs lexicaux à mobiliser et notez les expressions idiomatiques que vous pourriez utiliser.

Étape 2 ANALYSER LE SUJET ET ORGANISER SES IDÉES

- **Vocabulaire à utiliser:** hopeful • relieved • reluctant • shameful • open-minded • to enable • to grow • to overcome prejudice.
- **Mobiliser des exemples connus:** "Opposites attract" • Romeo and Juliet • Charlie Chaplin.

SUJET A

Définir un angle de rédaction

Il s'agit de réécrire la scène du **point de vue de la jeune fille**. Pembe est un personnage sensible et romantique. Vous pouvez décider qu'elle est heureuse de voir Elias en secret. Elle raconte alors à son journal intime ce qu'elle ne peut dire à personne.

> **TIP**
> Respectez les éléments formels: date, lieu, milieu social du personnage.

Adressez-vous à votre journal comme si c'était une **vraie personne**. Ici, vous pouvez imaginer que vous confiez vos sentiments à une amie. Employez le **champ lexical des sentiments** (*thrilled, excited, upset...*), un **style informel et vivant**. N'hésitez pas à faire référence à des éléments qui ne sont pas dans le texte, tant que cela reste cohérent avec le document support.

SUJET B

Construire une argumentation

Démontrez que les différences peuvent être un **atout** et illustrez vos arguments par des exemples. Développez les **différents sens** que peut recouvrir le mot «différence»: cela peut être relatif à l'âge ou à la personnalité, culturel, religieux, politique, etc.

> **TIP**
> Vous pouvez aussi citer des exemples pris dans les livres ou les films!

Votre prise de position doit être **cohérente, nuancée et articulée**. Faites des paragraphes et utilisez des **connecteurs logiques** pour permettre au correcteur de suivre le fil de votre pensée. Chaque paragraphe doit contenir une idée principale, illustrée d'un exemple. Voici des mots de liaison pour vous aider à structurer votre copie:

- Introduire une idée: *first of all, to begin...*
- Ajouter un élément: *in addition, furthermore, moreover...*
- Donner un exemple: *for instance, for example, namely...*
- Conclure: *to conclude, to put it in a nutshell, finally...*

CORRIGÉ 7

Comprendre le corrigé

SUJET A

June 27th

Dear Diary,

Today was such an extraordinary day, unlike any other in my whole life. I'm almost afraid to write it down, because I don't want to break the spell... and I don't want anyone to read what I write, either! So, you're not going to believe this, but today I went to the cinema with Elias! I know, going to the cinema and seeing Elias are both so incredibly special that it's hard to imagine them happening on the same day.

> **À savoir**
> Utilisez la première personne : *I, me, myself, my...*

The film was fantastic... So sad in parts, but with a happy ending. Can you believe it? I was so absorbed in the film that I almost forgot that Elias was there with me!

> **L'astuce du prof**
> Privilégiez des phrases courtes et expressives.

But then, towards the end of the film, he touched my hand, and everything else disappeared. I don't know how long we sat there like that, but it was magical. I wish we could have stayed there forever... Unfortunately, the film eventually ended and the lights came on. And when they did, I panicked and ran away. Could you imagine if anyone saw us? I can't even think about what they would do. It's too horrible...

> Pour exprimer le regret employez : *wish* + *had* + prétérit.

Still, before I left, Elias gave me a note asking me to meet him next week. I will go. I don't care how dangerous it is. Our relationship is secret but so important to me, I have to see him.

> **Gagnez des points !**
> N'hésitez pas à imaginer la suite du texte.

Sweet dreams my dear Diary!

SUJET B

There is an expression that says: "Opposites attract". It means that people often fall in love or develop friendships with people who are different from them.

> Introduisez votre argumentation par une accroche efficace.

In many ways, this is a good thing. Differences can enrich a relationship because you learn new things about the other person. They could be simple things, like learning about your boyfriend's or girlfriend's favourite sport or hobby or book

> **L'astuce du prof**
> Utilisez les modaux pour exprimer des degrés différents de probabilité.

MÉTHODE

SUJETS PAS À PAS

SUJETS COMME À L'EXAMEN

or video game, or meeting their family and getting to know them. Or it may be broader, like if your boyfriend or girlfriend is from a different country, culture, social class or religion. You might wind up visiting the country the other person is from, learning about its culture or cuisine, or maybe even learning a new language!

Of course, differences can make things more complicated. You might be surprised, or disagree with your partner about how to do certain things. And your families might not approve of your match. But seeing other ways of living and doing things can teach you to be more open-minded. Indeed, learning to adapt and compromise – and to distinguish between what's really important to you and which things you don't mind changing or doing differently – are important life lessons. So differences between people in a relationship can be enriching because they can help teach you all of that.

Gagnez des points !

Prenez en compte les arguments contraires à votre thèse, et nuancez-les.

SUJET 8 Sujet inédit

5 pts 10 min

Expression orale

› Parmi les deux documents ci-dessous, choisissez celui qui selon vous représente le mieux l'axe **Espace privé et espace public**.

QUOTATION

"We are here, not because we are law-breakers; we are here in our efforts to become law-makers."
Emmeline Pankhurst, suffragette, UK.

VISUAL DOCUMENT

Gandhi during the Salt March, March 1930.

› Entretien

À la suite de votre exposé, l'examinateur vous posera des questions sur le travail que vous avez effectué en cours sur le même axe.

Quelques questions possibles :

- Can we really speak of equality between men and women?
- How does civil disobedience influence public opinion?

PAR ÉTAPES

Étape 1 TESTER SA COMPRÉHENSION DU DOCUMENT

True or false? Le contenu, les idées

Déterminer si les propositions suivantes sont vraies ou fausses.

	true	false
DOC 1		
1. Emmeline Pankhurst urges us to break the law.	☐	☐
2. Emmeline Pankhurst believes that women should be involved into politics.	☐	☐
DOC 2		
3. Gandhi is raising an army to collect salt.	☐	☐
4. They are carrying weapons to fight the British.	☐	☐

Termes à relier Le vocabulaire

Relier les mots suivants à leur équivalent.

fight •	• to jail
right to vote •	• suffrage
to demand •	• embargo
to put in prison •	• struggle
boycott •	• to require

Étape 2 CONSTRUIRE SA PRISE DE PAROLE

Repérer et exploiter les informations

DOC 1

En bref Pour choisir de s'exprimer sur une citation, il est important de comprendre chaque mot de cette dernière et d'avoir des connaissances sur l'auteur et le **contexte historique**.

À repérer L'opposition entre *law-breaker* (*someone who breaks the law* : criminel) et *law-maker* (*someone who makes the law* : législateur).

TIP

- Utilisez un surligneur pour mettre en valeur les mots-clés.
- Pour comprendre les mots inconnus, retrouvez la racine.

DOC 2

En bref Si on choisit de s'exprimer sur un document visuel, il faut d'une part décrire rapidement l'image ou la photographie. Et d'autre part, il faut replacer ce document visuel dans son contexte historique.

À repérer Gandhi au centre du document visuel – son action, la marche – l'accessoire, le bâton de marche et les nombreuses personnes à ses côtés.

Choisir et lier un document à l'axe

DOC 1

La citation est celle d'Emmeline Pankhurst, femme politique d'origine britannique qui a organisé le mouvement des **suffragettes**. Ce mouvement a revendiqué le droit de votes des femmes en Grande-Bretagne. Les femmes ayant été longtemps cantonnées à un rôle domestique, donc à la **sphère privée**, le droit de vote est un moyen pour accéder à la **sphère publique**.

DOC 2

Le document visuel représente Gandhi en train de mener la marche du sel de 1930. Sous la domination britannique, les Indiens étaient obligés de payer un lourd impôt pour avoir du sel qu'ils ne pouvaient pas récolter eux-mêmes. Par cette marche, le guide spirituel appelle à une **désobéissance** à ce monopole d'État. Gandhi veut que le peuple puisse accéder à la sphère publique, en acquérant l'**autonomie du pays**.

CORRIGÉ 8

Comprendre le corrigé

DOC 1

The private sphere was long considered as women's proper place whereas men were supposed to belong to the public sphere. Women were in charge of the family and the home while men were responsible for politics or the economy.

L'astuce du prof
Reliez axe et citation.

To me, the quotation best corresponds to "Private Sphere, Public Sphere". In fact, around the world, women have had to fight for equal rights with men. But one of the most basic rights women have demanded is suffrage: the right to vote and to be elected to political force.

Gagnez des points !
Expliquez la raison de votre choix.

Emmeline Pankhurst was a British suffragette. When she first formed an organisation to demand women's suffrage, the public was against the idea. People were shocked by the suffragettes' bold, "unladylike" tactics. Indeed they shouted at politicians during meetings, tried to force entry in the House of Commons, they broke windows on public buildings, etc. Emmeline Pankhurst and many other suffragettes were arrested and put in

Si vous connaissez la personne, évoquez rapidement son parcours et les éléments en lien avec l'axe et la citation.

prison, where they went on hunger strikes to protest their situation. That is the reason why she explained that they were not law-breakers. Suffragettes fought to become law-makers.

To conclude, thanks to activists like Emmeline Pankhurst, the role of women has changed significantly and for the better. This quotation illustrates the emancipation of women from the private space, and their involvement in public matters. Thus, to my mind, it corresponds best to the notion.

Pour en savoir plus

Quelques dates d'obtention du vote pour les femmes :

- 1918 : Angleterre
- 1944 : France
- 1971 : Suisse
- 2015 : Arabie Saoudite

Pour conclure : *To conclude / in conclusion / as a conclusion…*

DOC 2

Public opinion plays an important role in many societies today, because it favours democracy. People can choose civil disobedience. It is non-violent action that involves breaking or refusing to obey certain laws by forming a peaceful blockade or entering a public place illegally for example.

L'astuce du prof

Définissez d'emblée la désobéissance civile.

To me, the photograph best corresponds to "Private Sphere, Public Sphere". It represents the Salt March led by Gandhi. In March 1930, in India, which was then a British colony, Mahatma Gandhi led a 400-kilometre march to the sea in protest of the British monopoly on salt. Indians were not allowed to sell salt, so they had to buy it from the British, who taxed it heavily. Gandhi's idea was to walk to the coast and gather natural salt from rocks there.

À savoir

Vous pouvez dire *a 400-kilometre march* ou *a march of 400 kilometers.*

He began his march with a few followers; it ended a month later with thousands of people. Many of the protestors were arrested, and Gandhi spent several months in jail, but when he came out, he had become a national symbol of resistance to colonisation. Gandhi has been called the "Father of India" since then. In fact, his nonviolent approach to political change helped India gain independence after nearly a century of British colonial rule.

Gagnez des points !

N'hésitez pas à faire référence à vos connaissances personnelles.

Briefly, Gandhi changed the face of civil disobedience around the world. Martin Luther King Jr. drew on his tactics during the Civil Rights Movement, and the Dalai Lama was inspired by his teachings, which are still heralded by those who seek to inspire change without inciting violence.

À savoir

Civil Rights movement: struggle to end racial segregation and discrimination in the United States.

To conclude, private opinion becomes public opinion when an individual takes some type of action to express it publicly to others. When protestors can't make themselves heard, the only solution

L'astuce du prof

Faites le lien avec les problématiques de l'axe.

is civil disobedience. It was the solution chosen by many protest groups within a variety of movements, including feminism and ecology.

L'entretien

Can we really speak of equality between men and women?

In theory, men and women are considered as equal citizens in the twenty-first century. However, women are still paid less than men, even in western countries. Eventually, our society is more egalitarian than in the past but there is still a long way to go to make all inequalities disappear.

How does civil disobedience influence public opinion?

Non-violent civil disobedience uses tactics such as pacific protests or coordinated targeted actions. So it is totally different from lobbying for instance. However, it influences public opinion because it seeks to push political leaders to implement concrete actions. Thus it has an impact that politicians cannot pretend to ignore any longer.

L'astuce du prof

Employez des mots de liaison pour articuler vos idées de manière logique.

Vocabulaire

Lobbying: attempt to influence political decisions.

Filières technologiques

Voici quelques pistes pour construire vos dossiers d'enseignement technologique en langue vivante (ETLV) autour de l'axe **Sphère privée, sphère publique**.

- **Sciences et techniques sanitaires et sociales:** *Do cities have a role to play to fight against physical inactivity and sedentary lifestyles? How can cities develop children-friendly green open spaces?*
- **Biochimie – Biologie – Biotechnologie:** *Can smart technology help create smart and sociable cities?*
- **Sciences physiques et chimiques en laboratoire:** *Do cities have a role to play to prevent the risk of a chemical, radiological or nuclear accident?*
- **Conception et création en design et métiers d'art:** *To what extent is art a way to bring culture in public spaces? Is co-housing an innovative model for our neighbourhoods?*
- **Ingénierie, innovation et développement durable:** *How can urban development be sustainable? To what extent can conflicts be an opportunity for urban renewal?*
- **Management, sciences de gestion et numérique:** *Can public space management help us understand our economic and social landscape?*

AXE 3

Art et Pouvoir

Faire le point

L'essentiel

1 Art

- Si l'art renvoie à plusieurs domaines différents comme la littérature, la musique, la peinture ou encore l'architecture, les artistes cherchent tous à **diffuser un message** auprès des individus qui admirent leurs œuvres. Les lieux artistiques sont très variés : musées, livres, concerts…

2 Pouvoir

- Ce mot renvoie à l'idée d'un **ensemble complexe de relations politiques, sociales et individuelles**. Les pouvoirs de l'État sont de trois sortes : pouvoir **exécutif, législatif** et **judiciaire**. Il existe aujourd'hui un quatrième pouvoir : la **presse** et les médias. Ces relations sont souvent à l'origine de conflits et de tensions entre les individus.

3 Deux notions en interaction

- Les notions d'art et de pouvoir sont des notions complémentaires car elles concernent toutes les sociétés et toutes les époques. En effet, l'art peut être à la fois une forme de **pouvoir** et de **contre-pouvoir**. Selon les époques, l'artiste a réussi plus ou moins facilement à concilier liberté créative et contraintes diverses. Et dans certains cas, l'art a servi le pouvoir en devenant un outil de **propagande** au service d'un régime politique.

PROBLÉMATIQUES

→ *Can art be a form of counterpower?*

→ *Can art be used as a tool to exert power?*

→ *To what extent have politicians always used art to celebrate their power?*

DÉFINITIONS

- **artiste engagé – *committed artist***: artiste qui renonce à la position de simple spectateur et décide de mettre son art au service d'une cause.
- **censure – *censorship***: examen et modification des œuvres par les pouvoirs publics avant d'autoriser (ou pas) leur diffusion.
- **contre-pouvoir – *counter-power***: pouvoir qui s'oppose à une autorité établie.
- **engagement politique – *political commitment***: attitude d'un individu qui consiste à intervenir dans la vie politique de la société par le biais d'actions diverses comme des créations artistiques.
- **œuvre d'art – *work of art***: création artistique au sens large, réalisée pour son attrait esthétique avec ou sans fins fonctionnelles.
- **propagande – *propaganda***: action menée par une entité sur un groupe ou un individu pour l'amener à partager les mêmes idées ou opinions.

Lexique

Noms

censure	***censorship***
critique d'art	*art critic*
metteur en scène	*film director*
mode d'expression artistique	*art medium*
œuvre d'art	***work of art***
peinture murale	*mural*
personne d'influence	*power broker*
pouvoir absolu	*full power*
propagande	***propaganda***
toile	*canvas*

Ne pas confondre avec *filmmaker* : cinéaste.

Adjectifs

audacieux	*bold*
célèbre	*famous*
engagé	***committed***
révolutionnaire	*groundbreaking*
tendance	*trendy*

Verbes

asservir	*to enslave*
commander	*to commission*
esquisser	*to sketch*
exposer	*to exhibit*
faire construire	*to have something built*
innover	*to innovate*
rompre avec	*to break with*
se concentrer	*to focus on*
tourner (un film)	*to shoot*

Expressions

assoiffé de pouvoir	*hungry for power*
attirer l'œil du spectateur	*to attract the viewer's eye*
attirer un public	*to woo an audience*
exercer son autorité	*to exert one's authority*
fidèle à la réalité	*true to life*
jouer dans un film	*to feature in a film*
ouvrir la voie	*to pave the way for*

L'axe en un coup d'œil

Si le sujet du bac tombe sur cette **thématique**

je peux mobiliser ces **idées** pour l'expression écrite et orale.

L'art comme vecteur d'idees politiques

- ***Protest songs against Apartheid in South Africa*** faced censorship from the government and singers or bands faced threats, harassment and arrests. Miriam Makeba, nicknamed Mama Africa, advocated against Apartheid. Her most popular album was "Pata Pata", and she is well-known for her song *Soweto Blues* about the Soweto uprising.
- ***In India's biggest metropolis Mumbai,*** a new movie genre has developed to reveal the city's social problems. It is called the Mumbai Noir.
- ***The Woodstock festival*** took place in 1969, it is emblematic of hippie culture which stood against traditional values and against imperialism.

Le street art comme contre-pouvoir

- ***Street art*** is a form of visual art created in public locations: buildings, walls, fences, trains and other publicly viewed surfaces. Shoreditch is a London district where street artists are numerous.
- ***Stik*** is a British graffiti artist who is known for painting large stick figures. He conveys messages dealing with peace and freedom. For instance, he collaborated with Amnesty International.
- ***Banksy*** is an anonymous English-based street artist who expresses his political ideas on walls and bridges of cities throughout the world. His works deal with anti-war ideas, anti-consumerism, anti-imperialism. He is highly criticised by people who see his works as vandalism.

L'art au service du pouvoir

- ***The Statue of Liberty*** is a monument located on Liberty Island. It was designed by Auguste Bartholdi and inaugurated in 1886 by President Stephen Cleveland. It served as an icon of freedom to all immigrants arriving in America through the control point of Ellis Island.
- ***The Canadian Vimy Memorial*** is a war memorial site in France. It was built to remember the sacrifice Canada made during World War I and honour the 60,000 Canadian soldiers who lost their lives.
- ***Norman Rockwell*** used art to convey a message. His magazine covers highlighted the human aspect of the American war effort during World War II. His illustrations encouraged people to finance military expedition. They also called for women to work and men to enlist.

À lire

Patrol: An American Soldier in Vietnam War, Walter Dean Myers (2005)

• This illustrated book deals with a young American soldier who joined the army at the onset of American involvement in Vietnam. He waits for his enemy, rifle in hand, and finger on the trigger. He is afraid to move. When gunshots crackle in the still air, the soldier fires blindly into the distant trees at an unseen enemy. When he loses his brother, he radically changes his mind about the war. The book shows that an event may make you strongly believe in anti-militarism.

À voir

Woodstock, Michael Wadleigh (1970)

• This documentary is about the Woodstock Festival which is still considered as a defining event for the counterculture generation. It attracted an audience of 400,000 and there were 32 performances despite sporadic rain. The audience was diverse and a reflection of the rapidly-changing times. Some were hippies who felt alienated by a society steeped in materialism. In 1969, the country was deep into the Vietnam War, a conflict that many young people from the audience vehemently opposed. Woodstock was an opportunity to spread a message of unity and peace.

À voir

Cry Freedom, Richard Attenborough (1987)

• This British South African drama film is set in the late-1970s Apartheid era and based on real-life events. It tells the story of the friendship between the black activist Steve Biko and Donald Woods, a white journalist. When Biko is arrested and dies in prison, Woods takes it upon himself to prove that the regime is responsible for his death. This movie took a strong political stance: when it was released, the Apartheid was still in place in South Africa.

Zoom sur...

Bollywood and Mumbai noir

• Bollywood is the Indian film industry based in Mumbai. It is one the largest film productions in the world. Bollywood is well-known for mixing different genres such as comedy, romance, songs and music. Strong melodies and family-centred romantic musicals keep luring a growing number of cinema-goers. Actors are increasingly popular. The 2000s saw the emergence of a new genre: Mumbai noir. It consists of urban films reflecting the city's social problems such as corruption, prostitution, religion and the caste system.

Sujets guidés

SUJET 9 Sujet zéro

5 pts — 30 min

Compréhension orale

Andy Warhol: Pop, Power and Politics

> En rendant compte, **en français**, du document, vous montrerez que vous avez compris :

- le thème principal du document ;
- à qui s'adresse le document ;
- le déroulement des faits, la situation, les événements, les informations ;
- l'identité des personnes ou des personnages et, éventuellement, les liens entre elles / entre eux ;
- les éventuels différents points de vue ;
- les éventuels éléments implicites du document ;
- la fonction et la portée du document (relater, informer, convaincre, critiquer, dénoncer, etc.).

> Note

Les noms propres cités dans le document sont les suivants :

Andy Warhol • Richard Nixon • Kennedy • Andrew Carnegie • Jimmy Carter

PAR ÉTAPES

Étape 1 TESTER SA COMPRÉHENSION ORALE

True or False? Le contenu, les idées

Déterminer si les propositions sont vraies ou fausses.

	true	false
1. The exhibition takes place in Scotland.	☐	☐
2. The exhibition features 50 of the acclaimed artist's works.	☐	☐
3. The exhibition coincides with a week of events celebrating Carnegie's legacy.	☐	☐
4. Tickets must be bought online.	☐	☐
5. Andy Warhol wouldn't have appreciated having his artworks in Parliament.	☐	☐

Questions flash La grammaire

Observer l'exemple ci-dessous et répondre aux questions.

- **"Many of the works <u>have never been shown</u> in Scotland before"**

1. À quel temps est conjugué le verbe souligné ?
2. S'agit-il de la voix active ou de la voix passive ?
3. Que permet d'exprimer ce temps ?

À compléter Le vocabulaire

Compléter le tableau avec le vocabulaire qui relève des champs lexicaux suivants :

Art	Fame
....	....
....	....
....	....
....	....

Étape 2 RÉACTIVER SON VOCABULAIRE

- **Vocabulary of politics:** Parliament • Presiding Officer • President • political power • legacy • philanthropist.
- **Vocabulary of places:** Scottish Parliament • Scotland • Carnegie UK Trust • Andy Warhol Museum • Pittsburgh • exhibition hall.

Étape 3 REPÉRER ET EXPLOITER LES INFORMATIONS

En bref Le parlement écossais accueille, pour la première fois, une exposition des œuvres d'Andy Warhol. Ce sont quarante œuvres rassemblant autoportraits de l'artiste et portraits de célébrités et d'hommes politiques.

À repérer Les noms de lieux, les célébrités et hommes politiques mentionnés ainsi que les informations pratiques concernant l'exposition.

TIP
Écoutez attentivement les locuteurs. Les Écossais roulent les « r » et ne prononcent pas les « t » en début de phrase.

CORRIGÉ 9

Comprendre le corrigé

Ce document, qui s'intitule *Andy Warhol: Pop, Power and Politics*, est un reportage sur la nouvelle exposition consacrée à Andy Warhol qui va se tenir au parlement écossais. Ce reportage s'adresse aux amateurs d'art et aux futurs visiteurs de l'exposition.

Ce document présente Andy Warhol en quelques mots, les œuvres de l'exposition ainsi que les informations pratiques pour s'y rendre. Le présentateur insiste sur les thèmes qui intéressaient Andy Warhol, à savoir le pouvoir et la politique, et fait intervenir un expert du musée Andy Warhol à Pittsburgh, comme on peut le voir sur les images tournées dans le hall de l'exposition. Celui-ci explique la fascination que génère encore aujourd'hui Andy Warhol par plusieurs raisons : ses œuvres, son regard sur le monde, sa capacité à s'intéresser aux innovations et sa fascination pour le pouvoir. Les œuvres présentées sont variées : des autoportraits de l'artiste ainsi que des portraits des présidents Nixon et Carter ou encore de la reine. C'est le résultat d'une collaboration entre le parlement écossais, le Carnegie UK Trust et le Musée Andy Warhol de Pittsburgh.

Ce reportage a été créé pour promouvoir l'exposition et donne les informations utiles : exposition du 5 octobre au 3 novembre, entrée gratuite, réservation (recommandée) sur le site du parlement ou par téléphone au 0131 348 54 54.

Conseil

Ne traduisez pas le titre.

L'astuce du prof

S'agissant d'une vidéo, vous pouvez vous appuyer sur les images pour illustrer vos propos, mais en aucun cas vous ne devez tout décrire.

Mobilisez les noms propres que vous aviez repérés.

Gagnez des points !

Soignez votre orthographe et écrivez lisiblement afin que le correcteur puisse apprécier votre travail.

SUJET 10 Sujet inédit

5 pts 30 min

Compréhension écrite

TEXTE Banksy's Brexit mural has disappeared from the side of a UK Building

Banksy's mural depicting a worker chipping away[1] at a star on the flag of the European Union has disappeared from the side of a building in a coastal English town, CNN reports.

The artwork, symbolising the UK's impending exit from the EU, had become a tourist landmark in the southeastern port city of Dover, which connects the UK with mainland Europe. The mural was painted in May 2017, a month before a general election at which Brexit-related discussions took centre stage. According to a resident, a scaffolding platform[2] was pitched next to the building Saturday and the mural was gone the next day.

"Just glad I captured this original Banksy artwork before it was painted over – think it's unfair that someone decides to ruin another's piece of art", wrote an Instagram user, posting a dated picture of the mural.

"Why??? I can't understand why they whitewashed this masterpiece, it's an absolute tragedy", another user on Facebook wrote.

The mural has been confirmed, as per the secretive artist's Instagram page, to be his genuine work. Known for his politically charged art, the elusive[3] graffitist has left his mark at hundreds of locations around the world, his creative satire touching on issues including the European migrant crisis and the Israel-Palestine relations.

The family that owned the property on which the mural was painted said shortly after the work was erected that they were looking at options to sell the artwork to a London gallery, with proceeds to go to charity.

Last year, the artist pulled a million-dollar prank after his famous "Girl with Balloon" was automatically shredded in its frame after it was sold at Sotheby's auction house in London.

Banksy has yet to address the disappearance of his Brexit-inspired art. The UK is due to leave the EU on October 31 after delays in working out an exit deal.

Hillary Leung, *Time Magazine*, August 26, 2019 (abridged and adapted).

1. **to chip away:** *to break*
2. **A scaffolding platform** *is a structure of metal poles and wooden boards put against a building for workers to stand on.*
3. **elusive:** *mysterious, difficult to find*

QUESTIONS

Answer the following questions in English using your own words:

a. After reading the text, explain what has happened to Banksy's mural in Dover.

b. What did the mural represent?

c. How did Internet users react to this announcement?

d. Draw the portrait of Banksy using elements from the text.

e. "It's an absolute tragedy" quoted a Facebook user. Why?

f. The mural was drawn illegally. How did the owners of the building react when they saw it?

g. Explain the message conveyed by Banksy's mural.

PAR ÉTAPES

Étape 1 TESTER SA COMPRÉHENSION DU TEXTE

True or false? Le contenu, les idées

Déterminer si les propositions suivantes sont vraies ou fausses.

	true	false
1. Banksy's mural symbolised Britain's exit from the EU.	☐	☐
2. The mural was painted during Brexit negotiations.	☐	☐
3. Banksy never confirmed the mural was his work.	☐	☐
4. Banksy seldom paints politically committed murals.	☐	☐
5. Banksy's "Girl with Balloon" was destroyed after the auction sale in London.	☐	☐
6. It is not the first time the UK has postponed its exit from the EU.	☐	☐

Questions flash La grammaire

Observer les deux exemples ci-dessous et répondre aux questions.

• **"<u>Brexit-related</u> discussions"** • **"<u>Brexit-inspired</u> art"**

1. De quelle forme d'adjectif s'agit-il ?
2. Comment est formé cet adjectif ?

Termes à relier Le vocabulaire

Relier les mots suivants à leur équivalent.

coastal •	• structural support
chip away •	• committed
impending •	• looming
scaffolding •	• decrease gradually
politically charged •	• near the sea

Étape 2 RÉACTIVER SON VOCABULAIRE

- **Vocabulary of art:** an artwork • a mural • to paint • a piece of art • a masterpiece • an artist • a graffitist • art • a gallery • a frame • an auction house.
- **Vocabulary of construction:** a building • a scaffolding platform • to pitch • to erect • to whitewash • to cover up.

Étape 3 REPÉRER ET EXPLOITER LES INFORMATIONS

En bref L'article parle de la disparition de la peinture murale que Banksy avait réalisée sur un bâtiment dans la ville portuaire de Douvres. La journaliste revient sur la référence au **Brexit** et évoque les **réactions** de plusieurs internautes.

À savoir
Brexit refers to "British exit", that is to say to the UK leaving the European Union. The UK left the EU on January 30, 2020.

À repérer Identifiez les différents intervenants présents ou mentionnés, le **contexte politique** de l'événement.

Pour bien répondre aux questions

a et b. Repérez et surlignez les informations sur la peinture murale de Banksy. Cette question reprend en effet des éléments dans les différents paragraphes du texte. Il vous appartient de surligner chaque apparition des termes comme « *mural* », « *artwork* » « *piece of art* » ou encore « *masterpiece* ».

Pour en savoir plus
Scannez cette page pour en savoir plus sur la peinture murale de Banksy et la vente aux enchères.

c. Les citations des intervenants sont entre guillemets. Relevez les adjectifs qui expriment les **émotions** de ces personnes. Le premier intervenant trouve cela **injuste** : il est à la fois heureux d'avoir pu apercevoir l'œuvre, et déçu qu'elle ait disparu. Soyez également attentif à la **ponctuation**. Il y a deux points d'interrogation après le mot interrogatif « *why* » : cela montre la **surprise** du second intervenant.

TIP
Renseignez-vous sur le Brexit, et sur l'actualité en général. Cela vous permettra de mieux comprendre les documents proposés lors des épreuves.

d. Repérez et surlignez les informations sur Banksy. Il vous appartient de relever ces informations dans tout le texte, et d'en **déduire** certaines à partir des réactions des intervenants. Surlignez le nom de l'artiste ainsi que les **pronoms personnels**.

e. Expliquez les mots de la citation et **reliez-les** aux autres informations de l'article. Pourquoi la disparition de ce graffiti en particulier suscite-t-il autant d'indignation sur Internet et dans la presse ? En quoi est-ce une œuvre qui fait écho au **contexte politique** britannique et qui s'inscrit donc dans l'Histoire ? Que signifie par conséquent sa disparition ?

f. De nombreuses personnes considèrent que le street art est illégal et représente une dégradation ou une détérioration d'un bien, qui peut être public ou privé. Ici, le graffiti a été réalisé sur l'intégralité de la façade d'un immeuble. La réaction des propriétaires est-elle pour autant négative ? Quelle était leur intention avant que l'œuvre ne soit effacée ?

g. Relisez les informations sur Banksy pour en déduire le message. L'artiste est un homme engagé. On peut donc en déduire que son œuvre a pour objectif de **dénoncer un fait**. Par ailleurs, le choix de la ville de Douvres n'est pas anodin. Explicitez la **dimension symbolique** de l'œuvre et son lien avec le contexte politique. Comment Bansky se positionne-t-il face à ce dernier ?

CORRIGÉ 10

Comprendre le corrigé

a. In August 2019, Banksy's mural, which had been painted on a building in Dover in 2017, disappeared. The wall was whitewashed.

Utilisez le past perfect pour évoquer l'antériorité de l'événement.

b. The mural represented a worker who was gradually chiselling a star out of the flag of the European Union.

c. Internet users were shocked when they heard this announcement. An Instagram user found it unfair to destroy such an artwork while a Facebook user was stunned and couldn't understand why someone could have whitewashed a work of art.

Gagnez des points !
Pensez à utiliser des adjectifs pour exprimer leurs sentiments.

d. Banksy is a politically committed artist. As a graffitist, he has already drawn hundreds of murals in various places in the world. He deals with different political subjects such as Brexit, the European migrant crisis or the Israel-Palestine conflict. In 2018, he hit the headlines when his artwork "Girl with Balloon" self-destructed just after it had been sold at the London auction house.

S'entraîner
Surlignez les dates et les verbes d'action dans le texte.

e. The Facebook user depicted the event as an "absolute tragedy" because it is pitiful to whitewash a work of art. Art is part of history. What's more, the mural symbolised how difficult it was for Britain to deal with Brexit.

f. Once they noticed the mural, the owners of the building wanted to sell it to an art gallery in London. The money would have gone to charity. They considered that a work of art should be displayed in a gal-

À savoir
Utilisez un irréel du passé pour expliciter que la vente n'a pas eu lieu.

lery. Even though the mural was illegal, they did not consider it as deterioration of their property.

g. Banksy aimed at denouncing Brexit with his mural. He thus expressed his anti-Brexit opinion. He had chosen a building in the port city of Dover because it is a major place connecting the UK and mainland Europe. On the mural, by destroying a star of the European flag, the painted worker symbolised Britain leaving the European Union.

L'astuce du prof

Deux axes à développer dans la réponse :
le message de l'œuvre et le choix du lieu.

SUJET 11 Sujet zéro

5 pts · 30 min

Expression écrite

› Vous traiterez **en anglais** et en 120 mots minimum l'un des deux sujets suivants au choix.

Les sujets proposés ci-dessous sous en relation avec la thématique du document de la compréhension orale du sujet 9 p. 96.

SUJET A

In an online discussion thread, you've read three different reactions from people who have just visited an art exhibition. Which one do you agree most with? Why?

Option 1
Art shouldn't convey a political message!

Option 2
Art is always political.

Option 3
Art is not always about politics but it is definitely a representation of its time.

SUJET B

Comment on these words by Andy Warhol:

> "An artist is somebody who produces things that people don't need to have but that he, for some reason, thinks it would be a good idea to give them."
> Andy Warhol

PAR ÉTAPES

Étape 1 CHOISIR SON SUJET

SUJET A Rédaction d'une opinion argumentée

Le sujet A consiste à choisir, parmi les trois proposées, la réaction avec laquelle vous êtes le plus en accord et expliquer pourquoi. Cette question vous invite à donner votre opinion en employant le vocabulaire adapté.

Ce sujet permet aux élèves qui se sentent le moins à l'aise en expression écrite de pouvoir rédiger plus facilement puisqu'il faut partir de l'une des trois opinions proposées.

TIP

Exprimer son opinion

Voici quelques expressions qui permettent de donner votre avis : *I think / I believe that, To me / I agree with / I have mixed feelings about…*

SUJET B Rédaction d'une opinion argumentée

Le sujet B consiste à expliquer pourquoi Andy Warhol pense que **l'art est utile à l'individu**. Vous devez rédiger une argumentation claire et convaincante en vous appuyant sur des **exemples concrets** de production artistique de domaines différents.

TIP

Argumenter

First / On the one hand / On the other hand / Finally...

Relevez au brouillon les mots-clés dans le sujet (« *artist* », « *produces* », « *don't need* », « *good idea* »), identifiez les champs lexicaux attendus (art, culture).

Étape 2 ANALYSER LE SUJET ET ORGANISER SES IDÉES

- **Vocabulaire à utiliser :** a committed artist • propaganda • to convey a message • to draw somebody's attention • aesthetics • to warn • to symbolise • to coerce • to express.
- **Mobiliser des exemples connus :** Banksy, "Santa's Ghetto" • Andy Warhol, "Campbell's Soup Cans" • Miriam Makeba • Woodstock • Mumbai noir • Stik • state propaganda • Norman Rockwell.

SUJET A

In an online discussion thread, you've read three different reactions from people who have just visited an art exhibition.

Which one do you agree most with? Why?

1. Annoncez la réaction que vous avez choisie, avec laquelle vous êtes le plus en accord.

2. Expliquez les raisons de votre choix.

Au brouillon

Munissez-vous de surligneurs et repérez les différentes parties du sujet. Ce travail préparatoire vous donnera le plan de votre écrit comme-ci contre.

- Réfléchissez au point de vue à défendre. Sous forme de notes au brouillon, listez les arguments à utiliser et classez-les sous forme logique et cohérente.
- Listez les exemples que vous pourrez utiliser, soit tirés de votre expérience personnelle, soit tirés de vos connaissances du sujet.
- Ne rédigez pas d'abord en français pour traduire ensuite, rédigez directement en anglais. Au cas où un mot vous manque, contournez la difficulté en formulant une périphrase.

Si vous choisissez...

la réaction 1 : mettez en avant le fait que l'art ne doit pas s'impliquer en politique.

la réaction 2 : montrez que l'art est forcément engagé politiquement.

la réaction 3 : mettez en avant le fait que l'art est avant tout une manière pour l'artiste de représenter son temps.

SUJET B

Définir un angle de rédaction

Comment on these words by Andy Warhol: "An artist is somebody who produces things that people don't need to have but that he, for some reason, thinks it would be a good idea to give them".

Au brouillon
Effectuez le même travail préparatoire que pour le sujet A.

1. Exposez les raisons expliquant pourquoi Andy Warhol dit ces mots.

2. Expliquez pourquoi Andy Warhol pense que l'art est utile alors que, pour d'autres, il est considéré comme inutile.

Vous avez tout à fait le droit de ne pas être d'accord avec Andy Warhol tant que vous argumentez votre travail.

Notez au brouillon les **formes lexicales** (mots ou tournures idiomatiques), les **formes langagières ou grammaticales** (phrases complexes) que vous pourriez utiliser.

- Exprimer l'**opinion** : *It seems to me that, I can't help thinking that, As a matter of fact, I am convinced that...*
- Exprimer l'**accord** : *It is true to say that, I share the artist's point of view, I agree with...*
- Exprimer le **désaccord** : *Unlike the artist, That is not how I see it...*
- Exprimer le **doute** : *I am rather skeptical about, I am not really sure about...*

Cette citation est l'occasion d'une réflexion sur l'utilité et la fonction de l'art. Concentrez-vous sur ce qui constitue une œuvre d'art, au-delà du côté esthétique : la vision personnelle de l'artiste, les émotions que procure l'œuvre, la portée politique... Vous pouvez mobiliser les exemples vus dans « L'axe en coup d'œil ».

CORRIGÉ 11

Comprendre le corrigé

SUJET A

Option 3

From my point of view, the third reaction is the most convincing. Indeed whoever the artist, he or she aims at conveying a message to society and this message is usually political. In times of war, artists use their art to warn the population about the dangers it could face. Jimi Hendrix, for instance,

Conseil
Introduisez votre propos en annonçant la réaction choisie.

wrote *Machine Gun*. This protest song denounced the conflict in Vietnam. At present it symbolises a protest against every conflict.

> **Vocabulaire**
> *Protest song*: chanson engagée.

Besides, a work of art can draw people's attention. Andy Warhol's work entitled "Campbell's soup cans" draws the consumer's attention on the dangers of consumerism. We wish everybody could avoid overconsumption. Thus we can say that art always conveys a message and this message represents a political force even if artists don't depend on governments or other institutional forces to create.

> **L'astuce du prof**
> Il faut employer le conditionnel pour exprimer le souhait.

However, in history, there were some governments who used artists to push their ideology in order to coerce the population into following them. It was the case with Hitler, Stalin or Mao Zedong who used art as a tool of propaganda. Art was subordinate to brainwashing. When artists aren't affected by censorship, they can say what they want through their works.

> **Vocabulaire**
> *Coerce into doing*: contraindre à faire.

Eventually, censorship is not only political. It may be religious, for example in India, where the violation of religious sentiments is punishable by law.

> **Gagnez des points !**
> Faites appel à votre culture personnelle pour donner des exemples concrets.

SUJET B

Buying a work of art several millions of dollars can be considered as useless by some people who think that art is only aesthetics. Andy Warhol disagrees with this idea and insists on the fact that art is useful to the person it is given. We can wonder what reasons can explain his opinion.

> Une accroche efficace permet d'introduire le propos d'Andy Warhol et de le rendre plus compréhensible.

When the artist creates, he tries to understand the world which is surrounding him. Thus art is a means to express the present in order to prepare the future. The person who admires a work of art is given joy. His or her stress may be relieved. It is a means of communication because music, literature, sculpture or other forms of art are our collective memory. People from different cultures and different times can communicate with each other. Let us take the example of the Statue of Liberty, it is a symbol of past immigration because it served as an icon of freedom to all immigrants arriving in America in the nineteenth century.

> **Gagnez des points !**
> Pour exprimer le but, employez *in order to* + infinitif.

> **Conseil**
> Exploitez des exemples vus en cours ou issus de ces Annales, et intégrez-les à votre argumentation.

Secondly, art has always been useful because it may be responsible for direct commitment and activism. Some celebrities have understood it and they use their fame and their art to help causes. Bono, the Irish songwriter and musician of the rock band U2, campaigns for Africa and has founded several non-profit organisations. Another example is rock musician Peter Gabriel who released *Biko* in 1980, an anti-Apartheid protest song inspired by the death of activist Steve Biko.

To conclude, art has always existed and it is a huge part of our culture. It shapes our ideas and provides us with a deeper understanding of our emotions. Unlike Andy Warhol, many people fail to realise how art impacts their daily life. But art is everywhere, in our homes, in the streets and even in the workplace.

L'astuce du prof

Employez le present perfect pour signaler que l'action a toujours existé et a encore un impact dans le présent.

À savoir

Utilisez *an/a* devant un nom apparaissant pour la première fois.

À savoir

Optez pour *the* devant un nom connu.

SUJET 12 Sujet inédit 5 pts 10 min

Expression orale

› Parmi les deux documents ci-dessous, choisissez celui qui selon vous représente le mieux l'axe **Art et Pouvoir**.

QUOTATION

"Pop culture shapes our ideas of what is normal and what our dreams can be and what our roles are."
Gloria Steinem, journalist and feminist activist.

QUOTATION

"An intellectual says a simple thing in a hard way. An artist says a hard thing in a simple way."
Charles Bukowski, writer and poet.

› **Entretien**

À la suite de votre exposé, l'examinateur vous posera des questions sur le travail que vous avez effectué en cours sur le même axe.

Quelques questions possibles :

- How do artists use their works of art to express their commitments?
- To what extent is an artwork the mirror of a period of time?

PAR ÉTAPES

Étape 1 TESTER SA COMPRÉHENSION DU DOCUMENT

True or false? Le contenu, les idées

Déterminer si les propositions sont vraies ou fausses.

	true	false
DOC 1		
1. Pop culture helps us build our opinions.	☐	☐
2. Pop culture prevents us from dreaming.	☐	☐
3. Pop culture guides us.	☐	☐
DOC 2		
4. An intellectual may sometimes express unclear messages.	☐	☐
5. An artist helps us understand messages.	☐	☐
6. An artist's message may be difficult to understand.	☐	☐

Termes à relier — Le vocabulaire

Relier les mots suivants à leur équivalent.

to shape •	• dedication
commitment •	• to communicate
to convey a message •	• to influence
arduous •	• complicated

Étape 2 CONSTRUIRE SA PRISE DE PAROLE

Repérer et exploiter les informations

DOC 1

En bref Gloria Steinem montre que la culture populaire **influence** les individus dans leurs pensées et dans leurs actes.

TIP : Surlignez les mots-clés des citations.

À repérer Les trois axes : ce qui est normal, ce que les rêves peuvent être, ce que nous devons accomplir.

DOC 2

En bref Charles Bukowski compare l'intellectuel et l'artiste, dans leur manière de **communiquer**.

À repérer L'opposition entre l'intellectuel qui complique ce qui est simple et l'artiste qui simplifie ou rend accessible ce qui est compliqué.

Choisir et lier un document à l'axe

DOC 1

La citation de Gloria Steinem montre que l'art est une forme de contre-pouvoir. La culture populaire exprime des possibles et fait réagir la population pour leur montrer ce qui pourrait changer. Elle est très influente car elle guide nos choix en **modelant nos perceptions et nos goûts**. Elle peut donc avoir un effet négatif. En effet, le modèle proposé par la culture populaire devient la **norme**. Par conséquent, les groupes qui ne sont pas dans cette norme peuvent être mal perçus et leur développement limité.

DOC 2

La citation de Charles Bukowski montre que l'art est une forme de pouvoir **plus efficace** que le discours intellectuel. En effet, l'art **rend accessible** au plus grand nombre un message complexe. Charles Bukowski considère que l'art est un mode d'expression visuel, ou en tout cas évocateur. Il est donc pour lui accessible au plus grand nombre. Les couleurs, les formes, les métaphores permettent à l'artiste de simplifier son message. Au contraire, l'intellectuel utilise la non fiction pour véhiculer son message. Pour Charles Bukowski, cet usage de l'écrit est négatif puisque, pour lui, cela complique le message, le rendant incompréhensible pour le plus grand nombre.

CORRIGÉ 12

Comprendre le corrigé

DOC 1

I agree with Gloria Steinem when she says that pop culture influences our ideas, our dreams and our roles in society. Pop culture affects us in many different ways because it may build and strengthen interactions between individuals who already share the same interests. In fact, it is true that pop culture is important in our society because it provides a unique national culture. On the one hand, it helps to bridge many differences between people. On the other hand, it builds common references in a society that is so diverse.

L'astuce du prof
Utilisez des mots de liaison pour relier vos idées.

Pop culture creates a shared experience with the other members of society and it is this experience that enables members to connect with each other. Let us take the example of the famous TV series *Game of Thrones*. When the series neared its conclusion, there was a collective sense of anticipation and suspense which made the last episode so entertaining and so enjoyable.

Gagnez des points !
Donnez des exemples personnels.

What's more, pop culture is entertaining because it draws our attention and captivates us. However, pop culture also influences our roles and may change our vision of the world in general or of people in particular. With the rise of the anti-hero, characters who used to be on the fringe of morality, are turned into main characters. Let us quote the TV series *Dexter* or *Orange Is the New Black*. The heroes make us think about new subjects such as the prevalence of drugs, the role of family ties and the question of morality. Thus, pop culture is a means to create debate. But the audience may decide to follow those new tendencies, only to be part of the group.

À savoir
Antihero: a main character who lacks the conventional heroic attributions of a traditional hero.

To conclude, pop culture is a tool to create unity in a society but it may be a dangerous tool if instead of entertaining the audience, it changes their way of thinking. Gloria Steinem raises many questions surrounding the impact of pop culture on society. That is why, in my opinion, this quotation best represents the notion "Art and Power".

Conseil
Pour conclure, mettre en avant le danger que la culture populaire peut représenter.

DOC 2

I hold the same opinion as Charles Bukowski, when he says that an artist is able to convey a rugged message in a way which enables the audience to understand it easily. When an artist paints, he uses colours, contrasts, captions, shapes and symbols to highlight the elements he wants us to understand.

> **L'astuce du prof**
> Exprimez votre accord ou votre désaccord et explicitez la citation.

We may wonder if the artist is always a committed artist. Some artists create artworks only to be a form of beauty. In this case, works of art are only aesthetics. On the contrary, others want to express their political or social opinion and it is crucial for them to make sure their audience will understand their messages.

> Reliez la citation à une problématique plus générale de l'axe.

If the message is rugged or violent, the artist explores the depths of emotions to make it easier for his viewers to understand. However, even if the artist tries to simplify his message, the audience has to decode it. When Picasso painted *Guernica*, he chose to draw elementary shapes. But, these shapes pointed our attention to the Spanish Civil War. And this artwork has become an anti-war painting.

> **Gagnez des points !**
> Utilisez des exemples de différentes époques et disciplines artistiques.

The piece of art may also be used to support a cause. Making this cause visual helps the audience understand it more easily. Let us take the example of Banksy's mural "Kissing Coppers". He showed two British policemen in uniforms, who were kissing. He chose to depict a policeman because he is an icon of authority, particularly two gay policemen to convey his message of tolerance.

As a conclusion, Charles Bukowski is right when he says that artists try to simplify hard messages to help the audience understand them more easily. Nevertheless, I do not share his opinion when he states that intellectuals prefer complicating them. The difference between them lies in the fact that intellectuals choose to weigh the pros and cons of the elements of the message whereas artists let the audience decode it. However, this quotation explores different artistic media and their influence, and thus best represents the notion "Art and Power" in my opinion.

> **Conseil**
> Pour conclure, donnez votre opinion en l'expliquant.

L'entretien

How do artists use their works of art to express their commitments?

Committed artists use their works of art in order to express their opinions or their feelings towards various subjects, such as social or political issues. Their works convey a message that the audience is able to understand. The message may be in the title, the caption, the colours or the material they choose.

To what extent is an artwork the mirror of a period of time?

To me, an artwork is the mirror of a period of time. In fact, artists live in their time and they want to explain it to their audience. They use their sensibility to draw the audience's attention. They may aim at informing the audience, warning them or making them react.

À savoir

Expression du but : *in order to*.

Filières technologiques

Voici quelques pistes pour construire vos dossiers d'enseignement technologique en langue vivante (ETLV) autour de l'axe **Art et Pouvoir**.

- **Sciences et techniques sanitaires et sociales** : *To what extent do arts have a positive impact on patient health? Does art increase the quality of care in hospitals?*
- **Biochimie – Biologie – Biotechnologie** : *How can art and science fuse in bio-art? To what extent can scientific discoveries influence art?*
- **Sciences physiques et chimiques en laboratoire** : *Can lab techniques develop art conservation?*
- **Conception et création en design et métiers d'art** : *How does artificial intelligence make jobs in architecture and design evolve?*
- **Ingénierie, innovation et développement durable** : *How can art promote sustainable development? How do sustainable artists optimise the use of natural resources to reduce the environmental footprint of their artworks?*
- **Management, sciences de gestion et numérique** : *To what extent does art benefit from virtual reality and artificial intelligence?*

AXE 4

Citoyenneté et mondes virtuels

Faire le point

L'essentiel

1 Citoyenneté

• **Ce statut juridique** offre à un individu l'accès à un certain nombre de **droits** (de vote, à l'éducation, à l'accès à la santé…) mais implique également des **devoirs** (respect des lois, impôts…), que chacun doit respecter au sein d'une communauté. Il a évolué au cours de l'histoire et présente aujourd'hui de nombreuses variations selon les pays.

2 Mondes virtuels

• **Les mondes virtuels** dépendent de **logiciels** et peuvent être utilisés dans différents domaines tels que l'éducation, les loisirs (jeux en ligne, jeux de rôle…), la socialisation à travers les sites de rencontre ou encore le travail en collaboration. Ils sont également rattachés aux réseaux sociaux.

3 Deux notions en interaction

• L'apparition des réseaux sociaux et leur prolifération modifie la nature des rapports humains, notamment **la relation entre les citoyens et le pouvoir**. Ces espaces virtuels constituent un **progrès en matière de partage de l'information**, de l'accès au savoir et de la libre expression de chacun. Cependant, ceux-ci ont des conséquences, qu'elles se situent sur le plan individuel (repli sur soi, permanence des traces numériques…) ou collectif (fake news, protection des données…).

PROBLÉMATIQUES

→ *How can online life impact our real life?*

→ *Should social networks be regulated?*

→ *To what extent can we trust the news we read online?*

→ *Can the Internet have an impact on democracy?*

DÉFINITIONS

- **fausses informations – *fake news***: informations mensongères qui se propagent principalement par le biais des réseaux sociaux et dont le but est de tromper ou manipuler un auditoire.
- **intelligence artificielle – *artificial intelligence/A.I.***: programme informatique ou robot capable d'apprendre et d'effectuer un raisonnement par lui-même au-delà de sa programmation initiale.
- **lanceur d'alerte – *whistleblower***: personne signalant un fait illicite ou des risques d'atteinte à l'intérêt général dont elle a pris connaissance dans le cadre de ses fonctions.
- **réseaux sociaux – *social networks***: plateformes permettant l'interaction entre les personnes en leur proposant la création et l'échange d'informations.
- **théorie du complot – *conspiracy theory***: thèse interprétant des événements sociétaux ou historiques comme étant le résultat de l'action d'un groupe d'individus.

Lexique

Noms

citoyenneté	*citizenship*
devoir	*duty*
droit	*right*
éthique	*ethics*
fausse information	***fake news***
lanceur d'alerte	***whistleblower***
militantisme	*activism*
piratage	*hacking*
réalité virtuelle	*virtual reality*
réseaux sociaux	***social networks***

synonyme : *obligation* (duty)

Ce nom est toujours au pluriel. (ethics)

synonymes : *misinformation, hoax* (fake news)

synonyme : *piracy* (hacking)

Adjectifs

collaboratif	*collaborative*
fiable	*trustworthy*
fallacieux	*disingenuous*
futuriste	*futuristic*
inquiétant	*alarming*
invraisemblable	*far-fetched*
partial	*biased*

synonymes : *worrying, troubling* (alarming)

Verbes

avoir conscience de	*to be aware of*
bousculer	*to knock over*
discréditer	*to undermine*
lancer, soulever	*to unleash*
manifester	*to march*
s'insurger contre	*to rise up against*
se reposer sur	*to rely on*
sensibiliser	*to spread/raise awareness*
surveiller	*to keep an eye on*

synonyme : *to debunk* (to undermine)

synonyme : *to demonstrate* (to march)

Expressions

campagne de diffamation	*smear campaign*
déformer la vérité	*to distort the truth*
faire avancer la société	*to move society forward*
groupe de pression	*pressure group*
liberté d'expression	*freedom of speech*
mouvement de citoyens	*grassroots movement*

L'axe en un coup d'œil

Si le sujet du bac tombe sur cette **thématique**

je peux mobiliser ces **idées** pour l'expression écrite et orale.

L'ère des réseaux sociaux

- **The Social Network *by David Fincher*** (2010) is a biographical drama that relates the creation of Facebook by Mark Zuckerberg.
- **Last Friday Night (T.G.I.F.) *by Katy Perry*** (2010) is a humorous song about partying in a world where everyone is on social networks.

L'avènement des fake news

- **Fake News *by Craig Edwards and Samuel Morris*** (2017) is a thriller about a journalist who doesn't shy away from writing disingenuous articles and finds himself in the midst of a murder scandal.
- ***"The True History of Fake News" by Robert Darnton*** (2017) is an article from *The New York Review of Books* about historical fake news.

Les lanceurs d'alerte

- **The Whistleblower *by Larysa Kondracki*** (2010) tells the story of Kathryn Bolkovac, a police officer who discovers a sex trafficking scandal.
- **No place to hide: Edward Snowden, the NSA and the Surveillance State *by Glenn Greenwald*** (2015) is an essay that reveals information about the Snowden case: the revelation that the government is spying on citizens.

Théories du complot

- ***"Five Myths about Conspiracy Theories" by Rob Brotherton*** (2019) is an article from *The Washington Post* that debunks five myths surrounding conspiracy theories. For example that they are more common than ever.

  › To read this, flash this page with your Nathan Live app.
- ***"9/11 Conspiracy Theories" by Sofia Petkar*** (2019) is an article from *The Sun*. It details the most common 9/11 conspiracy theories.

  › To read this, flash this page with your Nathan Live app.

Démocratie numérique

- ***Glimmer of Hope: How Tragedy Sparked a Movement*** (2018) is a book written by the March for Our Lives founders about the high school shooting and the fight for gun regulation.

À lire

No Place to Hide: Edward Snowden, the NSA and the Surveillance State, Glenn Greenwald (2015)

• Back in 2013, the journalist and lawyer Glenn Greenwald met Edward Snowden in Hong Kong. The latter is what we call a whistleblower. He worked for the National Security Agency at the time, and warned the public opinion about the fact that the American government was spying on ordinary citizens. That caused him to flee his country and hide to avoid being sent to jail. This book tells us all about the two men's meeting and reveals exclusive information about the case.

À voir

The Social Network, David Fincher (2010)

• This movie is about the creation of Facebook by Mark Zuckerberg as a college student at Harvard University, from campus website to international success. It also deals with the professional conflicts and the trials Zuckerberg had to go through. Two students took him to court, claiming they took part in the birth of the social network, but he was also sued by his friend and business partner Eduardo Saverin.

À consulter

"The True History of Fake News", _The New York Review of Books_ (2017)

• In this article, professor and historian Robert Darnton evokes the numerous accounts of misinformation spread by the Trump administration. He argues that although fake news are more efficient thanks to social media, they are not a recent phenomenon. He gives surprising examples of misinformation and political conspiracies from the Byzantine Empire to 16th century Rome, and evokes the French tradition of the "canard". "The equivalent of today's poisonous, bite-size texts and tweets can be found in most periods of history, going back to the ancients."

To read this, flash this page with your Nathan Live app.

Zoom sur...

A story of hope: the creation of the March for Our Lives movement

• On February 14th, 2018, a mass shooting took place in a high school in Florida. In reaction, Cameron Kasky (on the picture) and other students from this school started the movement March for Our Lives demanding a stricter control of guns in the US.

Thanks to social media, they managed to reach a lot of people all around the world and became an inspiration for many teenagers. They published a book about their story: *Glimmer of Hope: How Tragedy Sparked a Movement, March for Our Lives.*

→ En lien avec l'axe Territoire et mémoire.

Sujets guidés

SUJET 13 Sujet zéro

5 pts 30 min

Compréhension orale

Meet Q, the gender-neutral voice assistant

› En rendant compte, **en français**, du document, vous montrerez que vous avez compris :

- le thème principal du document ;
- à qui s'adresse le document ;
- le déroulement des faits, la situation, les événements, les informations ;
- l'identité des personnes ou des personnages et, éventuellement, les liens entre elles/entre eux ;
- les éventuels différents points de vue ;
- les éventuels éléments implicites du document ;
- la fonction et la portée du document (relater, informer, convaincre, critiquer, dénoncer, etc.).

› Note

Les noms propres cités dans le document audio sont les suivants :

Alexa • Siri • NPR • Dalia Mortada • Julie Carpenter • Copenhagen Pride Week • Equal AI

PAR ÉTAPES

Étape 1 TESTER SA COMPRÉHENSION ORALE

True or false? Le contenu, les idées

Déterminer si les propositions sont vraies ou fausses.

	true	false
1. Julie Carpenter is a journalist.	☐	☐
2. The document is about a new type of voice assistant.	☐	☐
3. The frequency used for a genderless voice stands between 125 and 145 Hertz.	☐	☐
4. Q was elaborated with random voices.	☐	☐
5. Usually, people pay attention to the gender of their voice assistant.	☐	☐

live!

Questions flash La grammaire

Observer les adjectifs ci-dessous et répondre aux questions.

- **Gender neutral, genderless, female-sounding**

1. Comment sont-ils formés ?
2. Pouvez-vous en déduire le sens ?

Termes à relier Le vocabulaire

Relier les mots suivants à leur équivalent.

to develop •	• to modify
to pick •	• to define oneself
to alter •	• to invent
to identify •	• to consolidate
to break through •	• to choose
to reinforce •	• to overlook

Étape 2 RÉACTIVER SON VOCABULAIRE

- **Vocabulary of gender:** male • female • inclusive • genderless • gender-neutral • a stereotype • transgender • to identify.
- **Vocabulary of technology:** a researcher • to develop • a voice assistant • to record • a range • emerging • an initiative • ethics • a sound designer.

TIP

En anglais, les mots porteurs de sens sont accentués. Lors des écoutes, essayez de repérer le plus de mots accentués possibles.

Étape 3 REPÉRER ET EXPLOITER LES INFORMATIONS

En bref Un groupe de chercheurs et chercheuses ont développé une assistance vocale non genrée – ni masculine ni féminine – afin de proposer une alternative inclusive et de dépasser les stéréotypes de genre.

À repérer Plusieurs **locuteurs** figurent dans ce document : un présentateur, la journaliste Dalia Mortada, l'assistance vocale Q et la chercheuse Julie Carpenter. Identifiez-les ainsi que leur **fonction** dans ce reportage.

Pendant l'écoute, n'hésitez pas à écrire ce que vous comprenez en français ou en anglais, même si ce sont des mots isolés. Espacez vos notes et profitez des temps de pause entre les écoutes pour les compléter.

Au brouillon

Repérez le nombre de locuteurs et classez les informations en fonction de la personne.

CORRIGÉ 13

Comprendre le corrigé

Ce document est un reportage radiophonique. Il présente Q, une assistance vocale non genrée.

> Commencez par décrire la nature du document audio et donnez sa thématique principale.

Le présentateur y explique que la plupart des gens qui utilisent un assistant vocal tels qu'Alexa, Siri ou l'assistant Google choisissent une voix féminine, la voix masculine se voyant moins souvent sélectionnée. Cependant, des chercheurs développent une autre solution d'assistance vocale : une voix non genrée répondant au nom de Q.

Une journaliste, Dalia Mortada, prend ensuite la parole. Cette dernière présente Q, puis Julie Carpenter, une chercheuse en comportement humain en lien avec la technologie à l'initiative de ce projet.

> **L'astuce du prof**
> Différenciez les locuteurs lors de la restitution et précisez leur métier ou leur rôle dans le reportage.

La voix de Q a été développée à partir de douzaines de voix appartenant à des gens qui ne s'identifient ni à des hommes ni à des femmes. La fréquence retenue pour cette voix est comprise entre 145 et 175 Hertz, ce qui produit le meilleur effet pour une voix neutre d'après les chercheurs.

> **Gagnez des points !**
> Reformulez les arguments avec vos propres mots, tout en citant les données précises comme les chiffres.

La chercheuse raconte que Q a été conçu dans le cadre d'un échange sur le genre, la technologie et l'éthique. La journaliste évoque à son tour les résultats de recherches montrant que les gens s'attendent souvent à un certain type de voix en fonction de la situation. Pour la chercheuse, cela renforce les stéréotypes de genre, puisque l'on constate une nette préférence pour une voix féminine lorsqu'il s'agit d'une situation d'assistance.

> Présentez les points de vue des locuteurs grâce au discours rapporté.

La journaliste conclut que le recours à une assistance vocale non genrée permettrait aux entreprises qui le souhaitent de s'engager pour dépasser les stéréotypes liés au genre.

> **L'astuce du prof**
> Concluez en ouvrant sur les perspectives de l'innovation.

SUJET 14 Sujet inédit 10 pts 30 min

Compréhension écrite

TEXTE 1 Fortnite: schools warn parents of "negative effects" of video game on students

Primary schools across Australia have begun sending letters about the video game Fortnite to parents, warning of its "negative effects" on students.

Sydney's Bondi Beach public school told parents there had been "a noticeable change in some behaviours in the classroom and in the playground, that are directly linked to Fortnite". "We are noticing the negative effects of this game, particularly on boys and most concerning, on boys in K-2*", it said. Shellharbour public school in NSW told parents: "The ability to communicate online whilst playing these games is leading to moments of online bullying, the use of inappropriate language and abuse."

Fortnite is a free-to-play online game where up to a hundred players can play at once. Drawing inspiration from the novel *Battle Royale* and *The Hunger Games*, players must scavenge supplies, build structures and find weapons to eliminate each other until only one person is left.

Dr Marcus Carter, a lecturer in digital culture and gaming from the University of Sydney, said the concern was at times "excessive". "The media panic around Fortnite is indicative of tensions that exist between parents, children and any new media. When kids do things that kids didn't do when we were kids – that can make parents concerned and worried." He encouraged parents to play Fortnite with their children before making their minds up. "I say the best thing to do if you are concerned about your children playing Fortnite is to play Fortnite with them. To turn it into something that you share with your child. Parents can quite rightly not want their kids playing with adult strangers online [but] digital gaming on its own, is not bad. It's no different to any other form of media."

Naaman Zhou, *The Guardian*, June 20, 2018 (abridged and adapted).

* **K-2** *is equivalent to the second grade of elementary school. Pupils in K-2 are 7 to 8 years old.*

TEXTE 2 Virtual reality workplace videos let students experience potential careers onsite

High school students preparing to take the next step into the real world got some help finding their desired career pathway with a new tool that will bring the real world to them through their smartphones.

Workforce WindsorEssex debuted four new virtual reality tours that take viewers into the workplace providing an excellent sense of the job and its environment. The 360-degree tours allow viewers to look around at the entire scene while the guide continues to provide information and

MÉTHODE

SUJETS PAS À PAS

SUJETS COMME À L'EXAMEN

demonstrations as though the student is right on site. "Based on our experiences with Manufacturing Day tours, it can be challenging to bring large groups through on tour", said Sarah Fram, Workforce WindsorEssex's communications coordinator. "The videos bring the tours to the students instead of the students going on tours. We can reach far more students or job seekers considering a career change this way."

Alessia Bozzi feels the new resource will be very influential in helping students sort through career choices. "It'll help people change their minds on careers", Bozzi said. "People think a construction site is just for big, strong men, but you can see women in the trades. The videos add another dimension and more feeling and depth to our learning."

Windsor Essex Catholic District School Board executive Dan Fister said virtual and augmented reality is an increasingly valuable resource for educators. The Catholic board has spent about $100,000 on those resources and training in the past three years. "Today in particular is important because students can test drive a career, gain a little bit more interest", Fister said. "Having this platform allows parents to delve into a day in the life (of a career) to start debunking some of the myths with respect to skilled trades and other industries. Our world is changing and technology will be part of it in every facet of your career."

Shelley Fellows, who co-founded the local industrial robotics firm Radix Inc., said the videos can serve as both educational and marketing tools. "They (students) are our future employees", said Fellows, who is a vice-president for AIS Technology Group and chair of Automate Canada. "We want them to make a choice and come out educated and join our industry. They're not going to do that unless they have some element of knowledge of what it's like to be in these workplaces."

Dave Waddell, *Windsor Star*, February 27, 2020 (abridged and adapted).

QUESTIONS

Answer the following questions in English using your own words:

TEXTE 1

a. After reading the text, what can you say about:
- the main topic of the text?
- the people involved?
- the different opinions expressed on the topic?

b. Comment on the following quotation: "The media panic around Fortnite is indicative of tensions that exist between parents, children and any new media. When kids do things that kids didn't do when we were kids – that can make parents concerned and worried."

TEXTE 2

c. After reading the text, what can you say about the advantages of these virtual reality workplace videos?

TEXTE 1 et **TEXTE 2**

d. What are the benefits and dangers of virtual worlds?

PAR ÉTAPES

Étape 1 TESTER SA COMPRÉHENSION DES TEXTES

True or false? Le contenu, les idées

Déterminer si les propositions sont vraies ou fausses.

TEXTE 1

	true	false
1. Primary schools in Australia are warning parents of the dangers of Fortnite.	☐	☐
2. Fortnite changes all children's behaviours.	☐	☐
3. Doctor Marcus Carter thinks that Fortnite is for adults.	☐	☐

TEXTE 2

	true	false
4. A new tool provides high school students with virtual reality workplace videos.	☐	☐
5. These videos will open their minds to the working world.	☐	☐
6. Industries are distrustful of this new tool.	☐	☐

Questions flash La grammaire

Observer les deux exemples ci-dessous et répondre aux questions.

- **"This platform <u>allows parents to delve into</u>"**
- **"<u>We want them to make</u> a choice"**

1. De quelle construction syntaxique s'agit-il ?
2. Expliquez la construction de ces deux propositions.

Termes à relier Le vocabulaire

Relier les mots suivants à leur équivalent.

to issue •	• to search
to scavenge •	• to supply
to provide •	• to distribute
to test drive •	• to try

Étape 2 RÉACTIVER SON VOCABULAIRE

- **Vocabulary of school education:** a primary school • a public school • a classroom • a playground • a high school • a student • an educator.
- **Vocabulary of the working world:** a career • a workplace • a job seeker • on site • skilled.

Étape 3 REPÉRER ET EXPLOITER LES INFORMATIONS

TEXTE 1

En bref Le texte parle du jeu vidéo en ligne **Fortnite**. Les écoles australiennes sont inquiètes car elles ont remarqué que le **comportement** des enfants, et plus particulièrement des garçons, avait changé dans les cours de récréation.

À repérer Les noms des intervenants, les lieux mentionnés et la description du jeu Fortnite (origine, objectifs, profil des joueurs).

Pour bien répondre aux questions

a. En utilisant des couleurs différentes, **surlignez** les noms des intervenants et les mots-clés permettant d'en déduire leur **opinion**, comme « *noticeable change* » ou « *negative effects* ».

b. Relevez les **mots-clés** de la citation pour en déduire la **position** de son auteur. Surlignez les mots ayant trait aux **émotions** comme « *panic* », « *concerned* » ou encore « *worried* ».

TEXTE 2

En bref Le texte présente un nouvel outil qui va permettre aux étudiants de découvrir le monde du travail : la **réalité virtuelle**.

À repérer Les **avantages** de ces visites guidées en réalité virtuelle pour les élèves, les éducateurs et les entreprises.

Pour bien répondre aux questions

c. Relevez les adjectifs et adverbes positifs dans le texte, comme « *excellent* », « *entire* », « *far more* » ou encore « *influential* ».

TEXTE 1 et TEXTE 2

Pour bien répondre aux questions

d. Utilisez deux couleurs différentes pour relever les mots et expressions exprimant les **apports** des mondes virtuels d'une part et les **dangers** d'autre part. Ce travail est à mener dans l'ensemble des deux textes en vous appuyant sur les réponses fournies pour les autres questions.

CORRIGÉ 14

Comprendre le corrigé

TEXTE 1

a. The first text deals with Fortnite, a video game which is said to have negative effects on children. The negative effects are pointed out by schools. It seems that Fortnite players are more aggressive in the classroom and in the playground. Unlike schools, Dr Marcus Carter, a researcher on digital culture and gaming, thinks that these concerns are disproportionate. He advises parents to play the game with their children to feel reassured.

L'astuce du prof
Présentez le texte de manière neutre, grâce au discours rapporté et à des formules impersonnelles.

Conseil
Introduisez les opinions contradictoires en utilisant des termes comme "*Unlike*".

b. Dr Marcus Carter's quotation means that innovation may create anxiety. To him, parents are worried about Fortnite because it is a new media. Video games did not exist when they were children and they entertained themselves with other games. They are not familiar with this new way of playing and therefore they feel troubled.

Gagnez des points !
Justifiez vos propos en décrivant les sentiments des parents.

TEXTE 2

c. Virtual reality workplace videos come with many advantages. First discovering workplaces is made easier thanks to the use of a smartphone. In fact, they allow students to understand the job and its domain. Secondly they give precise information about the workplace as if the student was on the spot. Thirdly they are also useful to firms which can reach more students or office seekers. Fourthly they may change people's opinions about some jobs or firms and challenge preconceived ideas. Eventually, they may be used as a way to promote companies.

Ponctuez votre argumentation de connecteurs logiques, afin de rendre la lecture de votre copie plus claire et fluide.

TEXTE 1 et TEXTE 2

d. Virtual worlds are becoming more and more present in modern society. On the one hand, there are numerous advantages. Thanks to them, people can share moments or have fun playing a game together more easily. They are useful in various fields such as the working world with the development of virtual reality workplace videos. On the other hand, they may represent a danger if they are badly used. For example, parents and schools are worried about Fortnite and they blame it for changing children's behaviours.

L'astuce du prof
Utilisez « *on the one hand* » et « *on the other hand* » pour organiser votre réponse.

SUJET 15 Sujet zéro

5 pts 30 min

Expression écrite

› Vous traiterez **en anglais** et en 120 mots minimum l'un des deux sujets suivants au choix.

Les sujets proposés ci-dessous sont en relation avec la thématique du document de la compréhension orale du sujet 13 p. 118.

SUJET A

Your school wants to upgrade its internal communication system. The school's website asks students to post their opinions on three options:

Option 1
Written messages on flat TV screens in the halls and corridors.

Option 2
Announcements made by a synthetic voice over the school intercom system.

Option 3
A daily radio news bulletin recorded by students and broadcast at lunchtime over the intercom system.

Which option do you choose and why?

SUJET B

Are you afraid of talking robots? Explain why or why not.

PAR ÉTAPES

Étape 1 CHOISIR SON SUJET

SUJET A Rédaction d'une opinion argumentée

Pour le sujet A, vous devez poster votre avis sur le site web du lycée concernant la rénovation de son système de communication interne.

Le choix se porte sur trois supports possibles de communication : des messages écrits sur des écrans dans les halls et les couloirs, des annonces par voix synthétique sur les haut-parleurs de l'établissement, ou un bulletin d'information enregistré par les élèves et émis sur les haut-parleurs pendant la pause méridienne. Vous devez dire laquelle des trois options vous convient en **justifiant** votre réponse.

TIP

Pour un texte argumentatif, il faut utiliser :

- les expressions de l'opinion ;
- les verbes de recommandation ;
- le lexique de la conviction.

SUJET B Rédaction d'une opinion argumentée

Le sujet B vous demande d'**expliquer** si vous craignez les robots dotés de parole ou non. Cela fait référence aux débats autour de l'intelligence artificielle, notamment aux **potentiels dangers** vis-à-vis de l'humanité. Quelqu'un comme Elon Musk par exemple se méfie du développement fulgurant de ce secteur et prône une régulation plus stricte.

TIP

N'hésitez pas à mobiliser des exemples vus dans d'autres chapitres, par exemple celui d'Innovations scientifiques et responsabilité.

L'exploitation fréquente du sujet par la science-fiction met en évidence cette peur d'une domination des robots. Vous pouvez décrire la situation actuelle, parler des capacités des robots, de leur évolution rapide et envisager un futur plus lointain.

Étape 2 ANALYSER LE SUJET ET ORGANISER SES IDÉES

- **Vocabulaire à utiliser :** classroom • at the press of a button • automated • to design • to program • responsibility • to enable • to upgrade • accessibility • special needs.
- **Mobiliser des exemples connus :** movies or series that feature broadcasted announcements • Sophia the Robot • Q the vocal assistant • *The Matrix* • *Terminator*.

SUJET A

Définir un angle de rédaction

On attend de vous une opinion afin d'améliorer le système de communication de l'école. Vous pouvez tout à fait suggérer des idées ou approfondir l'une des trois options.

Organisez votre réponse en deux parties : commencez par exprimer votre opinion au sujet des deux options que vous rejetez, et développez ensuite vos arguments en faveur de la solution que vous retenez. N'oubliez pas d'utiliser des **mots de liaisons**.

Au brouillon

Listez vos arguments et associez-les à des exemples quotidiens ou à des références vues en cours. Réfléchissez à de possibles transitions.

Si vous choisissez…

l'option 1 : l'argument utilisé pourrait être la rapidité avec laquelle les élèves peuvent être informés via des messages sur des écrans de télé dans les couloirs et dans le hall. Insistez sur l'efficacité de la dimension visuelle, qui est de plus en plus mobilisée de nos jours. Les jeunes générations ont grandi avec les écrans et peuvent être plus sensibles à ce genre de communication, d'autant plus si les messages sont présentés de manière attractive.

> **TIP**
> Utilisez des modaux pour renforcer votre argumentaire : *we should be doing this, this option would be beneficial…*

l'option 2 : cette option permet d'informer tous les élèves malgré leur(s) potentiel(s) handicap(s) tels que la cécité ou les problèmes de motricité qui nécessitent de se déplacer pour accéder à l'information. Montrez que contrairement à un élément visuel, on ne peut pas échapper à une annonce audio, qui a une portée plus large.

l'option 3 : dans ce cas, les élèves sont informés malgré leurs handicaps et ils sont associés à la démarche, ce qui présente de nombreux bénéfices – cohésion, satisfaction de s'investir, développement de compétences qui peuvent être utiles dans leur parcours.

SUJET B

Définir un angle de rédaction

Vous pouvez par exemple partir d'un constat sur l'évolution rapide des robots avant d'émettre des **hypothèses** quant à l'évolution future de ces robots, puis d'exprimer votre opinion. Évoquez les **capacités** des robots, et employez le champ lexical de la peur si cela est pertinent avec votre argumentation : *to be afraid, to fear something, to dread something…*

Si vous choisissez d'être optimiste, faites preuve d'**enthousiasme** et insistez sur tous les avantages de l'intelligence artificielle : le gain de temps, les avancées dans des domaines comme la médecine, la prise en charge de tâches pénibles voire dangereuses…

C'est un sujet qui vous encourage à exprimer votre **ressenti**. Cela peut se faire par l'emploi de la première personne du singulier ou du pluriel, de questions rhétoriques ou d'expressions comme : *I find it disturbing that, what is striking is…*

> **Au brouillon**
> Listez les références culturelles que vous évoque le sujet, et réfléchissez à une manière de les associer à des arguments.

> **TIP**
> **Nuancer son argumentation**
> Voici quelques mots de liaison pour exprimer la concession : *although, even though, however, nevertheless, despite.*

CORRIGÉ 15

SUJET A

Option 3

I find it quite puzzling to see that the range of proposals to upgrade the school intercom system is rather restricted. Indeed, the school ought to provide the necessary information for all the students including both the visually impaired and the hard of hearing. How can the latter become aware of what is happening if their special needs are not being taken into account?

I therefore reckon that it should be compulsory for any voice announcement to be doubled by a written message. In addition, the first two options seem one-directional: from the administrators to the staff, so in those cases the students are not included in the making of these announcements.

That is why I feel like it would be more relevant in terms of educational purposes to integrate the running of the intercom system into the educational content offered by the school and thus get the pupils to be part of it. As far as I am concerned, it would be educationally efficient if every day a different class was in charge of the intercom system, a few students selected would prepare the lunchtime news and issue the announcements.

This would enable every single pupil to familiarise with such a system and could develop writing and speaking skills.

SUJET B

Scientific and technological breakthroughs are becoming more and more frequent and nowadays scientists and engineers have not only managed to create talking robots but human-like talking robots. This may raise the following issue, should we be afraid of them?

It might seem odd for a child of the twenty-first century to feel afraid of talking robots as we have grown up with talking toys. Indeed, every one of us is used to hearing talking devices such

Comprendre le corrigé

L'astuce du prof
Annoncez votre thèse, ici centrée sur l'accessibilité, ce qui vous permettra d'éliminer d'emblée deux options.

Employez le vocabulaire de l'opinion et de la recommandation.

Gagnez des points !
N'hésitez pas à faire des propositions concrètes.

Concluez en mettant en avant les conséquences positives de vos propositions.

Commencez par une accroche générale sur les avancées technologiques.

Gagnez des points !
Insistez sur la spécificité des jeunes générations, qui ont grandi avec la technologie.

as voice assistants, or GPS. So what could make us afraid of talking robots?

As far as I am concerned, the answer to the question might lie in inventions such as Sophia, the human-like robot, who is able to explain her own aspiration for the future, how she would like to study or raise a family just like any other ordinary person. It seems that those talking robots could be like us sooner than we think and one might wonder if they could eradicate human beings and therefore replace us once and for all.

Furthermore, not only have we grown up with talking devices but we have also been exposed to sci-fi movies or literature depicting worlds in which robots are taking over. As a matter of fact, it is very easy to draw a parallel between Sophia and the movie character Terminator from the 1980's movie whose intentions towards human beings are not the kindest. I reckon that if we do not pay attention or control the fast evolution of robots, we might wake up once it is too late in a sci-fi world.

L'astuce du prof

Avancez votre argument, et étayez-le en mobilisant un exemple. Inspirez-vous de votre cours, de votre culture personnelle.

Vocabulaire

To depict : représenter, décrire.

N'hésitez pas à vous inspirer des problématiques d'autres chapitres, ici Fictions et réalités.

SUJET 16 Sujet inédit

5 pts 10 min

Expression orale

› Parmi les deux documents ci-dessous, choisissez celui qui selon vous représente le mieux l'axe **Citoyenneté et mondes virtuels**.

VISUAL DOCUMENT

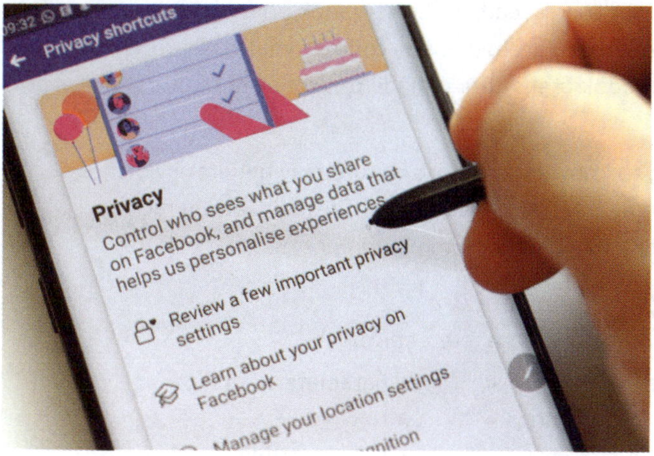

Facebook privacy check-up page.

QUOTATION

"If different cultures connect with each other, they are less likely to want to shoot each other."
Tim Berners-Lee, inventor of the World Wide Web.

› Entretien

À la suite de votre exposé, l'examinateur vous posera des questions sur le travail que vous avez effectué en cours sur le même axe.

Quelques questions possibles :

- Do you think we can keep up with family and friends more easily thanks to social networks?
- Have teenagers and young adults become the target of cyberbullying attacks?

PAR ÉTAPES

Étape 1 TESTER SA COMPRÉHENSION DU DOCUMENT

True ou False? Le contenu, les idées

Déterminer si les propositions sont vraies ou fausses.

DOC 1

	true	false
1. A Facebook user is reading the Facebook privacy check-up page.	☐	☐
2. This page helps Facebook users control what to share.	☐	☐
3. The Facebook user's data is made private by default.	☐	☐

DOC 2

	true	false
4. Getting to know each other's culture may generate violence.	☐	☐
5. The people interested in other cultures are seldom racist.	☐	☐
6. Shootings may be due to the ignorance of other cultures.	☐	☐

Termes à relier Le vocabulaire

Relier les mots suivants à leur équivalent.

to share information •	• parameters
settings •	• to check
to review •	• to be possible
to be likely •	• to spread data

Étape 2 CONSTRUIRE SA PRISE DE PAROLE

Repérer et exploiter les informations

DOC 1

En bref Le document visuel présente un utilisateur de Facebook en train de lire les **paramètres de sécurité** afin de protéger ses données personnelles.

À repérer Les quatre apparitions du mot « *privacy* » sur la photo, l'utilisation de l'impératif pour guider l'utilisateur Facebook.

TIP
Relevez les verbes apparaissaint dans les paramètres.

DOC 2

En bref Cette citation de Tim Berners-Lee a pour objectif de sensibiliser le public aux dangers de l'ignorance ou de la méconnaissance de l'autre. Il explique que les guerres et les conflits seraient réduits si les personnes de cultures différentes se connaissaient, ce qui est favorisé par le **développement d'Internet**.

À repérer L'utilisation de la proposition subordonnée de condition exprimant l'hypothèse, l'utilisation de « *to be likely* » pour exprimer le côté probable ou vraisemblable de l'action.

Choisir et lier un document à l'axe

DOC 1

Avec la transformation des relations humaines et sociales, les notions de **vie privée** et de **protection des données personnelles** ont évolué. L'utilisateur est capable de partager des informations avec le monde entier mais certaines de ses données peuvent être partagées à son insu.

DOC 2

Le développement d'Internet a permis au plus grand nombre d'accéder à de nombreuses informations. Ces **nouvelles interactions** devraient pouvoir permettre aux individus de mieux se connaître et de se comprendre. Et ainsi, elles pourraient limiter la violence et les conflits entre différents pays ou communautés.

CORRIGÉ 16

Comprendre le corrigé

DOC 1

The photo represents a Facebook user on his smartphone. With his stylus pen, he is scrolling through the privacy settings to control what he shares and protect his personal data.

Conseil
Décrivez la photo pour définir le sujet.

When a user agrees to share data like his name or his profile picture on a social media, he may be reluctant to spread other information or photos of personal events. However, if the user hasn't read the privacy settings and hasn't chosen what he wants to post or not, some of the personal data won't be kept private. The problem is that when data gets in the wrong hands, it can be exploited for malicious acts. A breach at Facebook could put users' personal information in the hands of criminals who could commit identity theft. There are also risks for companies that could see their proprietary data in the hands of a competitor!

Gagnez des points !
Faites le lien entre informations personnelles et cybercriminalité.

Vocabulaire
Reluctant : réticent
Breach : intrusion
Proprietary data : données privées, confidentielles

That is the reason why users of social media such as Facebook must take measures to protect their personal data especially since Facebook is the most used social network worldwide. Nevertheless, it may not be sufficient as Facebook stores large amounts of users' personal data which makes such social media prime targets for hackers. Users are regularly the subjects of privacy attacks in which stolen personal data is sold to online marketers.

To put it in a nutshell, even if social media such as Facebook are doing their best to redeem themselves, users must pay attention to their privacy settings and sometimes refrain from posting information that is too personal or that could jeopardise their security. This document is a perfect example of the challenges of being a citizen in a virtual world, and thus best represents the chapter.

To store: stocker

To redeem oneself: se racheter

À savoir

Utilisez des mots de liaison et des expressions pour guider le correcteur dans votre réflexion.

DOC 2

Tim Berners-Lee is the inventor of the World Wide Web and he is convinced that connecting people may allow a better understanding between communities. When he says that "If different cultures connect with each other, they are less likely to want to shoot each other", he advocates developing interpersonal connections to stop cultural violence.

À savoir

Expliquer la citation pour introduire le sujet et les problématiques soulevées.

In fact, when people connect with each other more easily, it prevents people from being racially prejudiced. This discriminatory attitude or belief towards a group with another culture may lead to racism and violence. We can apply Tim Berners-Lee's idea to contemporary events: some of the shootings occurring in the American society are likely to be due to the ignorance of other cultures.

Gagnez des points !

N'hésitez pas à exprimer des hypothèses et à faire le lien avec l'actualité.

However, the Internet is frequently ill-used and instead of connecting people from different backgrounds, it contributes to spreading discrimination online! Unfortunately, it is not legally restricted through any international censorship regulations and social media moderators fail to maintain a safe and respectful online environment.

L'astuce du prof

Prenez position ! Vous pouvez tout à faire être en désaccord avec la citation, tant que vous avancez des arguments logiques et convaincants.

To conclude, this quotation teaches us that Internet portals and social media in particular should be sensitised to the need for rejecting violence and hate messages against minorities and historically marginalised populations. Who better than the inventor of the World Wide Web to talk about the issues of citizenship and virtual worlds?

Concluez en faisant le lien avec les problématiques de l'axe. Il est possible de clôturer votre oral par une phrase percutante et efficace.

L'entretien

Do you think we can keep up with family and friends more easily thanks to social networks?

From my point of view, social networks enable people to keep up with family and friends. Wherever you are in the world, you can send messages or call your family and your friends thanks to social media such as Facebook or WhatsApp. During lockdown for instance, families and friends could not see each other. But thanks to social networks, they were able to reconnect and have a good time together.

L'astuce du prof

Donnez votre opinion et illustrez avec un exemple.

Have teenagers and young adults become the target of cyberbullying attacks?

Yes, in fact, they are connected to social networks round the clock and may be the victims of hate messages. While bullying used to take place at school, it is now everywhere. Cyberbullying never stops as bullies have access to their victims' personal data and their walls on Facebook or Twitter for instance. Moreover, pictures and videos of people can easily be taken and widely spread online.

Gagnez des points !

Utilisez des expressions idiomatiques.

Filières technologiques

Voici quelques pistes pour construire vos dossiers d'enseignement technologique en langue vivante (ETLV) autour de l'axe **Citoyenneté et mondes virtuels**.

- **Sciences et techniques sanitaires et sociales:** *To what extent do social networks improve access to medical information and advice from health-care professionals? Can virtual worlds help treat mental health problems?*
- **Biochimie – Biologie – Biotechnologie:** *How do virtual worlds and computer-based simulations develop actual science?*
- **Sciences physiques et chimiques en laboratoire:** *To what extent may virtual worlds labs be used as a training tool?*
- **Conception et création en design et métiers d'art:** *Are virtual worlds becoming art media and exhibition arenas? Have art and design become popularised thanks to virtual worlds?*
- **Ingénierie, innovation et développement durable:** *What is the role of citizens in sustainable development? Can virtual worlds help achieve success in a sustainable economy?*
- **Management, sciences de gestion et numérique:** *To what extent can marketers use virtual worlds to interact with consumers? How do digital technologies change the professional world?*

Fictions et réalités

Faire le point

L'essentiel

1 Réalités

• La réalité serait la représentation la plus dépourvue de subjectivité du monde qui nous entoure, comme une sorte de miroir. Le terme « réalités » au pluriel indique nécessairement qu'il n'existe pas une réalité mais **plusieurs**, qui diffèrent selon l'**observateur** et la **perspective** dans laquelle il se place.

2 Fictions

• Les **mondes imaginaires**, comme les récits mythologiques ou la science-fiction, nous offrent l'occasion de nous **évader** de la réalité, parfois jugée trop abrupte. La fiction dépasse nos repères culturels et historiques et nourrit notre sens du merveilleux, mais peut également nous catapulter dans des mondes inquiétants.

3 Deux notions en interaction

• Finalement, les deux termes s'entrecroisent. Les récits, qu'ils soient réels ou fictifs, écrits ou oraux, sont à la base du patrimoine culturel des individus et nourrissent l'**imaginaire collectif**. La fiction peut apporter un éclairage inattendu sur le réel, et constituer une source de réflexion susceptible de nous amener à faire évoluer le réel. Mais c'est dans le réel que la fiction puise ses images, afin de nous emmener dans des univers futuristes, ancestraux ou parallèles.

PROBLÉMATIQUES

→ *How do beliefs, myths and legends permeate today's real world?*

→ *How can a science fiction world based on facts and science be seen as an emerging possible world?*

→ *To what extent can imaginary worlds offer us the opportunity to reflect on our own real life?*

→ *How does reality serve as a source of inspiration for fictional worlds?*

→ *How does fiction contribute to fostering specific cultural fields of our society, but also to understanding our real world?*

DÉFINITIONS

• **dystopie – *dystopia*** : récit de fiction dépeignant une société imaginaire organisée de telle façon qu'elle empêche ses membres d'atteindre le bonheur.

• **fantastique – *fantasy*** : faculté ou activité qui consiste à imaginer l'impossible ou l'improbable. La littérature fantastique incorpore dans son récit un élément d'irrationnel présentant un aspect mythique, souvent incarné par l'utilisation de la magie.

• **illusion – *delusion*** : croyance maintenue en dépit du fait qu'elle est une contradiction de la réalité, ou d'un argument rationnel.

• **illusion – *illusion*** : interprétation fausse de ce que l'on perçoit, croyance erronée qui trompe par son caractère séduisant.

• **utopie – *utopia*** : construction imaginaire et rigoureuse d'une société qui constitue, par rapport à celui qui la réalise, un idéal ou un contre-idéal.

Lexique

Noms

croyance	*belief*
dystopie	***dystopia***
fantastique	***fantasy***
fiction	*fiction*
illusion	***delusion*** ← Ne pas confondre avec *illusion.*
imaginaire	*imaginary*
légende	*legend*
littérature	*literature*
mythe	*myth*
mythologie	*mythology*
utopie	***utopia***
héros (super héros)	*hero (super hero)* ← Le pluriel de *hero* est *heroes.*
figure tutélaire	*tutelary figure*
objectivité	*objectivity*
subjectivité	*subjectivity*

Adjectifs

créatif	*creative*
fantastique	*fantastic*
fantastique	*fantastical* ← Ne pas confondre avec *fantastic.*
fictif	*fictional*
fictionnel	*fictitious*
héroïque	*heroic*
imaginaire	*imaginary*
magique	*magic*

Verbes

créer (des mots)	*to coin*
créer	*to create*
croire	*to believe*
décrire	*to describe* ← **synonyme :** to depict
fabriquer	*to make*
imaginer	*to imagine*
inventer	*to invent*
prouver	*to show evidence of*
refléter	*to reflect*

L'axe en un coup d'œil

Si le sujet du bac tombe sur cette **thématique**

je peux mobiliser ces **idées** pour l'expression écrite et orale.

Héros de l'Histoire et de récits

- ***Anne Boleyn,*** also called "the doomed queen" is an iconic historical figure; legends and fantastic stories contribute to her mysterious aura.
- ***Margaret Thatcher*** was Prime Minister in the United Kingdom, she was known for her uncompromising leadership and therefore dubbed "the Iron Lady". Her liberal politics are known as "Thatcherism".
- ***Edward Teach, also known as Blackbeard,*** was a famous pirate who became an archetypal figure, inspiring many fictional characters to this day.

Dystopie et critique de la société

- **1984** ***by George Orwell*** (1949) is a dystopia. Orwell used his book to denounce all forms of fascism.
- **Fahrenheit 451** ***by Ray Bradbury*** (1953) is a science-fiction novel. The author depicts a dystopian society and tackles themes such as censorship, authoritarianism and the subversive power of books.
- **V for Vendetta** ***by James McTeigue*** (2006) is a dystopian thriller taking place in an alternative future in the United Kingdom, ruled by a fascist state. We follow V's attempt at overthrowing the government.

Conquête spatiale : entre réalité et fiction

- **First Man** ***by Damien Chazelle*** (2018) is a movie about the Apollo 11 mission: Neil Armstrong's first steps on the Moon.
- ***The 2012 introduction film of a project*** that was eventually abandoned: Mars One's human mission to Mars. It aimed to establish a human colony on the red planet by 2032 but was deemed scientifically unsound.
  To watch this, flash this page with your app Nathan Live.
- ***In a video posted by the journal*** **The Guardian,** Elon Musk explains his motives: "We should become a multi-planet species… We should get a self-sustaining base on Mars, in case of WWIII."
  To watch this, flash this page with your app Nathan Live.
- **The Martian** ***by Ridley Scott*** (2015) is an adaptation of Andy Weir's book, about a man trying to survive on Mars whithout his team. The plot was very much inspired by actual scientific data and principles.

À lire

1984, George Orwell

• This dystopian novel was written in 1949 by the English author and journalist George Orwell. He imagines a futuristic society led by an authoritarian government that relies on repression, propaganda, and mass surveillance. Orwell puts his pen in the service of his political convictions, to denounce all forms of fascism and violations of human rights. *1984* is his most famous work, and has become a worldwide bestseller thanks to its visionary insight on totalitarianism and post-truth politics.

À voir

"Is life a video game?"

• In 2016, at the Q&A session of Recode's Code Conference, Elon Musk put forward a provocative argument: "The odds are overwhelming that we're characters in an advanced civilisation's computer simulation. Our own video games have advanced at a rapid pace, from Pong in the 1970s to immersive virtual reality today."

To watch this, flash this page with your Nathan Live app.

À écouter

The execution of Anne Boleyn

• This podcast by the BBC tackles the spectacular arrest and execution of Anne Boleyn, the Queen and second wife of Henry VIII, on the 19th of May 1536. She was accused and found guilty of adultery, incest and conspiring to kill the King. Her legendary and mysterious downfall was commented all across Europe as she was the first Queen of British history to be tried and sentenced to death. To this day, the accuracy of the charges and the reasons behind her arrest are the subject of historical debates: would it be possible that Anne Boleyn was framed, and by whom?

To listen to this, flash this page with your Nathan Live app.

Zoom sur...

Mars Project: The obstacles on the way to the new Frontier

• After the success of Apollo 11, fifty years ago, which saw the moon landing of the American crew of three astronauts, on July 20th 1969, five more missions were sent until 1972. Two of these men walked on the moon for two hours and 31 minutes, collected more than 21 kilos of rocks and walked one kilometer. John F. Kennedy's plan had therefore been achieved by NASA in the context of the Cold War which had been a real incentive to lead the space program. Today NASA is not as motivated to send a spacecraft to Mars, but some private initiatives are being launched. Nonetheless, colonising Mars inspired a lot of science-fiction novels or movies.

→ En lien avec l'axe Innovations scientifiques et responsabilité.

Sujets guidés

SUJET 17 Sujet inédit

5 pts 30 min

Compréhension orale

The Martian: How science drove the plot

› En rendant compte, **en français**, du document, vous montrerez que vous avez compris :

- la nature et le thème principal du document ;
- à qui s'adresse le document ;
- le déroulement des faits, la situation, les informations ;
- l'identité du locuteur ;
- le point de vue ;
- la fonction et la portée du document (relater, informer, convaincre, critiquer, dénoncer, etc.).

› Note

Les noms propres cités dans le document sont les suivants :

Jim Greene • Andy Weir • Ridley Scott

PAR ÉTAPES

Étape 1 TESTER SA COMPRÉHENSION ORALE

True or False? Le contenu, les idées

Déterminer si les propositions sont vraies ou fausses.

	true	false
1. Dr Jim Greene is the producer of *The Martian*, Andy Weir is the speaker, and Ridley Scott is the writer.	☐	☐
2. The speaker is there to introduce the following guest speaker, Andy Weir, an American author.	☐	☐
3. Andy Weir is a lifelong space nerd, which means his main interest focuses on science-fiction books and movies and computer games.	☐	☐
4. Andy Weir has already published two novels.	☐	☐
5. The speaker hasn't seen the movie yet.	☐	☐

live!

Questions flash La grammaire

Observer l'exemple ci-dessous et répondre aux questions.

- **"These science-fiction stories become embedded in our minds"**

1. Que remarquez-vous à propos du mot « *minds* » ?
2. Pouvez-vous en expliquer la raison ?
3. Donnez d'autres exemples.

Termes à relier Le vocabulaire

Relier les mots suivants à leur équivalent.

embedded •	• nouvelle
allow •	• ancré
colloquium •	• intrigue
plot •	• roman
nerd •	• conférence
novel •	• permettre
short story •	• passionné

Étape 2 RÉACTIVER SON VOCABULAIRE

• **Vocabulary of science-fiction:** a space shuttle • a starship • science fantasy • intergalactic adventures • two hundred years in the future • off-planet culture • to seek out new civilisations • to terraform • a futuristic world.

• **Vocabulary of creativity:** a made-up world • imaginary • fictitious • unimaginable • inconceivable • to invent • to coin • to create • to make up • to figure out • to adapt to the cinema • to do justice to a novel.

Étape 3 REPÉRER ET EXPLOITER LES INFORMATIONS

En bref Dr Jim Greene, directeur des sciences planétaires à la NASA, prend la parole pour présenter l'invité du jour. Le public est venu écouter la conférence d'**Andy Weir**, auteur de *The Martian*, paru en 2011 sous forme numérique et adapté au cinéma en 2015 par le réalisateur Ridley Scott.

À repérer Un seul locuteur s'exprime. Notez que sa présentation est composée de deux parties. Dans un premier temps, il énonce une idée générale sur le rapport entre **la science-fiction et la science**, puis il retrace les grandes lignes du **parcours d'Andy Weir**. Repérez l'idée générale de la première partie, puis relevez la chronologie de la vie d'Andy Weir.

Au brouillon

Relevez les dates, les noms propres et les mots accentués. Au fur et à mesure des écoutes, essayez de relier les éléments entre eux.

MÉTHODE

SUJETS PAS À PAS

SUJETS COMME À L'EXAMEN

CORRIGÉ 17

Comprendre le corrigé

Ce document est un discours du directeur des sciences planétaires de la NASA, probablement prononcé devant un public composé essentiellement de membres du centre de recherche. Son objectif est de présenter l'invité, Andy Weir, qui va prendre la parole après lui. Andy Weir est l'auteur de *The Martian*, livre auto-publié en 2011, qui a été adapté au cinéma en 2015 par le réalisateur Ridley Scott.

À savoir
Il est important de bien comprendre l'identité du présentateur.

Le directeur explique que les histoires de science-fiction nous autorisent à avoir de grands rêves et d'imaginer l'inimaginable. Nombreuses de ces histoires qui sont des classiques s'inscrivent et perdurent dans notre esprit et influent sur notre façon de penser et d'envisager l'avenir de notre société. Elles nous donnent l'opportunité d'inventer notre avenir. C'est un élément déterminant de nos idées et de nos actes. La conférence que va donner Andy Weir est intitulée : « *The Martian* : Comment la science est à l'origine de l'intrigue et la guide ».

L'astuce du prof
Les paroles du locuteur sont très claires et les mots sont pesés. Tentez de trouver un lexique aussi percutant en français.

Puis, le professeur retrace les grandes lignes de la vie d'Andy Weir, évoquant tour à tour son emploi de programmeur informatique dans un laboratoire à l'âge de 15 ans, puis sa vie professionnelle dédiée à l'informatique. Andy Weir est un passionné de tout ce qui concerne l'espace, la physique quantique, la mécanique orbitale et l'histoire humaine des vols dans l'espace.

Gagnez des points !
Relevez le maximum d'informations concernant cet auteur à la fois féru de fiction littéraire mais aussi expert dans le domaine scientifique.

The Martian est son premier roman, publié numériquement en 2011 tout d'abord, puis par une maison d'édition traditionnelle en 2014. Le roman a été adapté au cinéma en 2015. Le directeur ajoute que la bande annonce lui donne vraiment envie de voir le film, mais que la lecture du livre est absolument indispensable pour la NASA. L'intrigue est guidée par la science, ce qui met en évidence les connections existant entre la science-fiction et les données scientifiques du monde réel.

Conseil
Insistez sur le souci du directeur de faire la promotion à la fois du livre et du film !

SUJET 18 Sujet zéro

5 pts 30 min

Compréhension écrite

TEXTE 1 All alone on Mars

Six days into what should be the greatest two months of my life, and it's turned into a nightmare. I don't even know who'll read this. I guess someone will find it eventually. Maybe a hundred years from now.

For the record… I didn't die on Sol 6*. Certainly the rest of the crew thought I did, and I can't blame them. Maybe there'll be a day of national mourning for me, and my Wikipedia page will say, "Mark Watney is the only human being to have died on Mars."

And it'll be right, probably. 'Cause I'll surely die here. Just not on Sol 6 when everyone thinks I did.

Let's see… where do I begin?

The Ares Program. Mankind reaching out to Mars to send people to another planet for the very first time and expand the horizons of humanity blah, blah, blah. The Ares 1 crew did their thing and came back heroes. They got the parades and fame and love of the world.

Ares 2 did the same thing, in a different location on Mars. They got a firm handshake and a hot cup of coffee when they got home.

Ares 3. Well, that was my mission. Okay, not mine per se. Commander Lewis was in charge. I was just one of her crew. Actually, I was the very lowest ranked member of the crew. I would only be "in command" of the mission if I were the only remaining person.

What do you know? I'm in command.

I wonder if this log will be recovered before the rest of the crew die of old age. I presume they got back to Earth all right. Guys, if you're reading this: It wasn't your fault. You did what you had to do. In your position I would have done the same thing. I don't blame you, and I'm glad you survived.

Andy Weir, *The Martian*, 2011.

* **A sol** *is a Mars solar day. It lasts 24 hours and 39 minutes, the duration of the day-night cycle on Mars.*

TEXTE 2 An Interview with Elon Musk about Mars

The entrepreneur details his plan to send one million humans to the red planet.

In the year 2014 Elon Musk doesn't need much of an introduction. Not since Steve Jobs as an American technologist captured the cultural imagination like Musk. He is the inspiration for Robert Downey Jr.'s Iron Man. His life story has already become a legend. He decided idle hedonism wasn't for him, and instead sank his fortune into a pair of unusually ambitious startups. With his automobile company he would replace the world's cars with electric vehicles and with his space company he would colonise Mars. And so I wondered, why space?

"I think there is a strong humanitarian argument for making life multi-planetary," he told me, "in order to safeguard the existence of humanity in the event that something catastrophic were to happen, in which case being poor or having a disease would be irrelevant, because humanity would be extinct."

Musk told me this first group of settlers will need to pay their own way. "My rough guess is that for a half-million dollars, there are enough people that could afford to go and would want to go. But it's not going to be a vacation jaunt. It's going to be saving up all your money and selling all your stuff, like when people moved to the early American colonies."

A million people on Mars sounds like a techno-futurist fantasy. And yet, the very existence of Musk's space venture is fantasy.

Ross Andersen, Theatlantic.com, October 3, 2014 (abridged and adapted).

QUESTIONS

Answer the following questions in English using your own words:

TEXTE 1

a. After reading the text, what can you say about the narrator and the situation he is in?

b. Focus on the following three clues:
- "I don't even know who'll read this" (l. 2)
- "Let's see…where do I begin?" (l. 10)
- "Guys, if you're reading this" (l. 23)

What do they reveal about what the narrator is doing? Explain why he is doing that.

c. Focus on what is said about the Ares program (l. 11 to 20). In what ways do the three missions Ares 1, Ares 2 and Ares 3 differ?

TEXTE 2

d. After reading the text, what can you say about:
– Elon Musk?
– the reasons why he is famous?
– his plans for the future?

e. What can you say about his vision of the future of humanity?

f. What are the conditions required to be part of the "first group of settlers" (l. 15)?

TEXTE 1 et TEXTE 2

g. In your opinion, which text is more realistic? Justify your answer.

PAR ÉTAPES

Étape 1 TESTER SA COMPRÉHENSION DES TEXTES

True or false? Le contenu, les idées

Déterminer si les propositions suivantes sont vraies ou fausses.

TEXTE 1

	true	false
1. Mark has been living on Mars for two months.	☐	☐
2. Mark doesn't blame the other members of the crew for leaving him alone on Mars.	☐	☐
3. The other astronauts left him behind because they disagreed with his plans.	☐	☐
4. Mark is wondering if they will come back to pick him up.	☐	☐
5. He's writing a novel as a testimony.	☐	☐

TEXTE 2

	true	false
6. Andersen thinks Elon Musk needs to be introduced to the public.	☐	☐
7. He wonders why Elon Musk turned to fund a space expedition to the Moon.	☐	☐
8. Elon Musk aims at somehow saving humanity.	☐	☐
9. Elon Musk thinks the human race might disappear one day unless we act now.	☐	☐
10. Elon Musk thinks half a million people would be ready to go on the red planet.	☐	☐

QCM La grammaire

Cocher la proposition qui correspond au sens de la phrase.

1. "Maybe a hundred years from now" (Texte 1, l. 3)

- [ ] **a.** A hundred years ago
- [ ] **b.** For a hundred years
- [ ] **c.** In a hundred years

2. "In the event that something catastrophic were to happen" (Texte 2, l. 13)

- [ ] **a.** If something serious had happened
- [ ] **b.** If something serious never happened
- [ ] **c.** Should something serious happen

Termes à relier Le vocabulaire

Relier les mots suivants à leur équivalent.

in charge •	• holiday trip
mourning •	• funerals
mankind •	• lazy, slow
vacation jaunt •	• belongings
stuff •	• responsible for
idle •	• humanity

Étape 2 RÉACTIVER SON VOCABULAIRE

- **Vocabulary of space:** the conquest of space • an astronomer • an astronaut • the space age • a space shuttle • a planet • a spacecraft • a light year • a galaxy • planetary • interplanetary • extra-terrestrial.
- **Vocabulary of colonisation:** to settle down • a settler.
- **Vocabulary of pain:** a nightmare • a predicament • an ordeal • a plight • loneliness • despair • to suffer from • to cope with • to face hardships • to feel desperate • downhearted.

Étape 3 REPÉRER ET EXPLOITER LES INFORMATIONS

TEXTE 1

En bref *The Martian* est le seul roman de l'auteur américain Andy Weir. En 2015, Ridley Scott l'a adapté au cinéma. Dans l'ouvrage, le héros Mark Watney est un astronaute américain laissé pour mort sur Mars par son équipage à la suite d'une tempête de sable. Il va tenter de survivre mais de nombreux obstacles vont rendre sa survie hasardeuse.

À repérer Le niveau de langue ainsi que les formules oralisantes sont des indices quant à la nature du texte et aux objectifs de l'auteur.

Pour bien répondre aux questions

a. Cherchez des renseignements sur l'**identité** du personnage et les lieux où il se trouve. Décrivez le **contexte** de son histoire, en prenant soin de rendre compte de son cauchemar grâce aux éléments qu'il fournit sur sa mission.

b. Le mot « *log* » (l. 22) résume la **nature** des écrits du narrateur : une sorte de journal qu'il entreprend d'écrire afin de laisser une trace de son existence.

c. L'enjeu de la question consiste à **comparer** les trois missions Ares. Pensez à utiliser le comparatif et les connecteurs, marqueurs de la différence et du contraste (*while/whereas, unlike, contrary to*).

Au brouillon

Surlignez les termes portant sur le personnage et les lieux de deux couleurs différentes directement sur le sujet.

TIP

Le comparatif de supériorité se construit en ajoutant le suffixe -er aux adjectifs, sauf si ceux-ci sont trop longs. On place alors *more* devant l'adjectif.

Ex : *easier // more difficult.*

TEXTE 2

En bref Cette interview d'Elon Musk par Ross Andersen parue dans *The Atlantic* et datée d'octobre 2014, expose le projet ambitieux et pour le moins étonnant du milliardaire américain d'envoyer sur Mars une colonie d'un million d'hommes. Pour Ross Andersen, cette idée relève de la science-fiction.

À repérer La référence à « Robert Downey Jr.'s Iron Man » (l. 5) : Tony Stark, inventeur de génie et milliardaire se sert d'une armure puissante pour faire régner la justice. Cette comparaison avec le monde des comics indique la distance que prend l'auteur avec les propos d'Elon Musk.

Pour bien répondre aux questions

e. Démontrez combien sa vision est **pessimiste** et que la solution qu'il propose semble être une fuite en avant, afin de vendre du rêve aux plus aisés.

TEXTE 1 et TEXTE 2

Pour bien répondre aux questions

g. Cette question est au cœur même de l'axe et vous amène à réfléchir sur la **frontière qui sépare fiction et réalité**. Une situation qui frise le surréalisme n'est-elle pas plus distante de la réalité que le véritable ressenti d'un homme aux prises avec la solitude dans un monde hostile ?

MÉTHODE

SUJETS PAS À PAS

SUJETS COMME À L'EXAMEN

CORRIGÉ 18

TEXTE 1

a. This document is a first person narrative about a man called Mark Watney. In a futuristic world, he registered for a space program which sent people to Mars. He seems to have been living on Mars for six days, but he is experiencing an ordeal. After an unexpected event that could have cost them their lives, the other members of the crew managed to return to Earth leaving Mark behind against their will. However, Mark is alive and knows he is bound to die on Mars.

b. The narrator must be writing a sort of logbook about his recent daily life experience on Mars. He has just started to write it as he is wondering how he ought to begin. He aims to tell the future participants of those missions if any, about what he went through after his team left. It is a kind of testimony meant to restore the truth: Mark did not die on "Sol 6". But above all, he wants them to know they should not feel guilty about leaving him to his fate.

c. For the first mission, society paid tribute to the courage of the heroic astronauts who became celebrities. Unlike the first crew members, the second ones didn't get as much attention. People were getting used to hearing about space expeditions. As for the third mission, Mark was only to be in command if he were the only survivor. However, as everyone on Earth is likely to think he is dead, he reckons there might be a national day of mourning in his memory.

TEXTE 2

d. Elon Musk is the well-known billionaire technology entrepreneur, CEO and engineer who invested in a successful electric car company, and launched an ambitious futuristic project. Aware as he is of the necessity to reduce the risk of human extinction, he aims to establish a human colony on Mars. Therefore, the goals he pursues are twofold: he founded Tesla to preserve the Earth, and SpaceX to understand the unfathomable reaches of space. To his own sayings he strongly believes that many people would be able to afford the cost of such a one-way journey to Mars and would be ready to land and build a life there.

Comprendre le corrigé

À savoir

Pensez à répondre aux questions : who, where, when, why ?

L'astuce du prof

Les trois indices qui vous mettent sur la piste : qu'écrit-il, à qui et pour quelles raisons ?

Gagnez des points !

Pensez à utiliser les connecteurs du contraste.

Conseil

Le personnage est un peu visionnaire. Insistez sur cet aspect !

e. On the one hand, Elon Musk's vision of the future is quite pessimistic: the world is heading into the abyss, owing to overpopulation and global warming. Yet he sees space as the new Frontier to be conquered. His plans of migrants settling down on Mars as the new Exodus sounds like pure fantasy. He may even be compared to the fictional Iron Man, who makes some people admire him as a powerful semi-god, holding the promise of a better future, yet only for the "happy" few, appealing to our imagination!

Gagnez des points !
Exprimez votre opinion sur ces projets pour le moins très ambiteux !

f. In order to belong to the privileged community of Mars settlers, you need to have saved about a half-million dollars. Of course you would volunteer to fly into space, knowing you would never return as you would have sold all your belongings on Earth. He recalls the historical wave of immigrants in the late 1900s who risked everything they owned in order to fulfill their dreams of a better life in America. Mars sounds like the new Eldorado, the land of endless opportunities for residents whose life on Earth will be doomed to extinction.

Les conditions pour y appartenir sont assez… élitistes !

TEXTE 1 et TEXTE 2

g. In the excerpt from *The Martian* written by Andy Weir, a man is compelled to settle down on Mars by himself. Once this unbelievable predicament has been accepted by the reader, the latter can almost easily identify with the character. Indeed the narrator arouses sympathising feelings towards this forlorn man light years away from Earth. Indeed, he is showing human qualities such as forgiveness and tolerance and a sense of ethics. Therefore, there is a sense of reality in this passage.

Vocabulaire
Forlorn : triste, délaissé.
Temperamental : capricieux, imprévisible.
Uprooted : déraciné, ici détaché de la réalité.

On the other hand, *The Atlantic* anchors the text in the real world of 2014. The charismatic Elon Musk is introduced by the interviewer as a celebrity. Today, although some of his visions may seem impossible at first glance, Musk's track record has muted many doubters. However, according to the interviewer, Musk's mass space transportation visions sound hardly achievable. Therefore he sounds like an idealist, a visionary, almost a temperamental utopist.

L'astuce du prof
Afin d'exprimer votre opinion personnelle, prenez le temps de la réflexion. Quel texte vous paraît le plus proche du monde que vous connaissez ?

To put it in a nutshell, to my mind, the more realistic text would be the excerpt from the novel: a fictitious character with human qualities, rather than a real man uprooted from reality, living in fantasy land.

À savoir
Realistic étant un adjectif long, on ajoute *more* avant pour exprimer la comparaison.

SUJET 19 Sujet zéro

5 pts 30 min

Expression écrite

› Vous traiterez **en anglais** et en 120 mots minimum au moins **l'un des deux sujets suivants au choix**.

Les sujets proposés ci-dessous sont en relation avec la thématique du document de la compréhension écrite du sujet 18 p. 143.

SUJET A

You are the commander of mission Ares 1. You have just come back from your mission and you are invited to give the opening speech at a press conference.

Write your speech.

SUJET B

On a blog, you read three different reactions from people who have just read the article "An Interview with Elon Musk About Mars". Which one do you agree most with? Why?

Reaction 1
"Living on Mars? That is nonsense!"

Reaction 2
"I'm going to start saving money immediately to pay my trip to Mars."

Reaction 3
"Right now I can't imagine living on Mars but that could be a great idea for the future..."

PAR ÉTAPES

Étape 1 CHOISIR SON SUJET

SUJET A Rédaction d'un discours

Le sujet A est un **discours**, qui suppose de bien connaître le contexte. Assurez-vous d'avoir bien compris que vous êtes le commandant de la mission 1, dont on sait qu'elle a été couronnée de succès.

Vous êtes dans l'**euphorie** de votre récent atterrissage sur Terre et vous devez vous adresser à un public qui rêve d'avoir un récit venu de l'au-delà ! Vous aurez à cœur de **partager vos émotions** afin d'atteindre l'imagination de votre auditoire.

SUJET B Rédaction d'une opinion argumentée

Rédiger une **opinion** suppose des qualités de rédaction claires et convaincantes. Vous devez graduer l'exposé de votre opinion en terminant par un point dont le but sera d'entraîner votre lecteur à vous suivre. Il s'agit donc de démontrer ici de **façon tranchée** que vous adhérez entièrement à un point de vue.

> **TIP**
> **Exprimer son opinion**
> Pour marquer son opinion, il convient d'utiliser des formules appropriées: *As for me, in my view, to my mind, I approve/ disapprove of, I strongly agree/ disagree with…*

Étape 2 ANALYSER LE SUJET ET ORGANISER SES IDÉES

- **Vocabulaire à utiliser:** an achievement • settlers • a breakthrough • a new era • a leap • a delusion • hostile • dire • ethics.
- **Mobiliser des exemples connus:** Apollo 11 • astronomer Martin Rees.

SUJET A

Définir un angle de rédaction

- Rappelez si besoin le **succès** du premier pas de l'homme sur la Lune, en guise de comparaison de l'événement de votre réussite sur Mars.
- Témoignez votre **reconnaissance** à tous ceux qui ont contribué à la réussite de ce programme.
- Laisser entrevoir le début d'une **nouvelle ère spatiale**, grâce aux nouvelles technologies.
- Un souci pour l'**éthique** dans ce monde progressiste ne serait cependant pas superflu.

SUJET B

Si vous choisissez…

la première réaction: vous devrez développer votre point de vue en montrant l'**irrationalité** d'un tel projet.

- Dénoncez le caractère fantasque de ce projet, sa **non-recevabilité** par des scientifiques de renom qui ont évalué l'expédition extrêmement coûteuse et les risques insensés, compte tenu des conditions de survie très hypothétiques.
- Soyez **constructif** en montrant comment les efforts financiers d'un tel projet pourraient être investis vers des causes sociales et humanitaires urgentes.

la deuxième réaction: faites preuve d'un **espoir** bien ancré dans votre esprit et expliquez les raisons qui motivent votre projet personnel. Vous n'avez sans doute aucun lien qui vous retient sur Terre ?

la troisième réaction: montrez combien ce projet a un **avenir**, mais qu'il est encore trop tôt pour le concrétiser.

CORRIGÉ 19

Comprendre le corrigé

SUJET A

My dear fellow citizens,

Let this be the first day of a new Era. As we are coming back from the Red Planet, we can assert with pride that our few steps on the surface of Mars are the new giant leap for humanity. Who could have known we would succeed in such a daring entreprise? For a while we were "the bold settlers on some foreign shore" as the poet Wordsworth put it. We owe this achievement to the outstanding endeavours of our researchers, engineers and technicians. As we were landing I saw my friend's eyes filled with the awe of watching the glittering and twinkling of a star-spangled sky. Reaching another side of the universe teaches you humility, but today we have opened a new gate with unbelievable prospects, provided we remain aware of the ethics of progress.

I am happy to herald a new age in space conquest for the sake of the survival of humanity!

Conseil
Adoptez le ton officiel d'un discours, et adressez-vous à un public, ici des journalistes.

Soyez galvanisé par votre réussite et partagez votre enthousiasme.

Gagnez des points !
Variez la ponctuation afin de donner un rythme à votre discours.

SUJET B

Reaction 1

Evidence has been scientifically shown that life on Mars will be impossible for men beyond six months despite breakthrough technology. I think the idea of a colony of men on Mars is a dangerous delusion as it is a far more hostile environment than the South Pole. The average temperatures are so low! Dealing with climate change here on Earth matters more to me than terraforming Mars which would have dire consequences. The word "terraforming" itself was invented by science-fiction writers. Why would it belong to the real world?

Like the British astronomer Martin Rees, I believe we can still harness science and technology to save ourselves and our planet. However, ethics ought to be at the core of progress and we should make sure the billion people living under the poverty threshold are taken care of by the few wealthy ones who could alleviate their plight. Let's live on Earth decently before trying to survive on Mars!

Conseil
Soyez radical dans votre diatribe contre ce projet, pour en montrer le caractère irrationnel.

L'astuce du prof
Avancez des arguments factuels, et mettez en avant leur fiabilité.

SUJET 20 Sujet inédit

5 pts 10 min

Expression orale

› Parmi les deux documents ci-dessous, choisissez celui qui selon vous représente le mieux l'axe **Fictions et réalités**.

VISUAL DOCUMENT

"Tribute in Light", New York City. The art installation creates two columns of light to represent the Twin Towers, in remembrance of the September 11th attacks of 2001.

VISUAL DOCUMENT

Banksy's artwork: a tribute to nurses during the Covid-19 pandemic.

Entretien

À la suite de votre exposé, l'examinateur vous posera des questions sur le travail que vous avez effectué en cours sur le même axe.

Quelques questions possibles :

- Some biopics have been made about celebrities. Did you study any of them? To what extent do they reconcile fiction and reality?
- What do you think might be difficult for an actor to do in order to look like a celebrity to the extent of being mistaken for that person?
- Can you explain Jim Greene's statement that "science fiction stories allow us to be creative and invent a new future"? (Jim Greene is the Director of Planetary Science at NASA)

PAR ÉTAPES

Étape 1 TESTER SA COMPRÉHENSION DU DOCUMENT

True ou False? Le contenu, les idées

Déterminer si les propositions sont vraies ou fausses.

	true	false
DOC 1		
1. In 2001 the Twin Towers collapsed after terrorist attacks, on September 11th, 2001.	☐	☐
2. George Bush was the American President at the time.	☐	☐
3. The heroes of the day were the police.	☐	☐
DOC 2		
4. Banksy is a famous committed street artist who often gives talks on television.	☐	☐
5. The purpose of this painting is to defend abandoned children.	☐	☐
6. The Red Cross on the apron is a religious symbol.	☐	☐

Termes à relier Le vocabulaire

Relier les mots suivants à leur équivalent.

to rise •	• gratte-ciel
waste paper basket •	• être à genoux
attack •	• attentat
to kneel •	• s'élever
skyscraper •	• corbeille à papiers

Étape 2 CONSTRUIRE SA PRISE DE PAROLE

Repérer et exploiter les infos

DOC 1

En bref Cette photo rappelle une **attaque terroriste** sans précédent sur le sol américain, au cours de laquelle près de 3000 personnes perdirent la vie, le 11 septembre 2001. En lieu et place du World Trade Center, les autorités décidèrent de faire briller de longs faisceaux lumineux verticaux pour **honorer la mémoire** de toutes les victimes.

À repérer Vous veillerez à mobiliser le lexique lié à ces attentats: *disaster, appalling event, despair, in dismay, unbelievable, beyond reality...*

DOC 2

En bref Banksy est un artiste de rue **engagé** qui partage ses opinions sur des faits de société en peignant ses œuvres sur des murs, mais aussi, comme ici, sur une toile. Tantôt il glorifie, tantôt il dénonce, mais il refuse toute médiatisation et s'arrange pour ne pas être vu. Il rend ici **hommage aux soignants** pendant la période de la Covid-19.

À repérer Vous vous concentrerez sur le **message** que Banksy suggère à travers ce tableau, qu'il offrit en mai 2020 à un hôpital de Southampton, en Angleterre.

> **TIP**
> L'axe Fictions et réalités vous invite à définir les frontières entre ces deux mondes. Il vous appartient de montrer cependant à quel moment ces deux mondes peuvent parfois se compléter, se superposer, voire se fondre l'un dans l'autre pour interagir.

Choisir et lier un document à l'axe

DOC 1

- **Introduction:** ces faisceaux lumineux verticaux rappellent la présence devenue irréelle des tours qui, six mois auparavant, disparaissaient dans un gigantesque vacarme. Comment ces vues cauchemardesques de notre **mémoire collective** peuvent-elles relever de la **réalité**, alors que nous avions l'habitude de les associer à des films catastrophe, entièrement **fictifs**, sortis de Hollywood?
- **Développement:** la profusion d'images télévisées qui ont saisi l'attaque et l'effondrement des bâtiments dans le monde entier, ont bien souvent laissé les spectateurs dans une profonde incrédulité. Ces images ne relevaient-elles pas de la fiction? L'horreur est tolérable quand on la sait fictive. Elle peut créer le frisson, des angoisses passagères, mais elle n'atteint que notre imagination. Les dystopies peuvent annoncer des réalités potentielles aux fins de nous alerter et de tout faire pour les éviter. En revanche, quand la réalité dépasse l'entendement, dans l'escalade de l'insoutenable, alors elle bascule dans **l'irréel**, la condition sine qua non pour que nous ayons l'énergie de continuer à vivre dans le réel, en veillant à ce que cet événement ne se reproduise pas.

- **Conclusion :** concluez en montrant que la réalité peut parfois dépasser la fiction et que ces terribles attentats ont marqué le commencement d'une ère nouvelle dans l'histoire des États-Unis et du monde.

DOC 2

- **Introduction :** rappelez la nature du document, ce que vous savez de ce **peintre engagé**, et le **contexte social et sanitaire** qui a pu donner naissance à ce tableau.
- **Développement :** décrivez tout d'abord le tableau dans son ensemble. Donnez des informations précises sur les hommages rendus aux infirmières de diverses manières pendant cette période de confinement. Expliquez dans quelle mesure ce tableau peut parfaitement illustrer l'axe étudié. En effet, que dit-il de notre perception de ces femmes et ces hommes qui ont donné leur temps et leur énergie à soigner et sauver des malades au risque de leur propre vie ? Quelle image est suggérée de l'infirmière, cheville ouvrière du bon fonctionnement des hôpitaux ?

> **TIP**
> Il est intéressant de savoir que les soignants eux-mêmes ont décrié le titre de « super héros », afin de montrer qu'ils s'étaient vraiment débattus dans le monde réel.

- **Conclusion :** dans cet exemple, la réalité s'est apparentée à la fiction quand nous avons évoqué ces soignants en leur décernant le titre de « super héros », emprunté au monde de la fiction.

CORRIGÉ 20

Comprendre le corrigé

DOC 1

It can't be denied that by looking at those perfectly luminous straight lines reaching out towards the sky in a sort of spiritual elevation, the spectator's imagination is actively recreating the former Twin Towers that used to characterise the New York City skyline. Needless to say this picture contrasts sharply with the horrifying ones of the enflamed skyscrapers tumbling down in huge dark clouds of smoke, together with debris and rubble falling down with a deafening noise. How can those nightmarish pictures belong to reality while we were used to seeing them in Hollywood fictitious disaster films?

> **Gagnez des points !**
> Pour cet oral, les intonations seront particulièrement convaincantes. Il vous appartiendra d'accentuer les mots importants, de faire des pauses, d'accélérer ou de ralentir le rythme.

In 2002, this artwork was given the title "Tribute in Light". Indeed no one can forget those dreadful pictures conjuring up the despair of all the victims but also the grief of their relatives and friends. Human beings remained dumbfounded and speechless in front of such an event. Could any word actually depict the terror of the scene? The profusion of photos you kept seeing in the media seemed to hammer away at the fact they had been taken in the real world. Howsoever unbelieving you were, you had to accept the dire reality.

Horror is bearable when you know it is mere fiction. The 1974 disaster movie, *The Towering Inferno* directed by John Guillermin featured a fire starting at the top of a skyscraper caused by a short circuit, with brave firemen saving lives. But this time in 2001 the terrorist-driven disaster went beyond imagination, with no special effects, just the plain terrifying truth of the photos or the scene itself for the witnesses watching in dismay.

As a conclusion, I have tried to show how some catastrophes are so mind-blowing that they do not seem to be real. Those attacks definitely were the milestone of a new era. Strangely enough a film entitled *World Trade Center* directed by Oliver Stone, was released in 2006. Even though the film is based on the real story of two policemen who suddenly found themselves together under tons of rubble, the focus is on a subjective almost intimate perception of the events. Actually wasn't it the only way to bear the unbearable, by giving it a human dimension?

DOC 2

First and foremost, let me remind you that this artwork was painted by the committed artist Banksy. He is a non-conformist who actually debunks art as such and sneers at conventional artists. This painting shows a 5 or 6-year-old little boy in dungarees kneeling and holding a nurse doll up above his head as though she were to fly. He is looking up at her while he seems to have gotten rid of his other toys thrown away in the waste paper basket, his Batman and Spiderman dolls. The nurse is dressed with the usual apron bearing the Red Cross emblem, the only coloured item in the picture. She is wearing a facial mask, but also a cape which might enable her to fly!

L'astuce du prof

En utilisant des questions rhétoriques, vous pourrez ainsi impliquer votre auditoire et raviver son attention.

Conseil

N'hésitez pas à faire référence à des œuvres fictionnelles qui font écho à cet événement bien réel.

Quel point de vue adopter à travers la fiction ? Sans doute était-ce la seule façon de traiter de ce gigantesque chaos, en lui donnant une dimension humaine, à la portée de tous.

L'astuce du prof

Décrivez tous les éléments de la photo : la composition, les couleurs, la dimension symbolique…

Vocabulaire

To debunk: démystifier

To sneer: se moquer

During that period of shutdown due to the Covid-19 pandemic the crucial role of the health carers on the front line was emphasised by the media, and the public. Many of us showed gratefulness towards them by giving rounds of applause at 8pm from our windows. We were told they were busy day and night trying to deal with emergencies. Banksy's art piece therefore corroborates the idea that they deserve admiration for their dedication. They knew they were sacrificing their own lives for the sake of saving others, relentlessly working long hours, almost at the end of their tether.

Gagnez des points !
Tentez de varier le lexique pour désigner le personnel infirmier.

They appeared as role models and society's rescuers, all the more so as they usually remain in the shadow and are hardly mentioned in conversations. But this year they were often referred to as super heroes which is the core meaning of Banksy's art piece. This way he pays them the tribute they deserve.

Il aura donc fallu une pandémie pour les faire sortir de l'ombre et valoriser leur implication et leur travail en première ligne.

In a nutshell because of their heroic deeds nurses have elevated themselves above reality to enter the world of fiction when being compared to super heroes. However it ought to be remarked that some of them refused that title as they thought it would minimise their real-life commitment. Indeed the boundaries between the real world and the supernatural world must remain clearly defined as nurses actually have no super powers. We should show our appreciation of their unflagging ethical stamina as human beings having to overcome a situation which itself had become surrealistic or out of this world when streams of patients kept pouring into hospitals with severe symptoms.

L'astuce du prof
Étonnez votre auditoire avec des éléments qui peuvent paraître contradictoires à première vue. C'est la situation des hôpitaux qui était devenue surréaliste. L'abnégation et le courage des infirmiers étaient, en revanche, bien réels.

L'entretien

Some biopics have been made about celebrities. Did you study any of them? To what extent do they reconcile fiction and reality?

Indeed we studied some biopics as the life stories of great people inspire filmmakers. For instance we discussed *The King's Speech* with Colin Firth as George VI, Queen Elizabeth's father. We read articles about Stephen Hawking and Eddie Redmayne who performed the English physicist's role so well that he won the Best Actor award at the 2015 Oscars.

L'astuce du prof
Réalisez des fiches au long de l'année avec les documents étudiés, pour pouvoir en parler lors de l'épreuve.

What do you think might be difficult for an actor to do in order to look like a celebrity to the extent of being mistaken for that person?

Not only do the actors have to know the person's life's details accurately, but they also have to learn about their physical features, facial expressions, behaviours, gaits and language intonations! It must be very demanding to try and be mistaken for that person. And what a reward if they are successful and receive the consent of the actual person as long as they are still alive of course!

Vocabulaire
Gait: démarche

Can you explain Jim Greene's statement that "science fiction stories allow us to be creative and invent a new future"? (Jim Greene is the Director of Planetary Science at NASA)

Whether they are writers or film makers, the creators of science-fiction stories make up an entire new world which derives from their imagination. Those stories can give life to the craziest dreams come true, hence providing much entertainment as utopias. However the future is more often conceived as a dystopia. It is most of the time inspired by the real world and the social issues or concerns of their contemporaries. It can also drag the reader or the spectator down into a world that they had not foreseen, hence raising awareness of the urge to take action about an issue before it is too late.

Gagnez des points !
Revenez sur les problématiques soulevées par l'axe Fictions et réalités.

Filières technologiques

Voici quelques pistes pour construire vos dossiers d'enseignement technologique en langue vivante (ETLV) autour de l'axe **Fictions et réalités.**

- **Sciences et techniques sanitaires et sociales :** *To what extent is medical fiction based on reality?*
- **Biochimie – Biologie – Biotechnologie :** *How can film directors use real aspects of science to create fictions? Are genetic engineering and cloning always depicted negatively in dystopias?*
- **Sciences physiques et chimiques en laboratoire :** *To what extent is innovation in labs considered as science fiction?*
- **Conception et création en design et métiers d'art :** *How can designers and artists contribute to improving fictions?*
- **Ingénierie, innovation et développement durable :** *Are the United Nations' sustainable development goals fiction or reality?*
- **Management, sciences de gestion et numérique :** *Does digital reality help the creation of fictions?*

AXE 6

Innovations scientifiques et responsabilité

Faire le point

L'essentiel

1 Innovations scientifiques

• Les XXe et XXIe siècles ont vu des avancées fulgurantes en termes d'**innovations**, particulièrement dans le domaine scientifique. Par exemple, nos connaissances en matière d'alimentation et notre compréhension des origines de certaines maladies ont permis de mieux appréhender les méthodes de guérison, et par là même de nous assurer un **allongement de notre espérance de vie**. La **robotisation** est devenue indispensable aux avancées scientifiques.

2 Responsabilité

• Cependant, si les progrès scientifiques ont apporté des bienfaits indéniables dans notre vie quotidienne, il semble incontournable de nous interroger sur la **responsabilité** que nous avons en particulier au regard du réchauffement climatique, dont l'origine humaine n'est plus à démontrer.

3 Deux notions en interaction

• Chaque progrès scientifique doit aujourd'hui s'accompagner de questions légitimes sur son **impact**, non seulement sur l'environnement, mais également sur le type de société que nous construisons pour nos enfants, sur le devenir de l'espèce humaine. Il s'agit de prendre en compte chaque innovation et son corollaire, en termes d'**éthique**, donc de **responsabilité**, pour aujourd'hui et pour demain.

PROBLÉMATIQUES

→ *To what extent can we develop scientific research without threatening our society?*

→ *Which entities should serve as moderators and regulators in the technological and scientific breakthroughs?*

→ *Who should be entitled to warn about the dangerous consequences involved, without hindering the necessary improvements aimed at lightening mankind's burden, and giving hope to people craving well-being and progress?*

DÉFINITIONS

• **bébé médicament** – ***saviour sibling:*** enfant conçu pour sauver la vie d'un frère ou d'une sœur.

• **fécondation in vitro** – ***in vitro fertilization:*** technique de procréation médicalement assistée qui consiste à assurer la fécondation d'un ovocyte par un spermatozoïde en dehors du corps de la femme.

• **gestation pour autrui** – ***surrogate motherhood:*** pratique médicale autorisée dans certains pays qui consiste à porter des enfants pour aider des familles qui ne peuvent pas avoir d'enfant.

• **question éthique** – ***ethical issue*:** question qui implique une réflexion sur les valeurs qui motivent nos actions – ce qui est bien, juste, équitable…

Lexique

Noms

avancée	***breakthrough***	Par exemple, *a medical breakthrough.*
bien-être	*well-being*	
bond	*leap*	
combustibles fossiles	*fossil fuels*	
conscience écologique	*eco-awareness*	
découverte	*discovery*	Le pluriel de *discovery* est *discoveries.*
effets secondaires	*side effects*	
empreinte carbone	*carbon footprint*	
événement marquant	*milestone*	
fléau	*plague*	
humanité	*humankind*	
longévité	*longevity*	
menace	*threat*	
préoccupation	*concern*	
question, problème	***issue***	
responsabilité	*reponsibility*	Attention à la voyelle i.

Adjectifs

biologique	*organic*	
coupable	*guilty*	
éthique	***ethical***	
inégal	*uneven*	
menaçant	*threatening*	
nocif	*harmful*	**synonyme :** *hazardous*
responsable de	*responsible for*	Et non *responsible of.*
révolutionnaire, innovant	*groundbreaking*	

Verbes

améliorer	*to improve*	**synonyme :** *to upgrade*
augmenter	*to enhance*	
autoriser	*to allow*	
éradiquer	*to eradicate*	
menacer	*to threaten*	
permettre	*to enable*	
réussir, accomplir	*to achieve*	
se demander	*to wonder*	
sensibiliser	*to raise awareness*	
soulever des questions	*to raise questions*	

L'axe en un coup d'œil

Si le sujet du bac tombe sur cette thématique

je peux mobiliser ces idées pour l'expression écrite et orale.

Personnalités influentes

- ***Elon Musk*** became a multimillionaire in his twenties, by founding and selling start-ups. He has developed electric cars, SpaceX – the first private company to send a vehicle to the International Space Station –, and Hyperloop.
- ***Stephen Hawking*** was a famous English physicist and cosmologist, he was made director of research at the Centre for Theoretical Cosmology at the University of Cambridge. He thought "creating effective AI could be the biggest event in the history of civilisation, or the worst".
- ***Steve Jobs*** co-founded Apple with his high school friends Steve Wozniak and Ronald Wayne in 1976. He helped design the Apple II, which became the first best-selling personal computer, and many more products like the iPod, iPhone, and iPad. He was a very influential designer.

Le progrès dans la science-fiction

- **The Matrix *by the Wachowskis*** (1999) is a science-fiction trilogy that deals with the dangers of artificial intelligence: "The Matrix is the world that has been put over your eyes to blind you from the truth".
- **Life in 2025 *by Marcus Sedgwick*** is a short story that was written for a collaborative project exploring the future of technology and entertainment.
- **Never Let Me Go *by Kazuo Ishiguro*** (2005) is a dystopian science-fiction novel. The three main characters meet at a boarding school that is very isolated from the outside world. But they gradually realise they are clones. The novel is a mystery and a love story, but also a critique of society's treatment of the vulnerable and the outcasts.

Questions éthiques

- ***Robots and artificial intelligence*** are invading and enhancing every aspect of people's lives. Robots can help improve productivity and our quality of life, but they could also lead to unemployment. The future of AI raises ethical questions, for example in the field of cybernetics.
- ***As the global population is growing,*** the need for resources has increased. Humans have been overexploiting the land by using pesticides extensively, thereby threatening the survival of plants and animal species. Alternatives are possible. Advocates of fair trade, the production of organic food, together with buying local food aim at slowing down consumerism and preserving our health.

À lire

I, Cyborg, Kevin Warwick (2004)

- This book is a non-fictional account of how Professor Warwick, the international leading expert in cybernetics, became the world's first cyborg. He describes the groundbreaking experiments he performed on his own body. For instance, he implanted a chip into his left arm that connected his nervous system directly to a computer, allowing him to control machinery with his thoughts. This book raises questions around the technological augmentation of the human body, and more largely around transhumanism: the belief that science should strive to enhance physical and mental human abilities.

À voir

The Matrix, Lana and Lilly Wachowski (1999)

- This trilogy depicts a dystopian society in which intelligent machines have taken over the world. Humans are prisoners of machines, slavishly producing energy for them. But they are unaware of the consequences, because the reality they think they perceive is actually a simulation created by the Matrix. The hero, Neo, helps rebels hack into the Matrix in order to free humans from the dream world in which they are imprisoned. *The Matrix* was praised by many critics and authors of science-fiction because it explores significant ethical subjects.

À consulter

Al Gore warns of global emergency

- During Al Gore's long career in politics (in Congress and as vice-president) he supported both innovative technology and the protection of the environment. In 2000, he ran for President, but though he won the popular vote, he lost the election. He then left state politics and focused on informing people about the dangers of climate change. In 2006, he wrote a book on the subject, *An Inconvenient Truth*, that was made into a documentary. In 2007, he won the Nobel Peace Prize for raising awareness on climate change and striving to implement environmental measures.

To watch this, flash this page with your Nathan Live app.

Zoom sur...

Life in 2025, Marcus Sedgwick (2012)

- In this short story, the main character Susumu Suzuki invents a revolutionary application that enables his user to control his dreams until he can create a second life for himself where everything is possible. However users of the application have lost the distinction between reality and dream and thus forgotten the pleasures of real life, as they are now subjected to their dream life. The main character is overwhelmed with remorse and then realises that it is necessary to use scientific progress, not to offer more leisure to a privileged few, the wealthiest, but to improve the living conditions of as many humans as possible, notably thanks to renewable energy.

To read this, flash this page with your Nathan Live app.

Sujets guidés

SUJET 21 Sujet inédit

5 pts 30 min

Compréhension orale

Bill Gates on the Coronavirus Pandemic

> En rendant compte, **en français**, du document, vous montrerez que vous avez compris :

- le thème principal du document ;
- à qui s'adresse le document ;
- l'enchaînement des idées, la situation, les événements, les informations, les références ;
- l'identité des personnes, et éventuellement les liens entre elles/entre eux ;
- la fonction et la portée du document (relater, informer, convaincre, critiquer, dénoncer, etc.) ;
- l'objectif du/des locuteurs(s) et leurs convictions.

PAR ÉTAPES

Étape 1 TESTER SA COMPRÉHENSION ORALE

True or False? Le contenu, les idées

Déterminer si les propositions sont vraies ou fausses.

	true	false
1. This is an interview between a journalist and the famous philanthropist Bill Gates.	☐	☐
2. Bill Gates wants to support Africa financially in case the pandemic spreads there.	☐	☐
3. The outbreak of the virus is as important in Africa as it is in the USA.	☐	☐
4. The virus may not be resistant to heat.	☐	☐
5. Bill Gates thinks we ought to get rid of the virus primarily in the USA.	☐	☐

Questions flash La grammaire

Observer les deux exemples ci-dessous et répondre aux questions.

- **"A significant amount of money <u>you're committing</u> to fighting this virus goes to Africa"**

• "Maybe the seasonality of the virus in the southern hemisphere is holding back infections"

1. Décrivez la construction des formes verbales soulignées.
2. Essayez de justifier l'emploi de ces formes verbales dans ces deux phrases.

Termes à relier Le vocabulaire

Relier les mots suivants à leur équivalent.

to commit •	• to increase
to feel concerned •	• to stay away from someone
to accelerate •	• to eradicate
to social distance •	• to circumvent
to get rid of •	• to invest
to avoid •	• to worry

Étape 2 RÉACTIVER SON VOCABULAIRE

• **Vocabulary of the medical field:** a virus • a disease • an infection • a pandemic • an outbreak • capacity to test • social distancing.

• **Vocabulary of comparative and superlative forms:** far less than • less forcible infection • the greatest economic danger • the greatest number of deaths.

Étape 3 REPÉRER ET EXPLOITER LES INFORMATIONS

En bref Bill Gates est interviewé par un journaliste sur CBS News. Il interroge le milliardaire sur les raisons qui le poussent à fournir une aide financière à l'Afrique, au regard des conséquences désastreuses que la pandémie pourrait avoir dans ces pays de l'hémisphère sud.

À repérer D'après le journaliste, de quelle façon concrète Bill Gates montre-t-il son engagement pour les pays africains ? Quelles sont, selon l'entrepreneur, les trois raisons pour lesquelles l'Afrique ne semble pas trop affectée par la pandémie au moment de l'interview ? Quels sont ses arguments en faveur de la nécessité de porter son aide aux pays africains et de partager avec eux nos savoirs et notre savoir-faire scientifiques ? Quelle est la responsabilité d'un pays comme les États-Unis dans la limitation de la progression du virus dans le monde ?

Au brouillon

Pendant l'écoute, soyez attentif à l'intonation de la voix du locuteur, repérez de quelle façon Bill Gates transmet son inquiétude. Notez au brouillon les **aides logistiques** qu'il souhaite apporter, mais également les **raisons éthiques** qui motivent ses décisions.

CORRIGÉ 21

Comprendre le corrigé

Ce document vidéo est extrait d'une interview de Bill Gates, réalisée le 2 avril 2020 sur CBS News, une chaîne américaine. Le célèbre informaticien parle de l'urgence d'aider les pays africains à faire face à la pandémie. Il expose les raisons de l'intérêt qu'il porte à ce continent dans ce contexte. Le journaliste rappelle que le milliardaire est en train d'investir cent millions de dollars afin de combattre la propagation du virus, dont une part importante est destinée à l'Afrique, continent relativement épargné jusqu'à ce jour. Il souhaite que Bill Gates s'exprime sur son degré d'inquiétude concernant ce continent de l'hémisphère sud, au regard de la pandémie qui pèse comme une menace potentielle.

Conseil
Donnez la nature du document et résumez rapidement le message principal de cette intervention.

Le philanthrope répond que tous les pays en voie de développement sont dans une position de fragilité, même si le nombre de cas reste contenu pour l'instant. Il explique cet état de fait en avançant trois raisons essentielles : tout d'abord, leur capacité de réaliser des tests est limitée par manque d'équipements, contrairement aux États-Unis qui, selon lui, bénéficient d'un grand nombre de machines permettant de tester la population ; de plus, leur capacité à mettre en œuvre la distanciation sociale s'avère très limitée. Enfin, il se pourrait que le virus ne soit pas résistant à la chaleur, explication probable de la faible propagation du virus dans l'hémisphère sud. Cela serait de bon augure pour l'hémisphère nord, laissant ainsi espérer une accalmie dans les prochains mois, selon le cycle saisonnier.

L'astuce du prof
Afin de ne pas répéter le nom de Bill Gates, pensez à le nommer par ses fonctions et ce qui fait sa renommée.

Gagnez des points !
Montrez la clarté des arguments énoncés en utilisant des connecteurs. La lecture de votre compte rendu en sera d'autant plus percutante.

À moins d'une agréable surprise, tous les voyants indiquent que ces pays d'Afrique pourraient être les plus touchés par une crise économique sans précédent, et le plus grand nombre de morts, et qu'il y a tout lieu de s'inquiéter de la situation.

Bill Gates conclut en avançant qu'il est de notre devoir de nous sentir responsables, en tant qu'êtres humains, du sort des peuples d'Afrique, mais aussi qu'il importe de se débarrasser de ce virus à l'échelle planétaire, si nous ne voulons pas risquer de nous trouver confrontés à une nouvelle vague de cette maladie, une fois que nous aurons réussi à la contrôler.

L'astuce du prof
En utilisant le verbe conclure, vous apportez une logique intrinsèque à ce discours et vous montrez que vous avez compris le message ultime de cette démonstration.

SUJET 22 Sujet zéro

5 pts 30 min

Compréhension écrite

TEXTE Tech billionaires Zuckerberg and Elon Musk battle it for AI

Two of the world's richest and most intelligent men are arguing about the future of artificial intelligence (AI).

Elon Musk and Mark Zuckerberg are locked in a very public feud over artificial intelligence.

Musk has repeatedly warned about the dangers of AI, describing it as a potentially existential threat to the human race.

Zuckerberg has a different take. On Sunday, he took questions live over the internet while barbecuing beef brisket at his backyard in Palo Alto, California. He responded to a question about Elon Musk's warnings by saying he was tired of the fearmongering.

"With AI especially, I'm really optimistic," Zuckerberg said during the live broadcast. "I think that people who are naysayers and kind of try to drum up these doomsday scenarios – I just, I don't understand it. I think it's really negative and in some ways I actually think it is pretty irresponsible."

Musk shot back on Tuesday morning with a tweet saying, "I've talked to Mark about this. His understanding of the subject is limited." He added that a movie on the subject of AI was "coming soon", but didn't provide details about the film or his involvement.

Musk ignited a global discussion on the perils of AI in 2014. He predicted that humans might be doomed if we make machines that are smarter than us. He said in a recent interview that his warnings haven't been heeded.

Musk, who's leading space exploration projects and major tunnelling initiatives, is now trying to develop AI that he hopes will have a positive impact on humanity. He's heading up a start-up that intends to build devices to connect the human brain with computers.

Zuckerberg is no stranger to AI. He worked last year on developing an artificial intelligence system to help run his life and his home. After about 100 hours of work, he posted a video at the end of 2016 showcasing an AI system called Jarvis, which is voiced by the actor Morgan Freeman.

In his broadcast, Zuckerberg said AI could be a force for good because it helps power self-driving cars and diagnose illnesses. "If you're arguing against AI, then you're arguing against safer cars that aren't going to have accidents. And you're arguing against being able to better diagnose people when they are sick. I just don't see how, in good conscience, some people can do that. I'm just much more optimistic on it than probably a lot of folks are," Zuckerberg said.

"In the next 5-10 years, AI is going to deliver so many improvements in the quality of our lives," he added.

Musk, who has been warning about intelligent robots causing massive job losses and potentially gaining uncontrollable autonomy, responded to Zuckerberg after a social network user posted the tech billionaire's comments.

Musk, founder of a space company, says humans have to consider colonising other worlds and even merging with machines to maintain the upper hand over robots that "will be able to do everything better than us".

The Financial Chronicle, July 26, 2017 (abridged and adapted).

QUESTIONS

Answer the following questions in English using your own words:

a. After reading the text, what can you say about:
- the main topic of the text?
- the people involved?
- their opinions on the topic?

b. Comment on the following paragraph and explain Musk's feelings on the topic:
"Musk says humans have to consider colonising other worlds and even merging with machines to maintain the upper hand over robots that 'will be able to do everything better than us'."

PAR ÉTAPES

Étape 1 TESTER SA COMPRÉHENSION DU TEXTE

True or false? Le contenu, les idées

Déterminer si les propositions sont vraies ou fausses.

	true	false
1. The two billionaires couldn't agree more about artificial intelligence.	☐	☐
2. Musk thinks AI could be harmful to mankind and that we should stay in control of those machines.	☐	☐
3. Zuckerberg was invited to Musk's home in California.	☐	☐
4. Elon Musk is mostly pessimistic about AI.	☐	☐
5. Zuckerberg thinks believing in AI is irresponsible and could lead to higher rates of unemployment.	☐	☐

6. Zuckerberg reckons that machines might become cleverer than men. ☐ ☐
7. Zuckerberg believes AI can help detect diseases. ☐ ☐
8. There might be a film coming soon about AI and its impact on our society, directed by Elon Musk. ☐ ☐

QCM La grammaire

Cocher la proposition qui correspond au sens de la phrase.

- **"He predicted that humans might be doomed if we make machines that are smarter than us" (l. 19-20)**

☐ **a.** He predicted that humans were most likely to be doomed
☐ **b.** He predicted that humans could perhaps be doomed
☐ **c.** He predicted that the chances were humans would be doomed

Termes à relier Le vocabulaire

Relier les mots suivants à leur antonyme.

responsible •	• genuine
optimistic •	• similar
sick •	• controllable
tired •	• irresponsible
uncontrollable •	• healthy
artificial •	• energetic
different •	• pessimistic
best •	• worst

À compléter Le vocabulaire

Trouver le nom formé à partir de l'adjectif comme dans l'exemple.

sick → sickness
responsible
optimistic
tired
smart

Étape 2 RÉACTIVER SON VOCABULAIRE

- **Vocabulary of agreement and disagreement:** to argue • a feud • a quarrel • a controversy • diverging points of view • to be at odds with • a bone of contention • a naysayer • to blame • to look down on.
- **Vocabulary of progress and technology:** to improve • an improvement • to evolve • cutting edge • research • to make progress • to challenge •

the betterment • a chatbot • an earpiece • virtual reality • powerful • to grow better.

• **Vocabulary of danger:** doomsday • a risk • destitute • fearful • frightening • scary • a threat • to threaten • threatening • to harm • harmful • hazardous.

Étape 3 REPÉRER ET EXPLOITER LES INFORMATIONS

En bref *The Financial Chronicle* est un quotidien indien en langue anglaise. L'article présente les **avis divergents** des deux milliardaires, Mark Zuckerberg et Elon Musk, à propos de l'intelligence artificielle. Si Zuckerberg a un avis **positif** sur l'intelligence artificielle et ses possibles utilisations, Musk met en garde contre les **dangers** de cette technologie pour l'humanité tout entière.

> **Au brouillon**
> Pensez à surligner les paragraphes de deux couleurs, une pour chaque milliardaire.

À repérer Le vocabulaire de l'article est assez imagé, avec notamment le champ lexical de **l'apocalypse** : *doomsday scenarios* (*doomsday* étant le jour du Jugement dernier), *fearmongering, doomed.*

Pour bien répondre aux questions

a. Concentrez bien votre réponse sur le sujet principal : **la divergence d'opinion** entre ces deux experts sur l'intelligence artificielle et ses **effets** sur notre société à long terme.

Pour plus de clarté, traitez les avis de chacun séparément, puis analysez la manière dont chacun défend son point de vue et énonce ses arguments. Développez enfin les arguments de chacun. Veillez à ne pas recopier le texte mais à **reformuler** la thèse de chacun en utilisant vos propres mots. Insistez en particulier sur les **connecteurs** exprimant le **contraste** et l'**opposition**.

> **TIP**
> Tenez bien compte de ces quatre idées : *colonising other worlds, merging with machines, maintaining the upper hand over robots, the danger of robots becoming more intelligent than humans.*

b. Vous veillerez à bien répondre aux deux questions incluses dans l'énoncé : d'une part expliquer le **ressenti** d'Elon Musk sur le sujet en développant ces assertions avec vos propres mots ; et d'autre part **commenter**, c'est-à-dire développer ce qu'il entend par ses propos.

De quoi Musk a-t-il peur et comment compte-t-il y remédier ? Comment pourrait-on **qualifier** ce type de discours ? **Expliquez** son opinion tout en prenant de la **distance** et en justifiant vos propos.

CORRIGÉ 22

Comprendre le corrigé

a. The text deals with the diverging visions of Elon Musk and Mark Zuckerberg on artificial intelligence. They are both billionaires and experts in technology. We learn that Zuckerberg lives in California and has created his own personal AI system. On the other hand, we learn that Musk runs a space company. Both men communicate with each other through social media. They have very different opinions on the topic of artificial intelligence.

While Mark Zuckerberg sees it as a positive innovation which can be useful in everyday life and in detecting diseases, Musk on the contrary, argues we should be cautious about the dangers of AI for humanity, as robots will inevitably become more intelligent than humans. Unlike Zuckerberg, Musk seems to dread the development of AI.

b. In this paragraph, it is clear that Musk's view on artificial intelligence is a very pessimistic and cautious one. Musk is afraid of artificial intelligence and warns us that it will threaten the existence of humans. He explains that, as robots become more and more intelligent and skilled, humans will become inferior to them and will disappear. This is a Darwinian vision of the future, in which only the fittest or the most intelligent will prevail. In order to survive, Musk believes there are two things humans can do. The first one is to find other planets to live on so as to escape the supremacy of robots. The second is to remain smarter and more skilled than robots by combining humans and machines.

Conseil

Lisez bien le titre de l'article : c'est une indication sur le thème principal qui y est développé.

Gagnez des points !

Trouvez des synonymes pour montrer que vous avez du lexique et que vous pouvez vous approprier le texte.

L'astuce du prof

Prenez du recul sur les opinions de Musk : utilisez des adjectifs pour les caractériser et employez le discours rapporté.

SUJET 23 Sujet zéro — 5 pts — 30 min

Expression écrite

› Vous traiterez **en anglais** et en 120 mots minimum au moins **l'un des deux sujets suivants au choix**.

Les sujets proposés ci-dessous sont en relation avec la thématique du document de la compréhension écrite du sujet 22 p. 167.

SUJET A

You participate in a science competition: "The perfect robot". Participants must create a robot that will improve people's lives. The winner will receive $10,000 to build a prototype. Write a speech to present your idea of the perfect robot to the jury.

SUJET B

Who do you agree most with? Why?

"In the next five to ten years, AI is going to deliver so many improvements in the quality of our lives. I'm really optimistic."
Mark Zuckerberg

"AI is a rare case where we need to be proactive in regulation instead of reactive because if we're reactive in AI regulation, it's too late."
Elon Musk

PAR ÉTAPES

Étape 1 CHOISIR SON SUJET

SUJET A Rédaction d'un discours

Vous ne devez traiter qu'un seul des deux sujets proposés. Le minimum demandé est 120 mots, il vous est donc possible d'aller au-delà de cette limite. Pensez néanmoins qu'un texte **concis, pertinent** et bien rédigé sera mieux noté qu'une production longue qui ne répondrait pas à la question posée.

Le sujet consiste à vous exprimer devant un jury et à exposer le projet de robot parfait que vous envisagez d'inventer. Ayez l'esprit compétitif: les superlatifs seront appréciés par leur force de conviction. Gardez en tête le format du discours: commencez par une **formule de politesse**, introduisez votre idée, séquencez vos arguments, et terminez par la conclusion et des remerciements.

SUJET B Rédaction d'une opinion argumentée

- Choisissez un camp et défendez-le. Une opinion peut être nuancée mais veillez à ne pas vous contredire.
- Montrez-vous **convaincant** et **consistant** dans vos idées, qu'il faudra séquencer et lier grâce à des **connecteurs logiques adaptés**.
- Commencez par une phrase introductive qui résume votre thèse, et concluez par une phrase qui marque les esprits.
- Pensez à donner des **exemples concrets** et précis afin de rendre vos écrits plus clairs et mieux fondés.

> **TIP**
> Aidez-vous du texte de compréhension écrite. Elon Musk et Mark Zuckerberg sont tous les deux des experts en intelligence artificielle, cependant ils ont des opinions radicalement différentes sur le sujet.

Étape 2 ANALYSER LE SUJET ET ORGANISER SES IDÉES

- **Vocabulaire à utiliser:** to help • to assist • trustworthy • efficient • ideal • perfect • to be wary of • hazardous • unreliable.
- **Mobiliser des exemples connus:** Siri • Alexa • Sophia the Robot • SpaceX • *The Matrix* • *Life in 2025* • Kevin Warwick.

SUJET A

Définir un angle de rédaction

You participate in a science competition « The perfect robot ». Participants must create a robot that will improve people's lives. The winner will receive $10,000 to build a prototype. Write a speech to present your idea of the perfect robot to the jury.

1. Présentez votre robot par une phrase d'accroche percutante, qui donne envie au jury de financer votre projet.

2. Énoncez vos arguments avec ferveur: les caractéristiques de votre robot, ses capacités et le gain de temps et d'énergie qu'il procurera à ses utilisateurs.

- Adressez-vous au jury en toute **humilité**: introduisez le discours par une formule de politesse et adoptez un ton formel. Pour plus de réalisme, vous pourriez donner un nom à votre robot.

> **Au brouillon**
> Munissez-vous de surligneurs et repérez les différentes parties du sujet. Ce travail préparatoire vous donnera le plan de votre écrit comme-ci contre.

> **TIP**
> Décrivez les avantages et les capacités de votre robot: *it can, it is capable of, it is able to, it allows/ enables the user to...*

- Pensez aux activités qui nous plaisent le moins et que nous aimerions confier à quelqu'un d'autre.
- Pensez à tout le **bénéfice** apporté par ce gain de temps : donnez des exemples précis.
- **Remerciez** votre auditoire.

SUJET B

Si vous choisissez…

Mark Zuckerberg :

- Imaginez les **améliorations** que vous apporteront les nombreux développements de l'intelligence artificielle, dans le domaine scientifique, médical, numérique… mais aussi dans votre vie quotidienne.
- Faites preuve d'**optimisme** à tout moment, insistez sur le soulagement, le bien-être et la qualité de vie.

Elon Musk :

- Soyez très **modéré** sur les succès de l'intelligence artificielle.
- Exprimez clairement votre **méfiance** à l'égard de ces progrès de la robotique.
- Insistez sur la nécessité d'analyser les conséquences de toutes les applications de l'intelligence artificielle, car il sera impossible de revenir en arrière, une fois que le mal sera fait.

> **TIP**
> **S'exprimer de manière claire**
> N'hésitez pas à reformuler vos propos pour que votre message soit compris. Vous pouvez employer :
> *In other words, to put it differently, in short, in a nutshell…*

CORRIGÉ 23

Comprendre le corrigé

SUJET A

Honourable Members of the jury,

I am here today to present to you the most perfect robot ever created. It is called the "Paradise Assistant" robot and it will simply revolutionise your lives.

Firstly, "Paradise assistant" can assist you in any given situation. For example, the robot can do all the chores you consider so tiring you'd rather have someone else do them for you, like vacuum-cleaning or driving long journeys, cleaning windows, taking the rubbish outside, while you leisurely enjoy reading a book or watching a movie.

> **Gagnez des points !**
> Adressez les membres du jury avec respect.

> **Conseil**
> Utilisez des connecteurs logiques variés.

Secondly, this dream assistant will be able to give you the best advice possible. Whether it concerns your health, your financial situation or where to go on vacation, he knows exactly what's best for you. Hence, all you need to do is listen to your Robot, and you will never make the wrong decision again. He will be your friend, your adviser your all-time supporter, and he will never fail you. He is so trustworthy that you will never feel disappointment or betrayal.

In short, thanks to "Paradise assistant", you will feel in heaven while still enjoying leisure time on Earth!

Thank you for your attention! Who said perfection did not exist?

Conseil

N'hésitez pas à faire preuve d'enthousiasme : il s'agit de vendre votre robot !

L'astuce du prof

Terminez par une question rhétorique.

SUJET B

Mark Zuckerberg

I couldn't agree more with Mark Zuckerberg. Artificial intelligence has already proved it can make our lives easier and more comfortable. Think of driverless cars, vacuum robots or personal assistants Siri and Alexa. Scientists are also now using AI to detect certain forms of cancer. It seems that there are no limits to what AI can achieve and that there are even greater improvements yet to come.

For example, AI could take over all the tiring and menial chores and jobs, meaning that people would have more time to spend on fulfilling activities and would not jeopardise their health. Secondly, if AI became widely available for early diagnosis of diseases, illnesses would be rapidly eradicated, and people would lead longer and healthier lives. However, for AI to really improve the quality of our lives, it needs to be affordable.

Hence, let's make sure that scientists, states and companies keep working on making AI available to all so that everyone can enjoy healthier and more exciting lives!

Variez les expressions pour montrer votre accord.

Gagnez des points !

Montrez que vous maîtrisez le comparatif de supériorité.

Conseil

Pensez à varier les domaines d'application de l'intelligence artificielle.

Concluez votre propos par une ouverture sur le futur de l'intelligence artificielle.

Elon Musk

I definitely agree with Elon Musk as his statement is full of wisdom. Indeed, he is warning us against a possible danger that should be taken into account urgently. However satisfying it may sound to find ways of making our lives less tiresome, we'd better think twice before we act! As the saying goes, better safe than sorry!

We know that robots are developing skills much faster than we have time to ponder over the consequences. What if human beings were suddenly overwhelmed and fell in the grip of machines that men could not control anymore. It would be a case of the biter bitten! In Mary Shelley's *Frankenstein*, didn't the man-made monster become uncontrollable?

It's high time we evaluated the risks and weighed the pros and the cons involved in our race for technological progress, before it is too late!

L'astuce du prof

Pensez à utiliser des proverbes afin d'être plus convaincant.

Gagnez des points !

Citer une œuvre littéraire peut apporter un éclairage culturel sur vos écrits.

SUJET 24 Sujet inédit

5 pts — 10 min

Expression orale

Parmi les deux documents ci-dessous, choisissez celui qui selon vous représente le mieux l'axe **Innovations scientifiques et responsabilité**.

QUOTATION

"The technologies that fifty years ago we could only dream of in science-fiction novels, which we then actually created with so much faith and hope in their power to unite us and make us freer, have been co-opted into tools of surveillance, behavioural manipulation, radicalisation and addiction."

Anonymous research scientist and professor.

VISUAL DOCUMENT

Left: Atomic cloud rises over Nagasaki, Japan, 1945. Photo by Lieutenant Charles Levy.

Right: Rare photo from the ruins of Nagasaki, taken one month after the atomic bomb dropped on Japan in 1945.

Entretien

À la suite de votre exposé, l'examinateur vous posera des questions sur le travail que vous avez effectué en cours sur le même axe.

Quelques questions possibles :

- Are you afraid of the infringement of privacy due to advanced technology?
- Have you studied this topic in class?

PAR ÉTAPES

Étape 1 TESTER SA COMPRÉHENSION DU DOCUMENT

True ou False? Le contenu, les idées

Déterminer si les propositions sont vraies ou fausses.

	true	false
DOC 1		
1. It has long been a dream to be able to communicate and interact with people around the world through a computer or a smartphone.	☐	☐
2. Science fiction novels used to depict the use of technological devices as a threat to our freedom.	☐	☐
3. The purpose of computers would be to make us feel closer to each other.	☐	☐
DOC 2		
4. The atomic bombs were dropped on Japan in 1945.	☐	☐
5. Hiroshima was the only city that was totally destroyed in Japan by the atomic bomb.	☐	☐
6. Americans and President Truman knew about the precise effects of radiation on people in the long run.	☐	☐

Termes à relier Le vocabulaire

Relier les mots suivants à leur équivalent.

breakthrough •	• champignon nuageux
ethical •	• dangereux
to threaten •	• inconvénient
harmful •	• éthique
mushroom cloud •	• menacer
downside •	• découverte capitale

Étape 2 CONSTRUIRE SA PRISE DE PAROLE

Repérer et exploiter les infos

DOC 1

En bref La citation fait le constat des **dérives négatives** d'outils technologiques qui pourtant nous faisaient rêver il y a quelques décennies, alors qu'ils relevaient encore du domaine de la science-fiction.

À repérer Vous veillerez à mobiliser le lexique du contraste (les connecteurs: *while, whereas, unlike...*) afin de pouvoir comparer les situations entre le passé et le présent: « *then* » (*we used to* + V) « *and now* » (*we are* + V-*ing*).

DOC 2

En bref Le document iconographique en noir et blanc, présenté en deux parties, met en lumière les conséquences catastrophiques de la bombe nucléaire au Japon en 1945. Nous reconnaissons le champignon nuageux causé par l'explosion de la bombe d'une part, et une ville totalement rasée d'autre part. Sous l'effet de cette explosion destructrice des lieux mais aussi des habitants, absents de la photo, nous apercevons un paysage de ruines désertique.

> **TIP** Servez-vous de vos cours d'histoire pour le document 2, car cette période est au programme du Bac !

À repérer Vous vous concentrerez sur le lien chronologique de cause à effet entre ces deux photos authentiques (*because of, owing to, as a consequence...*). Vous mobiliserez vos connaissances historiques sur la fin de la Seconde Guerre Mondiale, mais aussi sur le poids de cette menace de l'arme nucléaire sur la vie politique internationale, jusqu'à nos jours.

Choisir et lier un document à l'axe

DOC 1

- **Introduction:** débutez votre argumentation par une assertion qui **captera l'attention** de votre auditoire, ou une question en lien avec le sujet. **Reformulez** la citation avec vos propres mots, trouvez des synonymes aux mots-clés de la citation: « *breakthrough technological tools* », « *devices* », « *social networks* », « *the world is a global village* »...

> **TIP** Une argumentation est une démonstration: ne dévoilez pas toutes vos idées d'entrée de jeu. Guidez pas à pas votre auditoire vers la conclusion qui reprendra le cœur de votre propos.

- **Développement:** construisez deux ou trois parties bien distinctes pour étayer votre argumentation. Tout d'abord, rappelez l'importance d'innovations scientifiques et technologiques qui ont joué un rôle primordial dans l'histoire, et qui ont permis **d'améliorer** la vie de millions de gens. Poursuivez en montrant combien la science-fiction s'est emparée de ces rêves pour **imaginer** ces outils, dans le but d'améliorer notre quotidien et de nous rapprocher les uns des autres. Enfin, ne négligez pas les dystopies qui ont pointé du doigt les **menaces** que les technologies de pointe font peser sur nos libertés, sur nos modes de vie, voire sur notre santé. Soulignez combien les scientifiques eux-mêmes nous alertent sur les dangers d'une trop grande dépendance à ces outils devenus indispensables à nos yeux.
- **Conclusion:** concluez par l'idée selon laquelle le progrès scientifique se développe parfois si rapidement que nous n'avons pas le **temps de réflé-**

chir à toutes les répercussions de ces innovations sur notre vie quotidienne, et combien il relève de notre **responsabilité** de créer des pôles de réflexion éthique avant que nous ne perdions le contrôle total de nos libertés.

DOC 2

TIP

Faites appel à vos connaissances personnelles et évoquez le danger nucléaire encore bien présent dans des faits d'actualité plus récents, notamment au Japon, comme Fukushima.

- **Introduction :** donnez la nature du document, son **contexte historique** et le lien qui relie les deux photos. Ces photos sont mondialement connues. Expliquez pourquoi.
- **Développement :** décrivez ce que vous voyez et évoquez les **faits marquants** caractérisant cet événement terrible de notre histoire : « *mushroom cloud* », « *nuclear bomb* », « *dreadful consequences* », « *human cost* », « *radiation* » ... N'hésitez pas à donner votre **ressenti** à la vue de ces images qui évoquent une menace constante encore présente de nos jours, et pour laquelle un scientifique comme Einstein n'avait pas donné son aval : *I feel appalled/flabbergasted, when I consider the dreadful/horrifying aftermath...*
- **Conclusion :** concluez en rappelant la **portée dramatique** d'une décision prise par un seul homme dans l'exploitation voire le détournement d'une découverte scientifique. Insistez sur la nécessité de porter un **regard éthique** sur l'utilisation que l'on fait de toute innovation scientifique.

CORRIGÉ 24

Comprendre le corrigé

DOC 1

Einstein, the outstanding scientist, once asserted: "It has become appallingly obvious that our technology has exceeded our humanity". Indeed the rate at which technology is improving is growing so much so that even scientists fear that it might get out of control. That is why this quotation perfectly illustrates the notion "Scientific innovations and responsibility".

L'astuce du prof

En citant un homme de sciences, vous situez immédiatement le contexte en apportant une citation proche du contenu de celle que l'on vous propose.

Whether it is meant to make our connections to the rest of the world faster, more efficient regardless of time or distance, or to send us to Mars, technology seems to be part of our daily lives. We know we will continue to come up with innovative solutions to ensure that the system is at the cutting edge with unrivalled performance.

Vocabulaire

Insistez sur le côté innovant des nouvelles technologies en employant des adjectifs et des expressions adaptées.

In some utopian novels, scientists have worked out perfectly certain technological developments: human problems can be resolved thanks to technology. Today robotics, which used to be seen as science-fiction, has entered our world and can easily manage to meet our needs efficiently in the domestic or the professional sphere. In Pixar's *Wall-E*, people live in comfort and ease, no longer concerned about any sort of problem.

Gagnez des points !
Apporter des références littéraires et cinématographiques permet d'illustrer votre propos.

However in that world the same people who enjoy the entertainment and consumerism provided by robots seem to also live a dystopian life: they are overweight, lazy and immature. That piece of criticism is already stated today about people who are addicted to technological devices, eating junk food and playing video games with others around the globe but having lost contact with their next door neighbours. Social networks have allowed everyone to express themselves, but then no one knows how to sort out fake news and true stories anymore. Some engineers fear that we will reach a point when we can no longer understand what is happening with technology just because we are creating robots that are smarter than us. Do we want to live in a society where chaos holds sway and leads to totalitarian regimes in which powerful authority figures can deprive us of privacy or freedom, like in *1984* by George Orwell? In *The Giver* by Lois Lowry, we also understand that people have gained their safety and order by giving up their freedom and creativity.

L'astuce du prof
Énumérez les différents dangers que posent les nouvelles technologies aujourd'hui, et ceux que nous pourrions connaître dans le futur si la question de la responsabilité n'est pas envisagée.

To conclude this quotation shows us that however proud we might be of several useful technological breakthroughs, we ought to be aware that some of those robots might take on a life of their own and become cleverer than us. It is high time we pondered upon our responsibility in leaving our children a world in which human beings still enjoy life "naturally" despite its hardships.

Conseil
Concluez en montrant les problématiques que soulève la citation, et en donnant votre opinion sur la question.

DOC 2

However interesting the quote might be when studying scientific innovations and responsibility, it can't be denied that quite often images speak louder than words. The sight of the atomic cloud and its apocalyptic aftermath obviously

Gagnez des points !
Utiliser un proverbe pour montrer votre préférence entre les mots et les images peut être percutant.

leads to question the use that has been made of scientific breakthroughs through history.

In 1939, Einstein wrote to President F. D. Roosevelt to warn him that the Nazis were working on a new and powerful weapon: an atomic weapon. In 1941, the American government launched the Manhattan Project, the scientific and military undertaking to develop the bomb. Einstein disapproved of the use of the atomic bomb explaining that the military advantage (fewer deaths among Americans) would be little compared to the horrifying damage and the death toll, as well as the negative image Americans would give of themselves internationally. Moreover he argued it would trigger an escalation in the willingness to resort to a weapon of mass destruction in the future. On August 6th 1945, the first bomb was dropped over Hiroshima, and the second on Nagasaki on August 9th. An estimated two hundred thousand people died in both cities, civilians and military. On August 15th, Emperor Hirohito capitulated which marked the end of World War Two.

It is said that on hearing the news of the bombing, Einstein exclaimed: "Woe is me!" Although he did not play an active role in the production of atomic bombs, he regretted even writing that letter to President Roosevelt. 1945 was undoubtedly a turning point in the escalation of barbarism within our civilisation.

Today the atomic bomb is still used as a threat. Recently Donald Trump tweeted about America's nuclear power, boasting about his access to the nuclear button.

To conclude, the analysis of the meaning of those two pictures reminds us that crucial decisions can be made by people who may not have weighed the pros and the cons thoroughly enough, nor the irreversible consequences of their acts. Scientists obviously have a responsibility that consists in warning authorities about the potential deviation of some scientific innovations for criminal purposes or harmful use.

L'entretien

Are you afraid of the infringement of privacy due to advanced technology?

It can't be denied that thanks to social networks, it seems that everything you do, say or think is exploited

L'astuce du prof

Citer Einstein permet de montrer que vous pouvez associer un scientifique de renommée mondiale à la notion de responsabilité.

Conseil

Mettez en avant tous les avertissements d'Einstein. Nous avons ici un exemple d'un scientifique de renom qui alerte sur la responsabilité éthique induite par la bombe atomique, avant le drame que nous connaissons tous.

Gagnez des points !

Faites le lien entre les événements historiques et la situation contemporaine.

by some software program. You can use words like "new car "and in the twinkling of an eye you find your account bombarded with car commercials and discount advertisements. Your data is analysed and used for commercial purposes. Moreover CCTV cameras watch you as soon as you go out, especially in big cities. Under those circumstances you're beginning to think you should hide from Big Brother's eye!

Gagnez des points!
Employez des phrases idiomatiques pour paraître plus spontané.

Have you studied this topic in class?
As a matter of fact I have. We studied the impact of the discovery of the pill and how it changed women's access to birth control and their status in society. We also tackled the issue of intrauterine insemination which gives couples a chance to have children. We also read an article about Louise Joy Brown the first test tube baby born in 1978. Once the media learnt of the pregnancy, the Browns faced intense public scrutiny around the world. Louise's birth raised various legal and ethical questions. We couldn't help referring to Aldous Huxley's best seller *Brave New World* and actually studied a page from the novel.

L'astuce du prof
Donnez un exemple précis d'innovation révolutionnaire.

Filières technologiques

Voici quelques pistes pour construire vos dossiers d'enseignement technologique en langue vivante (ETLV) autour de l'axe **Innovations scientifiques et responsabilité**.

- **Sciences et techniques sanitaires et sociales:** *How can scientific innovations change healthcare and medicine?*
- **Biochimie – Biologie – Biotechnologie:** *To what extent can we manage scientific risks? Should we develop innovative science for biological and chemical defense?*
- **Sciences physiques et chimiques en laboratoire:** *Is responsible research and innovation in labs needed?*
- **Conception et création en design et métiers d'art:** *To what extent do scientists find inspiration in the arts? Similarly, can science be inspired by art?*
- **Ingénierie, innovation et développement durable:** *What is the role of scientific innovations in developing sustainable development? How can science help sustainable development?*
- **Management, sciences de gestion et numérique:** *How are digital technologies changing management?*

AXE 7

Diversité et Inclusion

Faire le point

L'essentiel

1 Diversité

- La diversité signifie ce qui est divers, donc différent. D'un point de vue sociologique, lorsqu'on évoque la diversité, on parle de **multiculturalisme**. Il s'agit de la coexistence de groupes culturels différents au sein d'un même État. Cette **diversité culturelle** fait partie du patrimoine commun de l'humanité. En effet, la diversité des groupes culturels trouve son origine dans la diversité des langues, des croyances religieuses, des pratiques, de la musique, etc...

2 Inclusion

- Ce mot renvoie à l'idée d'**inclure**, donc d'**intégrer** chaque citoyen dans une société indépendamment de son origine, son sexe ou son éducation. Dans une société inclusive, chaque individu va trouver sa place grâce à des aménagements spécifiques et une politique publique qui fait cas des expériences de tous.

3 Deux notions en interaction

- Ces notions de diversité et d'inclusion sont des notions complémentaires puisqu'inclure une personne dans une société, c'est être conscient de l'existence de la diversité. Dans une société inclusive, **la norme n'existe pas** et la diversité est acceptée.

PROBLÉMATIQUES

→ *How are women integrated at work?*

→ *To what extent will relationships between generations evolve in the future?*

→ *To what extent does tradition condition the relationships between social classes?*

→ *Do foreign languages play a major role to integrate into a society?*

DÉFINITIONS

- **acculturation – *cultural integration*:** adaptation d'un individu ou d'un groupe à la culture environnante, modification de modèles culturels à la suite du contact direct et continu avec une culture différente.
- **classe sociale – *social class*:** ensemble d'individus caractérisés par la place qu'ils tiennent au sein d'une société.
- **intégration – *integration*:** assimilation d'un individu à une société ou un groupe culturel.
- **multiculturalisme – *multiculturalism*:** coexistence de plusieurs cultures à l'intérieur d'un même territoire.
- **relations intergénérationnelles – *intergenerational relationships*:** interactions à caractère positif ou négatif entre des individus appartenant à des générations différentes.

Lexique

Noms

comportement	*behaviour*
discrimination positive	*positive discrimination*
diversité culturelle	*cultural diversity*
émancipation	*emancipation*
ghettoïsation	*ghettoisation*
haine	*hatred*
méfiance	*mistrust*
préjugés raciaux	*racial bias*
sexisme	*sexism*

synonyme : *demeanour*

En américain : *affirmative action.*

Adjectifs

chauvin	*chauvinistic*
défavorisé	*underprivileged*
laïc	*secular*
opprimé	*oppressed*
pacifique	*peaceful*
patriarcal	*patriarchal*

synonyme : *disadvantaged*

Verbes

discriminer	*to discriminate against*
exclure	*to exclude*
fréquenter	*to socialise*
manifester	*to demonstrate*
menacer	*to threaten*
mépriser	*to despise*
persécuter	*to persecute*
se mêler à	*to mingle*

N'oubliez pas la préposition *against.*

Expressions

accomplissement de soi	*self-realisation*
enclave résidentielle	*gated community*
être coupé de	*to be cut off from*
insertion sociale	*social integration*
lutter contre les préjugés	*to battle bias*
réussir à faire	*to succeed in doing*
sensibiliser	*to awaken somebody to*
société à deux vitesses	*two-tier society*
réparer les torts	*to set right wrongs*

L'axe en un coup d'œil

Si le sujet du bac tombe sur cette **thématique**

je peux mobiliser ces **idées** pour l'expression écrite et orale.

La discrimination de genre

- ***In India,*** gender discrimination kills 240,000 girls under the age of five every year. This figure encompasses gender-based abortion but also the actions taken to prevent girls from living. A census from 2011 estimates that 8 million female fetuses have been aborted in the past decade.
- ***Michelle Obama,*** the former First Lady, focused on many aspects of education when she was at the White House. She urged international leaders to grant quality education to children around the globe, particularly girls.

Les inégalités de classe

- ***In Western societies,*** people are broadly classified into three major divisions of social class: upper class, middle class, and lower class. Class, race and gender are forms of classification that interact with each other and bring inequality.
- ***In Britain during the industrial revolution,*** the upper class was composed of the rich, and with the advancement of new technology this class became richer. As the working class was employed by the factory owners, the middle class saw benefits from the industrial revolution and seized the opportunity to get richer and secure a higher standard of living.

Racisme et État

- ***In the USA,*** the Thirteenth amendment to the Constitution definitively abolished slavery in 1865. By the 1950s, the Civil Rights movement which was fighting for equal rights for Black people became stronger. Inspired by Gandhi's non-violent protests, the civil rights leader Martin Luther King Jr. became the spokesperson for non-violent civil disobedience. The movement led to the passage of the Civil Rights Act of 1964 and the Voting Rights Act of 1965. However racism is still very much prevalent in American society.
- ***In South Africa,*** racial segregation started in colonial times under the Dutch empire and continued under the British. Apartheid, a legal system of racial segregation that sorted people into four racial groups, was established in 1948. In the 1950s, the African National Congress, the main anti-Apartheid organisation, used non-violent means to protest institutional racism. After the Sharpeville Massacre, Nelson Mandela announced that they could no longer limit themselves to non-violence.

À lire

"I have a dream", Martin Luther King Jr. (1963)

• Reverend Martin Luther King Jr. was born in Atlanta, Georgia, during the Jim Crow era. Racial segregation laws were enforced in all public spaces, from restaurants to schools and transportation. After the Montgomery Bus Boycott, he led many marches and protests, including the 1963 March on Washington, where he delivered his famous "I have a dream" speech. In 1964, he won the Nobel Peace Prize. On April 3, 1968, he was assassinated by a white supremacist. Today he is honoured in America with a national day on the 15th of January.

To read this, flash this page with your Nathan Live app.

À voir

Howards End, James Ivory (1992)

• This romantic drama film, based on the novel by Edward Forster, is the story of class relations in Britain at the turn of the twentieth century. In Edwardian Britain, Helen Schlegel falls in love with Paul Wilcox, while she is staying at the country home of the Wilcox Family, Howards End. The Schlegels are an intellectual family of Anglo-German bourgeoisie, while the Wilcoxes are conservative and wealthy, led by the strict Henry. The Basts are an impoverished young couple from a lower-class background. Helen and Margaret Schlegel are idealistic and try to help the struggling Basts while attempting to rid the Wilcoxes of their social prejudice.

À écouter

Michelle Obama's speech on International Women's Day

• On March 8th 2016, Michelle Obama celebrated the first anniversary of the Let Girls Learn initiative and wanted to highlight all the progress they had made for girls' education around the globe. She tells her audience that 62 million girls worldwide aren't given the opportunity to go to school. She also explains that they may face great dangers like assault or forced marriage. Thus the video doesn't only deal with access to education but also with attitudes and beliefs on a personal and political level. Things are gradually changing but women's rights may be easily threatened and can only be secured thanks to education according to Michelle Obama. The action of Let Girls Learn has inspired more than two hundred countries that consider education as their top priority.

To watch this, flash this page with your Nathan Live app.

Zoom sur...

The caste system in India

• Between 1860 and 1920, the British segregated the Indians by caste. The population was very angry and started rebelling. Social unrest led to a change in this policy. The British decided to implement positive discrimination, enabling people from the lower castes to take government jobs. In 1948, discrimination on the basis of caste was banned by law. However the system continues to be practiced in India with devastating social effects. At the top of the pyramid: the Brahmins. Out of the pyramid: the Outcastes or the Dalits.

MÉTHODE
SUJETS PAS À PAS
SUJETS COMME À L'EXAMEN

Sujets guidés

SUJET 25 Sujet zéro

5 pts 30 min

Compréhension orale

University of South Carolina marks 50th anniversary of desegregation

> En rendant compte, **en français**, du document, vous montrerez que vous avez compris :

- le thème principal du document ;
- à qui s'adresse le document ;
- le déroulement des faits, la situation, les événements, les informations ;
- l'identité des personnes ou des personnages et, éventuellement, les liens entre elles/entre eux ;
- les éventuels différents points de vue ;
- les éventuels éléments implicites du document ;
- la fonction et la portée du document (relater, informer, convaincre, critiquer, dénoncer, etc.).

> Note

Les noms propres cités dans le document sont les suivants :

Henrie Monteith • James Solomon • Robert Anderson

PAR ÉTAPES

Étape 1 TESTER SA COMPRÉHENSION ORALE

True or false? Le contenu, les idées

Déterminer si les propositions sont vraies ou fausses.

	true	false
1. On September 11th, 1963, two African-Americans started studying at the University of South Carolina.	☐	☐
2. The University of South Carolina was honoured as one of the nation's top universities for diversity and inclusivity.	☐	☐
3. Henrie Monteith felt alone on her first day at university.	☐	☐
4. Their first day at university was a Wednesday.	☐	☐

live!

Questions flash La grammaire

Observer les deux exemples ci-dessous et répondre aux questions.

- **"So many people walked up those steps"**
- **"Your university was honoured"**

1. À quel temps sont conjugués les verbes soulignés ?
2. Quelle forme est à la voix passive ?
3. Que permet d'exprimer ce temps ?

À compléter Le vocabulaire

Compléter le tableau avec le vocabulaire qui relève des champs lexicaux suivants:

University	Defending somebody
....	....
....	....
....	....
....	....

Étape 2 RÉACTIVER SON VOCABULAIRE

- **Vocabulary of places and dates:** university • South Carolina • campus • September 11th, 1963.
- **Vocabulary of opinion:** a mixed experience • a change of heart • an understanding • to look forward.

Étape 3 REPÉRER ET EXPLOITER LES INFORMATIONS

En bref L'université de Caroline du Sud commémore le cinquantième anniversaire de la déségrégation et se souvient de l'arrivée des trois premiers étudiants afro-américains le 11 septembre 1963. L'intervenant explique la voie qu'ils ont ouvert en gravissant les neuf marches de l'université.

À repérer Il y a deux intervenants, le président de l'université et Henrie Monteith, première étudiante afro-américaine à avoir gravi les marches de l'université. Les deux autres étudiants ne sont que mentionnés. La cérémonie de commémoration est l'occasion pour l'université de rappeler qu'elle a déjà été honorée pour son respect de la diversité et de l'inclusion.

Au brouillon

Cherchez les réponses aux « questions en wh- » : *who, where, when, what, why*.

MÉTHODE
SUJETS PAS À PAS
SUJETS COMME À L'EXAMEN

CORRIGÉ 25

Comprendre le corrigé

Ce document, qui s'intitule *University of South Carolina marks 50th anniversary of desegregation*, est un extrait du discours de commémoration du président de l'université datant de 2013. Le thème principal est la diversité et l'inclusion à l'université.

> Ne traduisez pas le titre.

Le président Harris Pastides raconte qu'il y a cinquante ans, le 11 septembre 1963, un mercredi matin comme le jour du discours, trois étudiants afro-américains, James Solomon, Henrie Monteith et Robert Anderson gravissaient les neuf marches de l'université pour la première fois pour réaliser deux choses: s'inscrire aux cours et réparer le tort grave qu'était la ségrégation. Globalement, leur expérience sur le campus fut mitigée car même s'ils participaient activement en classe, ils durent ouvrir la voie à un changement d'opinion et à davantage de compréhension. Le président rappelle que l'université a été reconnue comme l'une des meilleures universités en termes de diversité et d'inclusion et précise que cela n'aurait jamais pu se faire sans l'aide de ces trois étudiants.

> **L'astuce du prof**
> Pour organiser votre prise de notes pendant l'écoute, pensez à la carte mentale qui permet de classer les informations au fur et à mesure que vous les entendez.

> **Gagnez des points!**
> Soignez votre orthographe et écrivez lisiblement afin que le correcteur puisse apprécier votre travail.

Henrie Monteith, comme on peut le voir sur les images tournées lors de la cérémonie, se souvient qu'elle n'a pas gravi ces marches seule car des citoyens de l'État, de la nation, des étudiants de toutes les universités et des personnes soutenant ce tournant dans l'histoire l'ont accompagnée. Elle attend avec impatience le centième anniversaire commémorant la déségrégation.

> **À savoir**
> S'agissant d'une vidéo, vous pouvez vous appuyer sur les images pour illustrer vos propos, mais en aucun cas vous ne devez tout décrire.

SUJET 26 Sujet inédit

5 pts — 30 min

Compréhension écrite

TEXTE Schools "failing to diagnose at least 80% of dyslexic pupils"

Schools in England are failing to diagnose at least 80% of pupils who have dyslexia, according to a report. It said families were paying up to £1,000 for help and pupils from poorer backgrounds were being left behind.

The British Dyslexia Association said diagnosis and support was the worst it had seen since government funding started in the 1980s. The government said it was committed to making sure all children with dyslexia achieved well in education. By law, publicly funded schools and local authorities must try to identify and help assess children suspected of having dyslexia. […] Out of 8.7 million school children in England, about 870,000 of them have dyslexia but fewer than 150,000 were diagnosed, according to Department for Education[1] figures[2]. It said that when young people were "lucky enough" to get a diagnosis, it was "far from given that they will receive specialist support at all or to an adequate level".

Nicola Erswell's 11-year-old son Jake was diagnosed with dyslexia when he was six after his family paid £350 for an assessment because his school would not test him until he was eight. She said: "Up to that point it was just very difficult. He wasn't getting very much input into school, they just thought he was a slow learner. Once we got the formal diagnosis, everything made sense." Ms Erswell, from Bradford, described her experience as "absolutely exhausting" and said although the school had given Jake some support, it did not have the funding to give him the level he needed. She said as a result she had spent thousands of pounds on private tutors to work with him both inside and outside the classroom. "Teachers aren't qualified to teach dyslexic students… so it becomes very, very expensive and almost becomes unmanageable for just a normal family", Ms Erswell said.

Although most schools are legally obliged to try to identify pupils with dyslexia, in reality diagnosis is "rarely an option for those who cannot afford to pay privately", the report said. […] Manor Wood Primary School in Leeds has a member of staff who can diagnose dyslexia and provides specialist equipment to help pupils who are struggling. They use special pens to help pupils read questions, alternatives to writing and ear defenders to block out background noise as well as having dyslexia ambassadors for students to talk too. Claire Ranshaw, inclusion manager, said: "For some children it's so frustrating because they know what they need to do but it's hard to get it down on paper."

The report said immediate changes by the government could help affected pupils, including letting them use laptops or tablets in all classes and exams.

BBC News, October 25, 2019 (abridged and adapted).

1. **The Departement for Education** *is a ministerial department responsible for children's services and education.*

2. **figures:** *numbers*

MÉTHODE

SUJETS PAS À PAS

SUJETS COMME À L'EXAMEN

QUESTIONS

Answer the following questions in English using your own words:

a. After reading the article, what can you say about the situation of dyslexic pupils in England?

b. Who diagnoses dyslexia? Parents or schools?

c. Why is there a discrepancy between families of dyslexic pupils?

d. Why does Ms Erswell think that it is "absolutely exhausting" (l. 20)?

e. "It's so frustrating" (l. 34): explain why.

f. Explain why Manor Wood Primary School is different.

g. What does the report suggest the government to do to favour dyslexic pupils' inclusion?

PAR ÉTAPES

Étape 1 TESTER SA COMPRÉHENSION DU TEXTE

True or false? Le contenu, les idées

Déterminer si les propositions suivantes sont vraies ou fausses.

	true	false
1. Eighty percent of pupils are dyslexic.	☐	☐
2. Publicly funded schools must test children to see if they are dyslexic.	☐	☐
3. Schools think that dyslexic pupils are slow learners.	☐	☐
4. Teachers refuse to teach dyslexic pupils.	☐	☐
5. Manor Wood Primary School refuses dyslexic pupils' inclusion.	☐	☐
6. Dyslexic pupils may be allowed to use laptops and tablets in classes.	☐	☐

Questions flash La grammaire

Observer les deux exemples ci-dessous et répondre aux questions.

- **"They use special pens <u>to help</u> pupils"**
- **"ear defenders <u>to block</u> out background noise"**

1. Observez les termes soulignés.
2. Expliquez la construction de cette structure grammaticale.
3. Reformulez cette structure grammaticale.

Termes à relier Le vocabulaire

Relier les mots suivants à leur équivalent.

committed •	• to succeed
to fail •	• grading method
to achieve •	• unruly
assessment •	• to fall short
unmanageable •	• obliged

Étape 2 RÉACTIVER SON VOCABULAIRE

• **Vocabulary of schooling:** education • a publicly funded school • a level • a private tutor • a classroom • a teacher • to teach • a pupil • a class • an exam.

• **Vocabulary of inclusive education:** dyslexia • to diagnose • a diagnosis • specialist equipment • an inclusion manager • dyslexic • a special pen • ear defenders • a dyslexia ambassador • a laptop • a tablet.

Étape 3 REPÉRER ET EXPLOITER LES INFORMATIONS

En bref L'article dénonce le fait que les établissements scolaires anglais ne diagnostiquent pas les élèves dyslexiques. Ce sont 80 % des enfants dyslexiques qui restent sans diagnostic. C'est donc un échec ! Le système scolaire ne prévoyant pas d'évaluation avant l'âge de 8 ans, les familles ont recours à des évaluations privées qui ont un coût très élevé. Par conséquent, les familles modestes ne peuvent y avoir recours.

À repérer Relevez les chiffres mentionnés, les noms des intervenants et des organisations, les noms de lieux.

Pour bien répondre aux questions

a. Repérez tous les passages qui traitent des élèves dyslexiques dans le texte. Soyez attentif aux **chiffres donnés** dans le rapport. Analysez l'intervention d'une parent d'élève ainsi que celle de la référente inclusion.

b. Repérez les mots « *to diagnose* » et « *diagnosis* » dans le texte pour établir si le diagnostic est établi par les parents ou l'école. Attention, les diagnostics sont posés **à la fois** par l'école et les parents. Mais, cela dépend de l'âge des enfants.

c. La dyslexie touche tous les milieux familiaux. Pourtant, il y a un **décalage** dans les diagnostics. Il vous appartient de repérer dans le texte les **différents milieux sociaux évoqués** pour comprendre que certains enfants bénéficient d'évaluations tandis que d'autres non.

d. Repérez cette citation dans le texte. L'intervenante, maman d'un enfant dyslexique utilise un adjectif frappant : « *exhausting* », c'est-à-dire épuisant, et elle insiste encore en utilisant l'adverbe « *absolutely* ». Elle a donc

plusieurs raisons qui justifient son état. Les éléments de réponse à cette question se trouvent à la suite de la citation.

e. **Repérez** cette citation dans le texte. L'intervenante est une référente inclusion. Elle est donc qualifiée pour parler de dyslexie. Elle exprime son **sentiment** vis-à-vis de la situation et sa frustration de ne pas pouvoir apporter l'aide qu'elle juge nécessaire.

f. L'article ne mentionne pas que l'école primaire Manor Wood est différente. Il vous appartient de constater que cette école dispose d'une personne qualifiée capable de diagnostiquer et d'aider les élèves dyslexiques.

g. Il s'agit d'expliquer les recommandations du rapport suite aux manquements dénoncés. Il vous faut donc chercher les moyens que le gouvernement devrait mettre en place pour les élèves dyslexiques en cours et pour les examens.

CORRIGÉ 26

a. The situation faced by dyslexic pupils in England is worrying. In fact, a report shows that schools don't succeed in diagnosing at least 80% of dyslexic pupils. There are 8.7 million school children in England and 870,000 of them are dyslexic. However, only 150,000 are assessed and diagnosed. The problem is that schools only test children when they are eight.

b. As schools only test children when they are eight, some parents are compelled to test them by themselves. To help their children, some families are forced to pay up to £1,000. It is very expensive. Consequently, some families from poorer backgrounds don't test their children. The problem is most schools don't have the means to do it.

c. There is a gap between families because some families can afford the cost of the test and of private tutors whereas others can't. As a consequence, some children are provided with help while others are not.

d. Ms Erswell thinks that it is "absolutely exhausting" because it is a daily struggle. She has to raise funds to pay for the high cost of testing. But she also has to find private tutors to help her son as his school doesn't have the means and tools to provide him with the level he needs.

Comprendre le corrigé

L'astuce du prof

Choisissez un adjectif pour caractériser la situation.

Vocabulaire

Reformulez le vocabulaire du texte. Vous pouvez remplacer *a discrepancy* par *a gap*, *a difference*.

e. Claire Ranshaw is an inclusion manager and she thinks that it's frustrating because she wishes she could help her dyslexic pupils. In fact, she notices that her pupils don't have any difficulty to understand and they know the answer. But, unfortunately, they are not able to write it on the paper.

Trouvez la cause du sentiment de frustration.

f. Manor Wood Primary School is different because one of their staff members is qualified to diagnose dyslexia. Besides this person is also able to provide dyslexic pupils with specialist equipment, so that they can attend school better. Dyslexic pupils use special pens which help them read better. Moreover, they are also given alternatives to writing and noise cancelling headphones to prevent them from being distracted by background noise. Lastly, dyslexic pupils are put in touch with dyslexia ambassadors to be given some help.

À savoir

Utilisez des mots de liaison pour classer les arguments.

g. Following the publication of the report, the government is asked to implement change and to favour the inclusion of dyslexic pupils. Affected children could be allowed to use laptops and tablets in all classes and exams.

Repérez la recommandation dans le dernier paragraphe.

SUJET 27 Sujet zéro

5 pts 30 min

Expression écrite

› Vous traiterez **en anglais** et en 120 mots minimum l'un des deux sujets suivants au choix.

Les sujets proposés ci-dessous sont en relation avec la thématique du document de la compréhension orale du sujet 25 p. 188.

SUJET A

You are Henrie Monteith Treadwell or James Solomon. After your first day at university, you write about your experience and your feelings in your diary.

SUJET B

Why should the school system be inclusive and provide education for all?

PAR ÉTAPES

Étape 1 CHOISIR SON SUJET

SUJET A Rédaction d'un récit d'invention

Le sujet A consiste à écrire dans son journal intime le récit du premier jour à l'université d'Henrie Monteith ou James Solomon.
Ce sujet permet aux élèves qui se sentent le moins à l'aise en expression écrite de pouvoir rédiger plus facilement puisqu'il faut utiliser une **langue courante, orale** et exprimer des **émotions**.

> **TIP**
> **Savoir s'exprimer**
> - **La joie:** *happy / delighted / enthusiastic*
> - **La tristesse:** *sad / unhappy / a little low*
> - **La déception:** *disappointed / upset*

SUJET B Rédaction d'une opinion argumentée

Le sujet B consiste à expliquer le fonctionnement du système scolaire et à réfléchir aux **raisons qui justifient** la nécessité d'un système inclusif prévoyant l'accès à l'éducation pour tous. Vous devez rédiger une argumentation claire et convaincante en vous appuyant sur des **exemples concrets**.

Étape 2 ANALYSER LE SUJET ET ORGANISER SES IDÉES

- **Vocabulaire des émotions:** how disappointing • to be excited • to jump for joy • to feel blue.
- **Vocabulaire de l'éducation inclusive:** to participate in • a disability • accessibility • to cater for the needs • marginalised • discrimination.

> **TIP**
> **Argumenter**
> *Because, that is the reason why, therefore, briefly speaking…*

SUJET A

Définir un angle de rédaction

You are Henrie Monteith Treadwell or James Solomon. After your first day at university, you write about your experience and your feelings in your diary.

1. Annoncez l'émotion que vous avez choisie, celle que votre personnage, Henrie ou James va exprimer.

2. Énoncez les événements de la journée.

SUJET B

Why should the school system be inclusive and provide education for all?

1. Exposez les raisons, qui selon vous, justifient un système scolaire inclusif.

2. Dites pourquoi l'éducation doit être pour tous.

Vous devez argumenter votre travail.

Au brouillon

Munissez-vous de surligneurs et repérez les différentes parties du sujet. Ce travail préparatoire vous donnera le plan de votre écrit comme-ci contre.

Au brouillon

Effectuez le même travail préparatoire que pour le sujet A.

CORRIGÉ 27

Comprendre le corrigé

SUJET A

Dear Diary,

I jumped for joy when my clock rang this morning. I was so excited to spend my first day at the University of South Carolina and also to attend my first classes. I chose to wear a smart dress and shiny shoes. How worrying it was when I first saw the nine steps I had to climb to enter the building. Fortunately I was not alone. Guess what! James and Robert and many other students walked up those steps with me. Once inside, we had to register and I chose four classes. The teacher welcomed me but I noticed unfriendly eyes among the students. How sad! I sat at the back of the room and I listened to the class. I liked it a lot, you know, and I dared to participate actively. The teacher congratulated me at the end of the class. But no student from my class spoke to me. I felt blue. I took the bus to go back home and during the way back home, I had a lump in my throat. I wish a student

Vocabulaire

Jump for joy: sauter de joie.

Gagnez des points !

Mettez-vous à la place du narrateur : imaginez la journée en exprimant des sentiments, utilisez un langage oral et animé.

from my class had spoken to me. Going to university was so delightful but I think people will need time to accept our presence at university. If only they had smiled to me, I would have felt more confident for my second day.

Anyway, dear Diary, you know I'm optimistic. So I'm sure tomorrow will be better than today. Good night and sweet dreams!

L'astuce du prof

Il faut employer le past perfect pour exprimer un regret.

SUJET B

To me the school system should be inclusive and provide education for all, whatever their gender, race, language, religion, disability or social class.

Annoncez votre position dans l'introduction.

I think that every child has the right to grow, learn and develop. That is the reason why schools must welcome them and they must be included by teachers and peers. When children regardless of their differences are educated together, everyone benefits from it. They can enjoy school trips or extracurricular activities together. They can attend the same sports classes and participate in various school meetings.

Vocabulaire

Peers: pairs, les autres élèves.

On the one hand, inclusive education provides a better quality education for all children. On the other hand, it is a tool to change discriminatory attitudes. Therefore, discrimination against traditionally marginalised groups like the disabled or racial minorities can gradually disappear. Thanks to inclusive education, civic participation, employment and community life are also more welcoming.

Gagnez des points !

Exprimez la conséquence : *Therefore*.

However, it requires teaching assistants and specialist teachers and it may cost money. But governments should consider how beneficial it is to implement inclusive education. As some countries like Belgium for instance are in favour of such an approach, we should follow their path and establish how they find the fundings.

L'astuce du prof

Donnez un exemple précis pour étayer votre argument.

SUJET 28 Sujet inédit

5 pts 10 min

Expression orale

› Parmi les deux documents ci-dessous, choisissez celui qui selon vous représente le mieux l'axe **Diversité et inclusion**.

VISUAL DOCUMENT

Hundreds of activists gathered at Union Square Park prior to the Four Mile March on Martin Luther King's birthday. New York City, January 19, 2015.

VISUAL DOCUMENT

Part of a group of illegal immigrants wave goodbye to the Statue of Liberty from the Coast Guard boat that took them from Ellis Island to the Home Lines ship Argentina for deportation. New York City, 1952.

Entretien

À la suite de votre exposé, l'examinateur vous posera des questions sur le travail que vous avez effectué en cours sur le même axe.

Quelques questions possibles:

- Is positive discrimination unfair?
- Do you think western societies are becoming more inclusive today?
- To what extent is it interesting to meet people with different backgrounds?

PAR ÉTAPES

Étape 1 TESTER SA COMPRÉHENSION DU DOCUMENT

True or false? Le contenu, les idées

Déterminer si les propositions suivantes sont vraies ou fausses.

	true	false
DOC 1		
1. The visual document shows one of Martin Luther King's marches.	☐	☐
2. The march takes place on Martin Luther King's birthday.	☐	☐
3. The activists' slogan is "Black Lives Matter".	☐	☐
DOC 2		
4. The photo shows immigrants arriving in New York.	☐	☐
5. The immigrants on the photo come from South America.	☐	☐
6. They are looking at Ellis Island.	☐	☐

Termes à relier Le vocabulaire

Relier les mots suivants à leur équivalent.

exclusion •	• exile
hostility •	• animosity
deport •	• without legal papers
march •	• demonstration
undocumented •	• rejection

Étape 2 CONSTRUIRE SA PRISE DE PAROLE

Repérer et exploiter les informations

DOC 1

En bref La photo a été prise le 19 janvier 2015, jour de l'anniversaire de **Martin Luther King**. Des militants sont en train de se réunir au Union Square Park de New York et ils s'apprêtent à participer à la manifestation intitulée « Four

Mile March », une marche en souvenir de toutes les vies volées à cause du **racisme**. Cette marche a lieu à une **date symbolique**.

À repérer Les éléments de la photo (pancarte, slogan) ainsi que ceux de la légende (date, lieu, participants à la marche).

DOC 2

En bref La photo en noir et blanc montre un groupe d'immigrants qui ont essayé de pénétrer aux États-Unis illégalement. Ils sont originaires d'Argentine et ils ont été refoulés à **Ellis Island**, qui a été jusqu'en 1954, le **point de contrôle des immigrants**. N'ayant pas réussi à entrer sur le territoire, ils sont renvoyés dans leur pays d'origine. Sur la photo, ils font un geste d'au revoir à la **statue de la Liberté**, symbole d'un rêve qui vient de prendre fin.

À repérer Les immigrants regardant la statue de la Liberté, la légende qui explique qu'il ne s'agit pas d'une arrivée aux États-Unis mais d'une **déportation**, c'est-à-dire d'un renvoi d'immigrants dans leur pays d'origine.

Choisir et lier un document à l'axe

DOC 1

Le slogan de la photo « *Black Lives Matter* » et la légende rappellent la lutte pour l'égalité qu'a menée Martin Luther King. Organisée le lendemain du Martin Luther King Day, jour férié célébrant l'anniversaire du **militant antiraciste**, cette marche a pour objectif de sensibiliser la population sur les **violences** que subit la communauté afro-américaine. Ce document illustre parfaitement l'axe Diversité et inclusion puisque les manifestants militent pour un monde où la couleur de peau n'a pas d'impact sur la sécurité des personnes.

DOC 2

La photo montrant des immigrants sur le point d'être renvoyés dans leur pays d'origine ainsi que la légende symbolisent les différentes **vagues d'immigration** que les États-Unis ont connues. Elles rappellent également le **rêve américain** qui est à l'origine de ces arrivées massives d'immigrants. Ce document illustre l'axe Diversité et inclusion car les vagues d'immigration sont à l'origine de la diversité culturelle du pays.

CORRIGÉ 28

Comprendre le corrigé

DOC 1

The document shows a group of activists who are getting ready to march from Union Square Park in New York on January 19, 2015. They are holding placards where the slogan "Black Lives Matter" is written. They are demonstrating on the day following Martin Luther King Day to remember the stolen lives, that is to say the people who died because of racist crimes. The activists taking part in the demonstration want to convey a message of peace. Their march is against racism and police terror. They wish they could stop what is called "the war on Black America" and "racist police terror".

> Commencez par décrire la photo en vous aidant de la légende.

The slogan highlights the difficulties the African-Americans encounter in everyday life. They suffer from discrimination in various fields such as employment, accommodation and education.

> **L'astuce du prof**
> Placez la photo dans son contexte politique.

The march was set on the day following Martin Luther King's birthday because the demonstrators wanted people to remember the killings of Mike Brown, Eric Garner, Tamir Rice, Akai Gurley, Rumain Brisbon, Ezell Ford and so many more. They want people to know that all racist police killings of unarmed Black men have received no justice, and that they are still fighting the same system Martin Luther King condemned decades ago. They all campaign against violence. That's the reason why Martin Luther King's portrait is shown on the placard.

> **Gagnez des points !**
> Faites le lien entre la lutte historique contre le racisme et cet événement.

They use the phrase "Black Lives Matter" to advocate for racial justice. This phrase is now a Twitter hashtag, a well-known slogan and a social movement asking for the integration of the African-American community into the American society.

> Expliquez les objectifs du mouvement Black Lives Matter. À noter que le verbe « *to matter* » signifie être important.

As a conclusion, this photo illustrates the notion "Diversity and Inclusion" because the slogan, which strikes us, highlights the importance of multiculturalism in a society. It means more action still needs to be taken to reach the final goal. In fact, the death of George Floyd on May 25, 2020 shows that the injustice of inequality is detrimental to the growth and progress of the American society. However the anger and frustration created by this racial

> **Pour en savoir plus**
> *George Floyd was a 46-year-old African-American man killed by the police in Minneapolis during an arrest.*

crisis are fuelling protests which may not always be peaceful.

DOC 2

The black and white photo shows a group of illegal immigrants on a boat. They come from Argentina and they wanted to enter the United States illegally. When they were disembarked at Ellis Island, the immigrant inspection station which examined potential immigrants until 1954, they might have undergone various medical and mental inspection processes. Unfortunately, they were among the 2% of potential immigrants to be deported. They may have had health trouble or a criminal record. That is the reason why they are about to embark on the Home Lines ship to go back to their home country, Argentina.

In the photo, we can see that they are waving goodbye to the Statue of Liberty. In fact, they must have dreamt of entering the United States to live their American Dream. They must have dreamt of becoming American citizens to be able to find jobs and make a decent living.

The Statue of Liberty was the first monument the future newcomers could see from the boat after long crossings. Their expectations must have been huge. Here, on the contrary, we can imagine that the illegal immigrants in the photo are broken-hearted and regretful since they are being sent back to their native land where they are bound to endure severe hardships which they had hoped to escape from.

Ellis Island inspected 12 million people and 8 million of them were allowed to enter the country. Thus, thanks to Ellis Island, the United States welcomed people of numerous nationalities. This brought about multiculturalism and diversity in the American society. After trying to create a new society composed of different ethnic communities melting in a "melting pot", the tendency is now to try to accept the ethnic differences in a so-called "salad bowl".

To conclude, this photo shows that people from different backgrounds and origins have always wanted to enter the United States to take

Pour en savoir plus

Ellis Island was the immigrant inspection station from 1892 to 1954.

À savoir

American Dream: ideal promising success and prosperity to every American citizen.

Vocabulaire

Melting pot: a place where different communities are mixed together to create a new people.

Salad bowl: a place where different communities are integrated while keeping their own identities.

Pour en savoir plus

There were four major immigration waves.

part in the American Dream. It illustrates the notion "Diversity and Inclusion" because the immigration waves that the United States have known have built a diverse and multicultural society.

L'entretien

Is positive discrimination unfair?

It is interesting to specify that positive discrimination, that is to say the fact that an individual from a disadvantaged or under-represented group is given preferential treatment in the recruitment process, is felt as an unfair practice. Thus it is considered illegal in Europe. Most hiring managers aren't racist or sexist. However, the recruiting process is still biased. Let's take an example. It seems that nearly 50% of employers keep hesitating to employ someone with a disability.

Vocabulaire

Positive discrimination = positive action, affirmative action.

Do you think western societies are becoming more inclusive today?

From my point of view, things have gradually evolved over the last decades, even though there is a lot more to be achieved. Everyone should be entitled to hold high positions regardless of their skin colour, social background or origin. However some people face discrimination in many areas of their lives. I am totally convinced that each person, with his individuality, his origin and background and his particular skills and restrictions, should be accepted as an enhancement to society. Integrating people from a different community would make society much stronger.

L'astuce du prof

Donnez votre opinion en l'argumentant.

To what extent is it interesting to meet people with different backgrounds?

To me it is very interesting to meet people with different backgrounds because diversity is an enhancement to society. As UN Secretary-General Antonio Guterres quoted, "Diversity is richness, not a threat!" Meeting people from different backgrounds and origins can show us that the world is multicultural and multireligious. It's the best way to build a peaceful, rich and interesting world.

Gagnez des points !

N'hésitez pas à partager une citation pertinente avec le propos si vous en connaissez.

Filières technologiques

Voici quelques pistes pour construire vos dossiers d'enseignement technologique en langue vivante (ETLV) autour de l'axe **Diversité et inclusion**.

- **Sciences et techniques sanitaires et sociales**: *How can healthcare help people feel included and valued within their society? Is access to healthcare equal for everyone?*
- **Biochimie – Biologie – Biotechnologie**: *How can diversity help scientific research?*
- **Sciences physiques et chimiques en laboratoire**: *How can innovations in labs boost diversity and inclusion?*
- **Conception et création en design et métiers d'art**: *To what extent is art dedicated to promoting racial and cultural diversity? Have artists become more inclusive?*
- **Ingénierie, innovation et développement durable**: *How can sustainable development goals favour diversity? How does climate change affect already marginalised communities?*
- **Management, sciences de gestion et numérique**: *How can managers help create a more inclusive and equitable world?*

AXE 8

Territoire et mémoire

Faire le point

L'essentiel

1 Territoire

• Le territoire est un lieu formant une unité, habitée par une **communauté**, un groupe d'individus. L'autorité d'un État ou d'une collectivité régit un territoire. Pays, État, région, terre, espace maritime : le territoire peut se définir au travers de nombreux espaces géographiques délimités.

2 Mémoire

• La mémoire est la faculté à **retenir** et **appréhender** ce qui a été vécu ou acquis dans le passé. Elle permet de rappeler des sentiments éprouvés, des expériences, des connaissances... D'un point de vue comportemental, la mémoire caractérise la conservation d'habitudes, d'actions acquises. On parle souvent du **devoir de mémoire**, impliquant l'**obligation morale** de se souvenir d'événements passés souvent tragiques.

3 Deux notions en interaction

• Les deux concepts permettent de s'interroger sur la transmission de l'**héritage collectif** dans une aire géographique donnée. Les commémorations traduisent un besoin d'élaborer et d'exprimer des mémoires individuelles et collectives liées à des événements historiques : dates, périodes, lieux, acteurs emblématiques, etc. La multiplication des **lieux de mémoire** met en lumière la relation complexe entre l'histoire des territoires et la mémoire.

PROBLÉMATIQUES

→ *How is the collective heritage built and transmitted?*

→ *Why is it essential to preserve cultural heritage?*

→ *Do we have to erase some traces of the past?*

→ *How can we deal with collective memories throughout time?*

DÉFINITIONS

• **commémoration – *commemoration*** : action ou cérémonie ayant pour but de se remémorer une personne ou un événement passé et d'exprimer son respect.

• **devoir de mémoire – *duty of memory*** : obligation morale de se souvenir d'un événement historique tragique et de faire cas de la souffrance des victimes, pour éviter la répétition des mêmes crimes.

• **héritage – *heritage*** : ensemble de ce que l'on tient de ses ancêtres et qui se transmet de génération en génération. L'héritage vise à perpétuer des traditions, une culture, une langue, un patrimoine.

• **tradition – *tradition*** : habitude qui existe depuis longtemps chez un groupe identifié. Cela relève des croyances, comportements ou coutumes.

Lexique

Noms

colon	*settler*	
devoir de mémoire	***duty of memory***	
héritage	*heritage*	**synonyme :** *legacy*
hommage	*tribute*	
légende	*legend*	
mémoire	*memory*	
morale	*moral*	
pionnier	*pioneer*	
racines	*roots*	
souvenir	*remembrance*	**synonyme :** *recollection*
terre	*land*	
territoire	*territory*	
tradition	***tradition***	

Adjectifs

autoritaire	*authoritarian*	
collectif	*collective*	
emblématique	*iconic*	**synonyme :** *emblematic*
traditionnel	*traditional*	

Verbes

commémorer	*to commemorate*	
demeurer	*to remain*	**synonyme :** *to subsist*
honorer	*to honour*	
incarner	*to epitomise*	
préserver	*to preserve*	
protester	*to stand up against*	**synonyme :** *to protest*
rassembler	*to gather*	
rendre hommage	*to pay tribute to*	
se battre pour/contre	*to fight for/against*	
symboliser	*to symbolise*	
transmettre	*to convey*	**synonyme :** *to transmit*

L'axe en un coup d'œil

Si le sujet du bac tombe sur cette **thématique**

je peux mobiliser ces **idées** pour l'expression écrite et orale.

L'héritage culturel irlandais

- ***Celtic culture*** is very important to Irish people, who are proud of their roots. To this day, they still celebrate holidays like Saint Patrick's Day and the Samhain festival, which is the equivalent of Halloween. They still read leprechaun stories to their children and speak Gaelic.
- ***Ireland is a land of migration:*** between 1845 and 1852, people fled the country because of the Great Famine (caused by an infection of the Potato crops). More than a million of Irish people emigrated to Britain, the United States, Canada and Australia.
- ***The Troubles*** refers to the decades of conflicts between the Catholics and the Protestants. Ireland gained its independence in 1921, but the Northern territories, mainly composed of Protestants who had better living conditions, sparked tension over their constitutional status. 1972 was a particularly tragic year with shootings and bombings (Bloody Sunday).

Le port d'armes aux États-Unis

- ***The Second Amendment*** of the United States Constitution reads: "A well-regulated militia, being necessary to the security of a free State, the right of the people to keep and bear arms, shall not be infringed." It is a right for the American citizen to have a gun.
- ***It is a controversial issue:*** marches against the law gather people regularly, after mass shootings in schools for instance. Emblematic figures such as the student Emma González lead these demonstrations. Many other people try to defend their rights to own a gun with the help of the NRA (National Rifle Association).

L'identité dans la fiction

- **Dubliners *by James Joyce*** (1914) was written when Irish nationalism was at its peak, and a search for a national identity and purpose was raging. It is a collection of short stories all set in Dublin or around it, that depict the life of the Irish middle class in the early 20th century.
- **12 Years a Slave *by Steve McQueen*** (2013) is a biopic and adaptation of the 1853 slave memoir *Twelve Years a Slave* by Solomon Northup, a free African-American man who was kidnapped in Washington, DC by two conmen and sold into slavery.

À lire

America's last slave ship, *National Geographic* (2020)

• Sunken remains of the *Clotilda*, the last known slave ship to reach US shores, have been discovered near Mobile, Alabama. Many of the slaves' descents are still alive. The story of these people is one the inhabitants of Africatown (a historic community of Alabama) are proud to remember, and a legacy they are fighting to save.

To read this, flash this page with your Nathan Live app.

À voir

91%: A Documentary About Guns in America, John Richie (2019)

• According to a 2017 poll, 91% of Americans "support universal background checks" on all gun sales. As mass shootings occur again and again every year, a convincing political response has not yet been offered. In this documentary, a cross-section of US gun violence victims tell their heart-breaking stories of loss, pain, and a heroic search for hope in a nation stalled in a senseless gun control debate.

À voir

Charlie's Country, Rolf de Heer (2013)

• Charlie is an ancient aboriginal warrior. As the government tightens its grip on his community's traditional way of life, Charlie tries to flee the police on his way. Lost between two cultures, he decides to return to live in the bush in the manner of the elders. But Charlie will take another path, that of his own redemption.

À consulter

Taking down Confederate symbols, *New York Times* (2017)

• Many American cities have statues and monuments commemorating events or people from the Confederate States (Civil War, 1860's). While critics of the removal say the effort erases history, supporters argue that these memorials celebrate racism and memorialise white supremacy.

To read this, flash this page with your Nathan Live app.

Zoom sur...

Irish music: paying tribute to history

Bloody Sunday (U2), *Zombie* (The Cranberries)

• *Bloody Sunday* is the most committed song of the group U2, it deals with two "bloody Sundays" in Irish history. In 1920 and 1972, peaceful demonstrators demanding respect for civil rights in Northern Ireland and an end to the discriminatory practices of Protestant British local authorities towards Catholics, were victims of repression perpetuated by the army.

• *Zombie* by The Cranberries pays tribute to two children, Jonathan Ball and Tim Parry, who were killed in a bomb attack on March 20, 1993 in England. The attack was carried out by the Provisional Irish Republican Army (IRA), which has claimed independence for Northern Ireland since the 1960s. The title is also a call for a ceasefire between the British army and the IRA.

→ En lien avec l'axe Identités et échanges.

Sujets guidés

SUJET 29 Sujet inédit

5 pts 30 min

Compréhension orale

Florida school shooting survivors to march, March 24, 2018

› En rendant compte, **en français,** du document, vous montrerez que vous avez compris :

- le thème principal du document ;
- à qui s'adresse le document ;
- le déroulement des faits ;
- la situation, les événements, les informations ;
- l'identité des personnes ou des personnages et, éventuellement, les liens entre elles/entre eux ;
- les éventuels différents points de vue ;
- les éventuels éléments implicites du document ;
- la fonction et la portée du document (relater, informer, convaincre, critiquer, dénoncer, etc.).

› Note

Les noms propres cités dans le document sont les suivants :

Adriana Diaz • Emma González

PAR ÉTAPES

Étape 1 TESTER SA COMPRÉHENSION ORALE

True or false? Le contenu, les idées

Déterminer si les propositions sont vraies ou fausses.

	true	false
1. The document is not recent.	☐	☐
2. The crowd is angry.	☐	☐
3. The people gathered are pro-guns activists.	☐	☐
4. The Columbine school mass shooting is mentioned.	☐	☐

Questions flash La grammaire

Observer les deux exemples ci-dessous et répondre aux questions.

- **"Surviving the shooting led the students to address this rally Saturday"**
- **"Many of the teen survivors say they are tired of waiting for adults to do something about gun control"**

1. Quelle est la nature des mots soulignés ?
2. Quelle traduction donneriez-vous en français ?

Termes à relier Le vocabulaire

Relier les mots suivants à leur équivalent.

relentless •	• a gathering
an agenda •	• a tipping point
a turning point •	• following
an address •	• persistent
a rally •	• influenced
in the wake of •	• a speech
swayed •	• a plan

Étape 2 RÉACTIVER SON VOCABULAIRE

- **Vocabulary of violence:** school shooting • survivors • to commemorate / to pay tribute to • gun laws.
- **Vocabulary of protest:** to march • a demonstration • a walkout • collective • to take a stand • to fight for/against.
- **Vocabulary of emotions:** angry • painful • moved • upset • determined.

TIP

Utilisez vos connaissances culturelles pour vous rappeler quelques points essentiels sur cette thématique : les partis et associations pour et contre le port d'armes, la législation…

Étape 3 REPÉRER ET EXPLOITER LES INFORMATIONS

En bref Le document est un reportage vidéo de CBS Week-End News datant du 24 mars 2018. La présentatrice se trouve en Floride, à une manifestation qui fait suite à la tuerie par arme à feu dans une école.

À repérer Les éléments constituant le **titre** vous apportent des indications sur le document : une tuerie par arme à feu a eu lieu dans une école de Floride en 2018, et il y a des survivants. La formulation indique que ces personnes vont se rassembler à des fins contestataires. Attendez-vous à entendre des témoignages, à percevoir des émotions particulières.

Au brouillon

Prévoyez un encadré avec vos mots en « wh- » pour y placer des mots-clés rapidement, par exemple pendant la minute de pause après la première écoute.

Pour bien aborder l'épreuve

Il est important de bien s'entraîner en amont pour acquérir des réflexes et rédiger efficacement. Utilisez les **codes couleurs** et **abréviations** mis en place lors des entraînements !

- **Première écoute** : relevez les mots-clés en aérant votre prise de note. Identifiez la **source**, les **lieux**, les **intervenants**, leurs **noms** et leur **fonction**. N'essayez pas de traduire tout de suite le contenu du document, ciblez les **mots accentués** par les locuteurs.
- **Deuxième et troisième écoute** : complétez vos notes, affinez votre compréhension du document. Prenez en compte les informations manquantes pour chaque intervention afin de construire du sens et de la cohérence. Mettez en évidence les **liens logiques** entre les éléments, qualifiez le **ton**, les **émotions** des personnes. Si vous ne comprenez pas certains éléments, utilisez la logique du contexte pour en **déduire** des liens.

CORRIGÉ 29

Comprendre le corrigé

Ce reportage vidéo de CBS Week-end News met en lumière une problématique très importante aux États-Unis : celle des tueries de masse par armes à feu dans les établissements scolaires. Le reportage fait suite à un massacre qui a eu lieu quelques jours auparavant dans une école en Floride. Les témoignages révélés dans ce document s'adressent aux défenseurs du port d'armes ainsi qu'au gouvernement américain. L'objectif est de dénoncer des lois considérées comme étant trop laxistes sur cette question sensible.

Donnez d'abord les informations suivantes :
- la source
- le thème principal
- les destinataires
- la fonction et la portée

Une présentatrice apparaît tout d'abord à l'écran. Elle explique que de nombreux adolescents survivants se disent fatigués d'attendre que les adultes réagissent concernant le contrôle des armes à feu. Une manifestation appelée « La marche pour nos vies » est alors annoncée à l'échelle nationale. On apprend que ce rassemblement se tiendra le 24 mars suivant.

Gagnez des points !

Adoptez une rédaction chronologique des faits. Employez des mots de liaison et des transitions logiques pour enchaîner vos informations.

Sur place, alors que des étudiants scandent des slogans pour exprimer leur dégoût, une jeune femme prend la parole au micro, et face à la foule elle dit avec une grande émotion que des gens qu'elle aimait sont morts. Adriana, la journaliste qui se trouve sur les lieux, explique que ces jeunes, qui ne sont pas encore majeurs, utilisent leur voix

L'astuce du prof

Ne traduisez pas le document, utilisez le discours indirect pour rapporter les paroles des locuteurs. Pensez à varier les verbes introducteurs.

à défaut de voter. Un adolescent poursuit au micro en affirmant que c'est un tournant dans l'histoire américaine.

Puis, c'est au tour d'Emma González, acclamée par la foule, d'accuser avec rage les membres du gouvernement de mentir. Des étudiants comme elle veulent mettre fin aux tueries de masse avec des lois plus strictes sur les armes à feu, espérant réussir là où les adultes avant eux ont échoué.

Le reportage se poursuit avec l'interview d'Emma González. On y apprend qu'elle est née en 1999, l'année de la fusillade de Columbine. Elle explique qu'elle n'a jamais connu un monde sans tueries de masse.

On voit ensuite de nombreux élèves manifester devant leur école pendant les heures de cours, pancartes levées pour demander un contrôle plus strict sur les armes à feu.

Enfin, une jeune fille conclut le reportage. Elle a le sentiment que sa génération n'est pas entendue car ils ne sont perçus que comme des « gamins ». Elle se demande combien de fois il faudra encore vivre ce genre de situation avant que le gouvernement n'agisse.

Gagnez des points !
Qualifiez les émotions, donnez des indications sur l'atmosphère.

L'astuce du prof
Précisez à quoi renvoient les dates et les lieux mentionnés.

Appuyez-vous sur les images de la vidéo.

Gagnez des points !
Relisez bien votre copie pour éviter les erreurs d'orthographe et de syntaxe.

SUJET 30 Sujet inédit

5 pts 30 min

Compréhension écrite

TEXTE 1 Trapped

Two teenagers are in the girls' room during break time.

"What the hell…"

One of the girls starts toward the door, but the other grabs her elbow. "Don't go," she says. "What if?"

"What?"

"I don't know." She drops her friend's elbow.

"It's just a prank[1]. It's probably Ryan Asswipe…"

Dot. Dot.

So loud this time – close and mechanically bright – that both girls scream. Their screams are followed by a silence that sounds foolish, cold and hard as the tile on the girls' room walls. One says in a whisper, "It's Michael Patrick. Yesterday, in trig, he told me he was going to bring a gun to school, that he was going to kill…"

"Who? Kill who?"

"Everybody."

"What?" […]

Then he opens the door slowly, and steps in. He's holding a big blue-black gun with both hands, pointing it in front of him, aiming at nothing.

When he sees them, Michael Patrick laughs. "Hey," he says.

One of the girls, trying not to sob[2], swallows, then says, "Michael."

He's wearing a shiny shirt – a clean and pale white shirt, but there are large ugly sweat stains under his arms. There's an angry rash[3] under his chin, where he must have shaved too fast that morning. […]

"So," he says too loudly in the quiet softness of the girls' room, and both girls flinch.

"So," he says more softly, as if sorry to have startled them. "Which one of you girls should I kill?"

Neither girl breathes.

Both of them look at his face as if for the first time. […] Then he points the gun at one of them and then at the other and shouts, "Which one of you girls should I kill?!"

Laura Kasischke, *The Life Before Her Eyes*, 2002 (abridged and adapted).

1. **a prank:** *a joke*
2. **to sob:** *to cry*
3. **a rash:** *irritated skin*

TEXTE 2 Virginia bracing for a fight over guns

A planned pro-gun demonstration Monday prompted fears of armed confrontation after far-right groups pledged to attend.

Thousands of gun-rights supporters plan to rally at Virginia's Capitol on Monday in opposition to new gun control measures – a major event in an ongoing reckoning over State gun laws that's been spurred by changing demographics, a deadly mass shooting and an election in which Democrats took control of the statehouse for the first time in two decades on promises to tighten* gun regulations.

The event, which takes place on Martin Luther King Jr. Day, has prompted Gov. Ralph Northam to declare a state of emergency and ban all firearms and other weapons from the 12-acre Capitol grounds in Richmond from Friday night to Tuesday evening – a controversial move that is being challenged by pro-gun groups in court. [...]

Unlike other States where lawmakers have proposed gun restrictions, Virginia is the home of the National Rifle Association and has a long-standing gun tradition that involves lax regulation of firearms. Though cities and suburbs have swelled in recent years with people migrating into the State for job opportunities, much of Virginia is still rural. Those areas, which far outstrip the cities and suburbs in land mass, if not in population, remain deeply conservative and sport a robust gun culture propped up by both politics and the demands of rural living.

Claire Hansen, *US News*, January 18, 2020 (abridged and adapted).

***to tighten:** *to reinforce*

QUESTIONS

› **Answer the following questions in English using your own words:**

TEXTE 1

a. What sort of document is it? When was it published?

b. How many characters are there? How are they related?

c. Pick out one quote to give the boy's intention.

d. In your own words, describe the girls' state of mind throughout the scene.

e. Give two adjectives to qualify the boy's attitude with the girls.

TEXTE 2

f. What sort of document is it? When was it published?

g. Lines 1 to 7, fill in the table with the information from the text.

Event (what)	
Date (when)	
Place (where)	
Actors (who)	
Motives (why)	

h. Lines 8 to 12, what do you learn about the State of Virginia regarding guns?

TEXTE 1 et TEXTE 2

i. To what extent are the two documents related?

PAR ÉTAPES

Étape 1 TESTER SA COMPRÉHENSION DES TEXTES

True or False? Le contenu, les idées

Déterminer si les propositions sont vraies ou fausses.

TEXTE 1

	true	false
1. In the beginning, the girls want to leave the room.	☐	☐
2. They think that it is a joke.	☐	☐
3. One of the girls met the boy the day before.	☐	☐
4. Ryan "Asswipe" is the attacker.	☐	☐
5. The boy is sorry to have surprised the girls.	☐	☐

TEXTE 2

	true	false
6. Anti-gun rights supporters decided to gather.	☐	☐
7. The event is a demonstration.	☐	☐
8. Democrats have always controlled the statehouse.	☐	☐
9. Democrats want to reinforce gun control.	☐	☐
10. The State of Virginia has a deeply-rooted gun culture.	☐	☐

QCM La grammaire

Cocher la proposition qui correspond à l'antécédent du pronom relatif souligné dans ces deux phrases :

1. "There's an angry rash under his chin, <u>where</u> he must have shaved too fast that morning." (Texte 1, l. 21-22)

☐ **a.** His chin ☐ **b.** An angry rash ☐ **c.** That morning

2. "Virginia is the home of the National Rifle Association and has a longstanding gun tradition <u>that</u> involves lax regulation of firearms." (Texte 2, l. 13-14)

☐ **a.** The National Rifle Association ☐ **b.** Gun tradition ☐ **c.** Lax regulation

Termes à relier Le vocabulaire

Relier les mots suivants à leur équivalent.

to aim •	• suprendre
to sob •	• provoquer
to flinch •	• sangloter
to startle •	• promettre
to pledge •	• viser à
to spur •	• augmenter
to prompt •	• engendrer
to swell •	• reculer

Étape 2 RÉACTIVER SON VOCABULAIRE

- **Vocabulary of sound:** to scream • to whisper • loudly • silence • to shout.
- **Vocabulary of violence:** deadly • shot • to kill • angry • a gun • a firearm.

Étape 3 REPÉRER ET EXPLOITER LES INFORMATIONS

En bref Laura Kasischke est une romancière et poète américaine. Le texte 1 est l'extrait des premières pages de son roman intitulé *The Life Before Her Eyes*.

À repérer Identifiez le moment où les émotions atteignent un certain climax. « *So loud this time* » : le marqueur temporel « *this time* » vous permet de comprendre qu'il y a une modification des bruits environnants par rapport à la situation précédente.

> **TIP** Utilisez des surligneurs pour mettre en évidence les différents éléments à repérer.

Pour bien répondre aux questions

a. La lecture du **paratexte** et l'observation de la typographie vous permettront de répondre à la question. Vous constaterez qu'il s'agit d'un extrait de roman, publié en 2002. Ce document a près de vingt ans. De nombreux événements se sont produits depuis aux États-Unis concernant le port d'armes. La présence de guillemets indique qu'il s'agit en partie d'une **conversation**. Attendez-vous à cibler des **points de vue**, des **réactions**, des **émotions**.

b. Ciblez les **noms propres**, les références aux personnes et les termes pouvant indiquer des **liens particuliers** entre elles. Parfois, les personnes ne sont pas mentionnées par leur nom, c'est le cas ici, et pourtant il s'agit des protagonistes.

c. On vous demande de **citer** le texte. Vous devez ici repérer une phrase clé indiquant **l'intention** de l'assaillant. Ciblez les interventions au **discours direct** ainsi que les **verbes d'action** qui concernent Michael Patrick. Repérez ce qui entoure les occurrences du pronom personnel « *he* » qui réfèrent nécessairement à cette personne puisque c'est le seul personnage masculin présent dans cet extrait : vous ne risquez pas de vous tromper.

TIP

N'oubliez pas d'introduire et de conclure votre citation par des guillemets. Précisez le numéro de la ligne. Ne mettez pas entre crochets ce qui est important.

d. Employer vos **propres mots** ne signifie pas occulter les mots du texte. Vous pouvez bien entendu y faire référence en citant des phrases. Ici, il serait pertinent de se concentrer sur les **émotions** des jeunes filles au travers des verbes et adjectifs. Repérez ce qui entoure les occurrences des pronoms « *they* » et « *them* » qui renvoient à ces jeunes victimes.

e. C'est à vous de trouver deux adjectifs qui selon vous qualifieront le mieux l'attitude de l'assaillant vis-à-vis des jeunes filles. Dans une lecture logique du texte, vous vous concentrerez sur la dernière partie (de la ligne 18 à la ligne 23). C'est là que ses victimes sont directement confrontées à lui. Repérez les verbes liés à sa **façon de s'exprimer**, ses **actions**.

À savoir

Ne confondez pas les personnes qui s'expriment au discours direct et les personnes à qui renvoient leurs propos.

TEXTE 2

En bref Ce texte est l'adaptation d'un article de journal en ligne, extrait du site www.usnews.com. Rappelez-vous que pour ce type de texte, l'information principale est donnée dans l'urgence. Vous aurez donc accès la thématique et à la problématique du texte d'entrée de jeu.

À repérer Relevez les dates, données chiffrées et lieux; faites le lien avec les éléments du texte pour savoir à quoi chaque information correspond. Vous aurez alors un aperçu rapide de la situation.

Pour bien répondre aux questions

f. De même que pour le texte 1, le **paratexte** vous permettra de répondre à cette question. Vous constaterez que l'article est **très récent** puisqu'il date du 20 janvier 2020. Vous pouvez alors vous attendre à de nouvelles données sur le sujet.

g. Vous devez ici vous concentrer sur une partie précise du texte. On vous demande de répondre aux « questions wh- ». Repérez alors tout ce qui sera en lien avec des **lieux, dates, acteurs, événements**, etc...

TIP

Les consignes précisent parfois la section du texte à traiter : surlignez cette contrainte.

h. Dans cette autre partie du texte, vous devez cibler les termes et expressions qui renvoient à la **culture des armes à feu** dans l'État de Virginie. Identifiez les mots appartenant au champ lexical des armes à feu.

TEXTE 1 et **TEXTE 2**

Pour bien répondre aux questions

i. Les deux documents proposés mettent en lumière une même thématique. Elle est souvent abordée sous deux angles différents ou sous deux points de vue opposés. Demandez-vous de quelle manière les documents **se font écho, se complètent, s'opposent**... Ici, il y a clairement un lien de « cause à effet ». L'article fait référence à un mouvement de protestation de la part des pro-armes à feu aux États-Unis, qui refusent de voir leurs droits amputés, tandis que l'extrait de roman illustre la **conséquence** d'une utilisation des armes à feu à des fins meurtrières...

CORRIGÉ 30

Comprendre le corrigé

TEXTE 1

a. This document is an excerpt from a novel entitled *The Life Before Her Eyes*. The book was written by Laura Kasischke in 2002. The extract deals with gun violence in a school.

> Appuyez-vous sur le paratexte.

b. Three characters are present in the scene: two girls who are friends ("She drops her friend's elbow") and one boy called Michael Patrick that they apparently know ("Both of them look at his face as if for the first time").

c. The quote which best shows the boy's intention is: "he told me he was going to bring a gun to school, that he was going to kill…" (l. 8-9).

> **À savoir**
> N'omettez aucun détail important de la citation.

d. At the beginning the teenage girls think that the noise they hear is due to a joke from one of their friends. When they realise that a boy they know could kill everyone, they are panic-stricken. They try not to cry when Michael appears in the room, but they can't help flinching whenever he's pointing his gun at them.

> **Gagnez des points !**
> Employez des termes qui reflètent les émotions des personnages.

e. I would say that Michael Patrick is vicious and cold-blooded.

> **Vocabulaire**
> *Vicious:* cruel, violent
> *Cold-blooded:* sans pitié

TEXTE 2

f. This is an article taken from the website www.usnews.com. It was written on the 20th of February 2020 by a journalist called Claire Hansen.

g.

Event (what)	A pro-gun demonstration
Date (when)	The previous Monday, on Martin Luther King Jr. Day
Place (where)	At Virginia's Capitol, Richmond
Actors (who)	Gun-rights supporters
Motives (why)	In opposition to new gun control measures

h. We learn that Virginia is the State where you can find the home of the NRA (National Rifle Association). It is also said that the gun tradition is particularly important in this State. The population is in favour of the Second Amendment and adamant to defend it.

Gagnez des points !

Identifiez la particularité de l'État de Virginie concernant le débat autour des armes.

TEXTE 1 et TEXTE 2

i. The first and the second texts echo each other in the sense that they show how greatly embedded gun culture is in the USA. The article refers to a protest movement from the gun supporters who refuse that the government control their right to bear a firearm while the first text illustrates through a fictional story the potential consequence on society. The "mass-shooting" mentioned in the article is obviously represented in the first document since the scene described is a school shooting.

L'astuce du prof

Montrez vos connaissances sur l'axe dont il est question pour mettre en lumière les deux textes.

SUJET 31 Sujet inédit

5 pts 30 min

Expression écrite

Vous traiterez **en anglais** et en 120 mots minimum au moins **l'un des deux sujets suivants au choix**.

Les sujets proposés ci-dessous sont en relation avec la thématique du document de la compréhension orale du sujet 29 p. 210.

SUJET A

Write the following part of text 1.

SUJET B

Gun tradition is deeply rooted in American culture. According to you, why do most Americans have a firearm?

PAR ÉTAPES

Étape 1 CHOISIR SON SUJET

SUJET A Rédaction d'un récit

Ce sujet implique une bonne analyse de la situation d'énonciation du texte 1. Il vous faudra respecter un certain nombre de critères:

– le **type de narration**: ici, le narrateur est omniscient et connaît tous ses personnages ainsi que leurs faits et gestes;

À savoir
L'emploi du présent dans un récit est peu fréquent. Ce choix permet au lecteur de se sentir plus proche des événements.

– le **temps du texte initial**: les actions sont décrites au présent, il faudra conserver ce temps pour la narration;

– le **temps des dialogues**: si vous relatez des faits antérieurs, employez les temps du passé;

– l'**écriture des dialogues**: respecter le code d'écriture, à savoir guillemets et retour à la ligne à chaque intervention;

– le **registre de langue**: familier ici.

SUJET B Rédaction d'une opinion argumentée

Vous devrez ici organiser des idées et construire des paragraphes pour aboutir à une argumentation cohérente sur le sujet. Ciblez les **mots-clés** de l'énoncé: « *gun tradition* », « *deeply rooted* », « *culture* ».

Le sujet regroupe les deux aspects de l'axe en question: territoire – les États-Unis – et mémoire – le droit constitutionnel qu'a chaque citoyen américain de posséder une arme, qui est fortement ancré dans la culture du pays.

La problématique est déjà donnée dans l'intitulé de la question, il vous faudra trouver des questions alternatives, des points de réflexion concomitants. Pour répondre à cette question, vous pouvez vous appuyer sur l'ensemble des documents du dossier: texte 1, texte 2 ainsi que la vidéo de la compréhension orale, mais également sur vos connaissances personnelles. Vous veillerez à respecter un registre de langue soutenu.

TIP

Notez les citations relatives aux trois documents qu'il vous semble pertinent de mettre en lien.

Étape 2 ANALYSER LE SUJET ORGANISER SES IDÉES

- **Vocabulaire à utiliser:** a firearm • a mass shooting • lobbying groups • gun-rights supporters • the Second Amendment • lax regulation • a protest • controversial • control measures.
- **Mobiliser des exemples connus:** the NRA • the Sandy Hook school shooting • Emma González • *91%*.

SUJET A

Définir un angle de rédaction

- Écrivez des idées clés pour la suite de l'histoire sur votre brouillon: notez le nom et la fonction des personnages déjà présents et ceux que vous ferez intervenir, notez des **verbes d'action** qui donneront la trame des péripéties.
- Recréez l'**atmosphère** initiale: le danger, la violence et l'angoisse doivent transparaître. Mobilisez les champs lexicaux correspondants.

SUJET B

Construire une argumentation

- Respectez le schéma de l'argumentation. Proposez d'emblée une phrase ou expression **percutante**, une information culturelle mettant immédiatement en avant la thématique du port d'armes. Le correcteur doit avoir envie de lire la suite. Annoncez la problématique et donnez votre plan. Construisez des paragraphes introduits par des mots de liaison pour rendre votre argumentation logique. Finalement, proposez une ouverture sur le sujet.

À savoir

Ne négligez pas les différentes parties de l'argumentation, organisez-les à l'aide de paragraphes et de mots de liaison.

- Donnez des **exemples concrets**, montrez vos connaissances culturelles sur le sujet. Le film *Elephant* de Gus Van Sant, basé sur la fusillade de Columbine, peut être un exemple intéressant.

CORRIGÉ 31

Comprendre le corrigé

SUJET A

It becomes difficult for the two friends to breathe. They want to escape but how? Michael Patrick is walking nervously around the room. He suddenly breaks the huge mirror which was facing the girls on the opposite wall. Both girls shudder. Lucy can't help screaming.

"Stop, please..." she whispers. Michael then rushes to her, pointing his gun on her forehead once again.

"Do you know who I am? Do you? Give me an answer! Look at me!" he shouts. Lucy fears he might lose his temper. Until now, he has managed to control his actions but she can perceive fury in his eyes, dreadful, cold.

All of a sudden, someone crosses the corridor, Lucy glances quickly and realises that it is her brother. Michael is heading calmly towards him and the girls cannot see him anymore. A scream, a gunshot and a dead silence. She feels tears rolling softly down her cheeks.

Panic-stricken, they rush to the half-opened window of the restroom. But Michael appears again, he shoots. Lucy feels warm blood along her arm.

"Hold on, please, hold on! Don't leave me!" she begs. A slight smile on his face, Michael comes closer.

"It's your fault! Lucy, do you know who I am? You made me kill her!" he shouts.

Her friend gasps, and peacefully closes her eyes.

> Respectez le temps du texte initial : le présent.

> **Gagnez des points !**
> Variez les verbes introducteurs de parole.

> **L'astuce du prof**
> Conservez l'atmosphère hostile et anxiogène du début de l'histoire avec le lexique adapté.

SUJET B

The USA is often called "the gun nation": weapons have been deeply rooted in American culture for centuries. They even have become a symbol. But why do Americans decide to own a firearm? I reckon that we can answer this question throughout the gun supporters' arguments: first it is a right, and then it is a means of protection.

> **Gagnez des points !**
> Trouvez une phrase d'accroche pour débuter votre écrit.

"A well-regulated militia, being necessary to the security of a free State, the right of the people to keep and bear arms, shall not be infringed", states the Second Amendment of the Bill of Rights of 1791. The NRA (National Rifle Association) gathers people who are clearly in favour of firearms. Moreover, they are an extremely powerful lobby and I believe that pro-gun activists are deeply influenced by this association. For them, owning a gun is a fundamental right which should not be taken.

L'astuce du prof

Donnez votre opinion et organisez vos idées à l'aide des mots de liaisons adaptés.

Then, I guess that in most cases, citizens consider that having a gun is a means of protecting themselves from others. Guns are everyday objects which are useful to defend themselves against any assault and life-threatening situations they might not otherwise survive. To my mind, pro-gun activists are following a logic of revenge: as the saying goes, "An eye for an eye, a tooth for a tooth".

Despite the many debates on that question, pro-gun citizens still cling to the idea that the best way to avoid bloodsheds is to own a weapon. In that sense, I have read in a magazine that some argue that if the staff of the Sandy Hook School had been armed, the massacre of young children could have been avoided. However, when I watched the documentary *91%: A film about guns in America*, I was shocked by the desperation of the victims' families and I find this argument hard to believe.

Gagnez des points !

Citez des exemples concrets : références filmiques, citations, événements célèbres.

As a conclusion, I would say that a lot of gun supporters are burying their heads in the sand and refusing to admit that what motivates their desire to have a gun is primarily fear.

Conseil

Concluez par une nouvelle piste de réflexion sur le sujet.

SUJET 32 Sujet inédit

5 pts 10 min

Expression orale

› Parmi les deux documents ci-dessous, choisissez celui qui selon vous représente le mieux l'axe **Territoire et mémoire**.

QUOTATION

"You can take a man out of Ireland, but you can't take the Irishness out of the man."
Tyson Fury, professional boxer.

VISUAL DOCUMENT

Emancipation Memorial, Thomas Ball, Lincoln Park, Washington DC, 1876.

› Entretien

À la suite de votre exposé, l'examinateur vous posera des questions sur le travail que vous avez effectué en cours sur le même axe.

Quelques questions possibles :

- Do you think it is important to have roots?
- Have you studied this topic in class? What sort of documents did you deal with?
- Why do you think that many countries celebrate Saint Patrick's day?

PAR ÉTAPES

Étape 1 TESTER SA COMPRÉHENSION DU DOCUMENT

True or False? Le contenu, les idées

Déterminer si les propositions sont vraies ou fausses.

	true	false
DOC 1		
1. Irish people have Celtic traditions.	☐	☐
2. Samhain is the equivalent of Christmas.	☐	☐
3. People ran away from Ireland to escape dictatorship between 1845 and 1849.	☐	☐
DOC 2		
4. Abraham Lincoln was one of the leaders of the Confederate States during the Civil War in America.	☐	☐
5. The Union States were in favour of slavery.	☐	☐
6. The abolition of slavery was ratified after the Civil War.	☐	☐

Termes à relier Le vocabulaire

Relier les mots suivants à leur équivalent.

worship •	• descendant
to deprive •	• croyance
settler •	• priver
ancestor •	• racine
descent •	• ancêtre
root •	• colon / colonisateur

Étape 2 CONSTRUIRE SA PRISE DE PAROLE

Repérer et exploiter les infos

DOC 1

En bref La citation met en lumière l'importance de conserver ses racines et fait référence aux mouvements et aux rencontres des populations.

À repérer Il faudra mobiliser les champs lexicaux liés aux **traditions** et à l'**héritage**, et vos connaissances historiques concernant l'Irlande. Mettez en lumière les événements qui ont pu inspirer les deux citations.

DOC 2

En bref Ce document iconographique est lié à un devoir de mémoire, il évoque un tournant dans l'histoire des États-Unis.

À repérer Réinvestissez le vocabulaire nécessaire à la description et à l'analyse de l'image, en insistant sur les **éléments symboliques** et les **références historiques**.

Choisir et lier un document à l'axe

Vous ne devez sélectionner qu'un seul document. Assurez-vous de bien analyser la thématique de chacun pour mettre à profit le maximum de vos connaissances personnelles.

> **TIP** Choisissez le document qui vous met le plus à l'aise. Jouez la sécurité !

DOC 1

- **Introduction :** débutez votre argumentation par une phrase marquante, une question ou une référence culturelle en lien avec le sujet. **Reformulez** la citation avec vos propres mots, trouvez des synonymes aux mots-clés de la citation : *Irishness, heritage, migration...* Problématisez en mettant en évidence les deux aspects de l'axe : territoire et mémoire. Annoncez votre plan.

> **TIP** Articulez vos idées à l'aide de paragraphes et de mots de liaison : *first, then, however, plus, therefore*, etc.

- **Développement :** choisissez deux parties bien distinctes pour étayer votre argumentation. Commencez par définir la notion de *Irishness* et les éléments et symboles par lesquels elle s'exprime aujourd'hui. Évoquez ensuite certains **événements historiques** comme les mouvements migratoires des années 1840, et les liens qu'entretient aujourd'hui l'Irlande avec les États-Unis.
- **Conclusion :** confirmez qu'il s'agit selon vous de la meilleure citation pour illustrer l'axe. Concluez par des mots forts résumant les différentes **problématiques** de l'axe.

DOC 2

- **Introduction :** donnez la nature du document, son origine, son contexte.
- **Développement :** employez le lexique de la **description d'image** : *low angle shot, bronze...* Décrivez ce que vous voyez, les actions des personnes, les attitudes : *standing, holding, wearing, stretching, bending, looking.* Mettez en lien l'image et son contexte historique, n'hésitez pas à donner votre **ressenti** sur la sculpture : *I feel rather uncomfortable, to me, as far as I'm concerned...*

> **À savoir** Vous n'êtes pas obligé d'adhérer au document, vous pouvez exprimer une opinion négative, dès lors que vous la justifiez.

- **Conclusion :** reformulez le lien avec l'axe.

CORRIGÉ 32

Comprendre le corrigé

DOC 1

What do James Joyce, Oscar Wilde and Bono have in common? They are all from Ireland, they all have the "*Irishness*" mentioned by Tyson Fury in his quotation. Fury raises the fundamental question of heritage. Therefore, we can wonder what it means to be Irish.

First and foremost, Ireland has Celtic roots. Irish people celebrate the patron saint of their country (Saint Patrick) every year, on the 17th of March. Among the different symbols, we also find the cauldrons full of gold which are said to be kept by small creatures called leprechauns. The green shamrock also represents Ireland since it refers to a Christian (religious) sign: the Trinity. In addition, there are two official languages in Ireland: Gaelic and English. Besides, Samhain is an ancestral Gaelic festival celebrated from the 31st of October to the 1st of November every year, marking the end of the harvest season and the beginning of winter. All these symbols and traditions define this so called "*Irishness*". Irish people are proud of it and have been transmitting it from generations to generations.

Now, what about Irish descents who live abroad? We know that there are strong links between Ireland and the USA. This is mostly because of the massive migration movement of the 1840s due to the Great Famine. Since then, the Irish community living there has never stopped raising awareness of their *Irishness*. It makes me think of a testimony I watched in class about an Irish girl living abroad. She said that she constantly felt the need to keep her Irish heritage alive. As a matter of fact, she joined the Irish community of her town and she listened to Irish music and practiced Irish dancing as well. She also explained that Irish culture has an international impact.

Eventually, I believe that this quotation best represents the issue raised by the notion "Territory and Memory". Indeed, Irish people, although they sometimes do not live in their home country, never forget their roots. *Irishness* is their heritage, their strength, their identity.

L'astuce du prof
Proposez une expression qui « accrochera » le lecteur.

Gagnez des points !
Utilisez des mots de liaison variés.

Vocabulaire
Leprechaun: lutin
Shamrock: trèfle

Gagnez des points !
Vous pouvez faire référence à vos cours.

Reformulez l'idée que ce document est le plus approprié pour illustrer l'axe.

DOC 2

This document is the photograph of a statue which can be found in Lincoln Park, in Washington DC, USA. Its name is engraved on the stone: Emancipation Memorial. It was sculpted by a man called Thomas Ball, in 1876.

The photograph shows the memorial from a low angle shot. The statue seems to be made of bronze. It represents former President of the USA, Abraham Lincoln, standing in front of a man who is kneeling. Lincoln is wearing a long coat and his left arm is stretching above the man's head. In his right hand, he is holding a paper on a pillar. This pillar bears patriotic symbols such as George Washington's profile as well as stars. I reckon that the man kneeling is a slave since he is half naked; he is only wearing a wrapper around his hips and we can notice a ring on his wrist. He has no chains anymore, though, and he is closing his fist, looking far ahead at the distance.

L'astuce du prof
Pour les actions, employez les verbes au présent continu.

Appuyez-vous sur des éléments précis pour en tirer des conclusions.

We can make the link between the title of this Memorial "Emancipation" and the sculpted figures. Indeed, this scene lies within the scope of a turning point in American history, that is to say: the end of slavery. Lincoln is granting the man's freedom as the "Great Emancipator". His attitude could be seen as a divine absolution. The paper he is holding is therefore without a doubt the Emancipation Act, ratified by Abraham Lincoln himself in 1863, which granted liberty to Afro-American slaves. Lincoln is dominating this man that is bending over, ready to be free. The closed fist certainly epitomises his determination to be considered as a rightful person at last.

Gagnez des points !
Interprétez les différents éléments de l'image en tenant compte du contexte historique.

As far as I am concerned, I feel rather uncomfortable with the position of Abraham Lincoln in the sense that he is still dominating this slave. To me, it doesn't really reflect freedom: the man's attitude (bending and kneeling) is still submissive. I think that he still has an inferior position. Lincoln has the supremacy over this man who obviously represents the Afro-American slave community and that makes me ill-at-ease.

Donnez votre opinion et justifiez-la, qu'elle soit positive ou négative.

To conclude, I would say that this document best represents the notion "Territory and Memory". It is a very concrete representation of a major historical turning point in American history.

L'entretien

Do you think it is important to have roots?

Yes, I do think that it is important not to forget where we come from. This is a duty of memory for society. Some people may try to forget their past, their origins, but I reckon that this is what builds the identity of communities. Your knowledge, your traditions and culture are part of your identity.

N'hésitez pas à donner votre opinion sur les problématiques de l'axe.

Have you studied this topic in class? What sort of documents did you deal with?

Yes, we have been studying this question in class. We've watched an extract from a movie called *12 Years a Slave*. This was rather moving and revolting to discover the way African slaves were treated in the cotton fields.

Gagnez des points !
Quelles leçons tirez-vous des documents étudiés en classe ?

Why do you think that many countries celebrate St Patrick's day?

I think that people feel the need to gather to share their cultures and traditions, that is the case in Ireland for instance; which is totally understandable since they share a Celtic culture. However, I find it really irrelevant to celebrate the Irish patron saint in France for instance. I reckon that it is a pretext to have fun with your friends.

Justifiez et nuancez votre opinion par des exemples précis.

Filières technologiques

Voici quelques pistes pour construire vos dossiers d'enseignement technologique en langue vivante (ETLV) autour de l'axe **Territoire et mémoire**.

- **Sciences et techniques sanitaires et sociales :** *How do healthcare disparities affect territories?*
- **Biochimie – Biologie – Biotechnologie :** *Can evolutionary processes help biological breakthroughs?*
- **Sciences physiques et chimiques en laboratoire :** *How can scientific research help understand climate changes affecting territories?*
- **Conception et création en design et métiers d'art :** *Does art play a role in the shaping of a collective memory? To what extent is art a vehicle to bring forth the past into the present?*
- **Ingénierie, innovation et développement durable :** *How can sustainable development preserve territories? Should urban development be based on cultural heritage?*
- **Management, sciences de gestion et numérique :** *Are digital technologies robbing our memories?*

CORRIGÉS Tester sa compréhension

Axe 1 : Identités et échanges

Compréhension orale p. 52

Transcription

A related concern about globalisation is its effect on indigenous cultures. I mean, even if we grant that global competitive markets create prosperity, is it worth the fast food chains and the big box stores that we see everywhere we go? And what about a sense of vulgarity and bringing things to the lowest common denominator? And perhaps most important, does globalisation destroy local culture?

Vocabulaire
- ***To grant***: concéder
- ***Big box stores***: grandes surfaces
- ***Enforced***: forcée

Speaker 1: The question about globalisation… obviously it can destroy local culture, there's simply no question about that. And it can create an enforced homogeneity, as you go around to various countries around the world and discovering they're becoming more and more similar. At the same time these people see that happening, they all react by trying to say: "Hang on, what here is actually worth holding onto?" And so, it can actually lead to a resurgence of some traditional forms of identity.

Speaker 2: So the Irish language has grown, it has been taught in private schools actually. Across most of this part of Ireland, where the language had been lost for three of four generations, people are sending children to be educated into the Irish language, Irish music, traditional dance – you've seen the Riverdance finale all over the world. That's Irish culture.

Speaker 3: In Ireland, we've actually used globalisation to sell our culture around the rest of the world: so you have got great Irish rock bands like U2, you have obviously got Guinness, and you have got Irish culture poetry and film. And that shows how a small country can use globalisation to huge success.

True or false?

1. True – 2. True – 3. False (there is a resurgence of some traditional forms of identity).

Questions flash

1. Present perfect simple « *Have* + *V-en* ». Le narrateur fait le bilan du développement de la langue irlandaise.

2. Alors que la phrase 1 est à la voix active (le sujet est acteur du verbe), dans la phrase 2 au contraire le sujet subit l'action. Il s'agit d'une voix passive « *be* + *V-en* ». L'acteur du verbe est sous-entendu (*by teachers*).

Termes à relier

Indigenous: local – **box store:** supermarket – **grant:** admit – **unfortunate:** unlucky.

Compréhension écrite p. 55

True or false?

1. True – 2. False (Nafula is a harvester on a fair trade flower farm) – 3. True – 4. True – 5. True – 6. False (fair trade organisations encounter difficulties to certify that farmers do not use child labour).

Questions flash

1. « *Who* » a pour antécédent un élément humain, à savoir « *the Kenyan flower farmer* » et « *where* » a pour antécédent un lieu, à savoir « *the Ivory Coast* ».

2. « *Who* » et « *where* » sont deux pronoms relatifs. Ils reprennent un élément en antécédent pour compléter l'information.

Termes à relier

Trade: commerce – **looming:** impending – **florist:** flower seller – **horrific:** dreadful – **collapse:** crash.

Expression orale p. 64

True or false?

1. True – 2. False (Richard Gere thinks losing your culture means losing your true self) – 3. True – 4. True – 5. True – 6. False (McDonald's restaurants were first set in the United States).

Termes à relier

Loss: deprivation – **identity:** self – **culture shock:** change of scenery – **damaging:** unsound– **standard of living:** purchasing power.

Axe 2 : Espace privé et espace public

Compréhension orale p. 74

Transcription

Sylvia Lorne: Welcome to the latest news recorded at 10 AM GMT on June 6th. Good morning, I'm Sylvia Lorne. Coming up this morning: the United Nations Organisation report that above a quarter of a million people died of hunger during the last famine in Somalia. The number of casualties is higher than previously estimated. In fact, the report says that more than 250,000 people died of hunger during the last famine in Somalia. Half of them were children under 5. What is alarming is that the figure is much higher than in previous estimates. In a previous report, the

Vocabulaire

- ***Figure:*** chiffre
- ***Drought:*** sécheresse
- ***To dwarf:*** éclipser

government estimated that between 50,000 and 100,000 people had died in the famine between 2010 and 2012. Here is Tom Silver, our special correspondent in Somalia.

Tom Silver: One of the report's authors says that it is the first time we have measured the true enormity of this tragedy. Tens of thousands of people died needlessly because the international community was too slow to react. There were early signs of famine in the country in 2010, but they were ignored. The famine started off as a drought and it was made worse by the conflict. Besides, western NGOs wanted to bring aid but Al Shabab militants refused to allow them into areas under their control. These figures dwarf even those of the famine in the country in 1992. During the first famine, 220,000 people are said to have died, which is less than during the famine in 2010-2012.

True or false?

1. False (they died of hunger) – 2. True – 3. True – 4. False (250,000 people are said to have died).

Questions flash

1. Le comparatif de supériorité est « *higher than* ».

2. Le superlatif de supériorité est « *latest news* ».

3. Le comparatif est utilisé pour comparer deux éléments tandis que le superlatif est utilisé pour comparer trois éléments ou plus. Ces deux adjectifs sont des adjectifs d'une syllabe. Par conséquent, on ajoute la désinence *-er* au comparatif et *-est* au superlatif.

Termes à relier

Famine: starvation – **to die:** to live – **alarming:** reassuring – **drought:** dryness – **to start off:** to begin.

Compréhension écrite p. 77

True or false?

1. False (Mr. Fonseka could recite some passages of all kinds of books) – 2. True – 3. False (he chose the life he wanted to live) – 4. True – 5. False (Elias could not stop watching Pembe) – 6. False (they choose a new cinema every week).

Questions flash

1. « *Would* » exprime une habitude dans le passé. On parle dans ce cas de *would* fréquentatif. Il équivaut à *used to* mais *would* insiste davantage sur la répétition de l'événement alors que *used to* insiste sur le caractère révolu de l'événement.

2. « *Would* » exprime un conditionnel. C'est un irréel dans une proposition de condition dont *if* a été remplacé par une inversion : « *were it in her power to decide* ».

Termes à relier

Tale: story – **maze:** labyrinth – **rubbish bin:** trash can – **disrupt:** disturb – **tramp:** beggar.

Expression orale p. 87

True or false?

1. False (she thinks their role is not to break the law) – 2. True – 3. False (this is a non-violent march) – 4. False (they are carrying sticks to help them walk).

Termes à relier

Fight: struggle – **right to vote:** suffrage – **to demand:** to require – **to put in prison:** to jail – **boycott:** embargo.

Axe 3 : Art et pouvoir

Compréhension orale p. 96

Transcription

He's one of the most iconic figures of the last century, famous for his portraits of celebrities and politicians, his association with Pop Art and his phrase "fifteen minutes of fame": Andy Warhol. "Pop, Power and Politics" is a free exhibition being held at the Scottish Parliament, featuring forty of the acclaimed artist's works, exploring the themes that motivated Warhol the most: power and politics. Many of the works have never been seen in Scotland before, and the parliament's presiding officer played a special role in selecting pieces, ranging from a self-portrait to an image of American president Richard Nixon.

The exhibition is the result of a collaboration between the Scottish Parliament, Carnegie UK Trust and the Andy Warhol Museum in Pittsburgh. The exhibition is being timed to coincide with a week of events celebrating Andrew Carnegie's legacy. Other works on display include portraits of the Queen and Jimmy Carter. So what is it that makes Warhol's work talked about and still relevant today?

Matt Wrbican: People are always fascinated with him, and his work. I think part of it was that he was always part of his time, he was always really interested in things that were really cutting-edge. Warhol loved political power, he was fascinated by it, and this would just thrill him to no end, I'm sure he would be all over this.

The exhibition will run from the 5th of October until the 3rd of November. Tickets for the exhibition are free but booking is recommended. Please visit the Scottish Parliament website for details or call 0131 348 54 54.

Vocabulaire

- ***Acclaimed***: reconnu
- ***Cutting-edge***: avant-gardiste
- ***To no end***: grandement

True or false?

1. True – 2. False (the exhibition features forty of the acclaimed artist's works) – 3. True – 4. False (the tickets are free but online booking is recommended) – 5. False (he would have been thrilled, according to the chief archivist).

Questions flash

1. Le verbe est au present perfect simple *have* + V-*en*.

2. Il s'agit d'une voix passive. La forme verbale est donc *be shown* au present perfect.

3. Il permet de faire un bilan dans le présent de ce qui s'est passé auparavant. En contexte, il n'y a jamais eu, jusqu'à maintenant, d'exposition consacrée à Andy Warhol en Écosse.

À compléter

Art	Fame
Portrait / Self-portrait Artist Work Museum Exhibition	Iconic figures Celebrities Acclaimed Celebrating Legacy

Compréhension écrite p. 99

True or false?

1. True – 2. True – 3. False (he confirmed it was his work on his Instagram page) – 4. False (Banksy has always been a politically committed artist tackling various political subjects such as the European migrant crisis) – 5. True – 6. True.

Questions flash

1. Il s'agit d'un adjectif composé.

2. L'adjectif est composé de deux éléments: un mot-valise (*Britain* + *exit*) et un verbe dérivé en adjectif (V-*ed*). Il a valeur passive, à savoir *Brexit-inspired* = *inspired by Brexit* et *Brexit-related* = *related to Brexit*.

Termes à relier

Coastal: near the sea – **chip away:** decrease gradually – **impending:** looming – **scaffolding:** structural support – **politically charged:** committed.

Expression orale p. 109

True or false?

1. True – 2. False (pop culture helps us find new ways of dreaming) – 3. True – 4. True – 5. True – 6. False (Charles Bukowski thinks an artist always expresses clear messages).

Termes à relier

To shape: to influence – **commitment:** dedication – **to convey a message:** to communicate – **arduous:** complicated.

Axe 4 : Citoyenneté et mondes virtuels

Compréhension orale p. 118

Transcription

When most people talk to technology, whether it's Alexa or Siri or Google Assistant, the voice that talks back sounds female. Some do choose a male voice. And now researchers have been developing a gender-neutral option called Q. NPR's Dalia Mortada reports.

Dalia Mortada: Meet Q.

Q: Hi. I'm Q, the world's first genderless voice assistant.

Dalia Mortada: The voice of Q was developed using dozens of voices.

Q: My voice was recorded by people who neither identify as male nor female and then altered to sound gender-neutral, putting my voice between 145 and 175 Hertz.

Dalia Mortada: That's the range audio researchers identified for the best gender-neutral effect. Julie Carpenter is an expert in human behavior and emerging technologies. And she was one of the researchers behind Project Q.

Julie Carpenter: One of our big goals with Q was to contribute to a global conversation about gender and about gender in technology and ethics and how to be inclusive with people that identify in all sorts of different ways.

Dalia Mortada: She points out that people often expect to hear a particular kind of voice in a given situation.

Julie Carpenter: There is a history of research that shows often that people might prefer to hear a female-sounding voice in some situations, particularly when the tasks associated with that voice are assistive. It really reinforces gender stereotypes.

Dalia Mortada: Q would give companies a chance to break through that stereotype if they choose. The team behind Project Q includes Carpenter, the organisers of Copenhagen Pride Week, technology leaders in an initiative called Equal AI, along with linguists, sound designers and others. They settled on this version of Q after playing it for transgender people in Denmark, England and Venezuela. You won't hear Q on your phone or home assistant tomorrow, but the developers hope that big companies will pick it up as a more inclusive voice option.

True or false?

1. False (she is an expert in human behaviour and emerging technology, she initiated Project Q) – 2. True – 3. False (the frequency stands between 145 and 175 Hertz) – 4. False (it was elaborated with the voices of people who neither identify as male nor female) – 5. True.

Questions flash

1. *Gender neutral*: nom + adjectif, *genderless*: nom + suffixe privatif, *female-sounding*: adjectif + V-*ing*.

2. *Gender neutral*: neutre (ni masculin ni féminin), *genderless*: agenre, *female-sounding*: voix qui semble féminine.

Termes à relier

To develop: to invent – **to pick:** to choose – **to alter:** to modify – **to identify:** to define oneself – **to break though:** to overlook – **to reinforce:** to consolidate.

Compréhension écrite p. 121

True or false?

1. True – 2. False (schools have seen a change among boys, especially boys in K-2) – 3. False (he thinks that parents and children should play together) – 4. True – 5. True – 6. False (they consider it as a breakthrough as students are their future employees).

Questions flash

1. Il s'agit de deux propositions infinitives qui viennent compléter le verbe qui les précède.

2. Ces deux propositions infinitives sont construites de la même manière: Sujet + Verbe + Proposition infinitive (Complément ou pronom personnel complément + Verbe à l'infinitif). *To allow somebody to do something / to want somebody to do something*.

Termes à relier

To issue: to distribute – **to scavenge:** to search – **to provide:** to supply – **to test drive:** to try.

Expression orale p. 131

True or false?

1. True – 2. True – 3. False (the users must choose themselves what they want to share or keep private) – 4. False (violence arises when people ignore other cultures) – 5. True – 6. True.

Termes à relier

To share information: to spread data – **settings:** parameters – **to review:** to check – **to be likely:** to be possible.

Axe 5 : Fictions et réalités

Compréhension orale p. 140

Transcription

You know, science-fiction stories allow us to dream big and imagine the impossible. These stories become in many cases – that are classic stories – embedded in our minds and the way we think and the way we work in the future and in our society. The stories sometimes allow us to be creative and invent a new future. Science-fiction is a critical element to the way we think and the way we act. Today's colloquium, "The Martian: How Science Drove the Plot" will be presented by Andy Weir. You know, Andy was hired as a programmer for a national laboratory at the age of fifteen and had been working as a software engineer ever since. He is also a lifelong space nerd like many of us and is a devoted hobbyist on subjects such as relativistic physics, orbital mechanics and the history of manned space flight. *The Martian* is Andy's first published novel. He originally self-published it in 2011 and rereleased it in 2014. Now, as many know, it's actually been picked up by 20th Century Fox as a movie. Ridley Scott is the producer. If you've seen the trailers, that is a movie I want to see! But of course, I want to tell you, *The Martian* should be required reading for NASA. Today Andy will describe how science drove the plot, illuminating the connectivity between science fiction and science fact.

Vocabulaire

- ***Embedded***: ancré
- ***Manned***: opéré par un humain
- ***Connectivity***: liens

True or false?

1. False (Andy Weir is the writer, Jim Greene is the speaker, and Ridley Scott is the producer of *The Martian*) – 2. True – 3. True – 4. False (*The Martian* is his first published novel but he already self-published it in 2011) – 5. True.

Questions flash

1. Le mot « *minds* » est écrit au pluriel.

2. Le pluriel est dû au fait que nous avons chacun un cerveau et que tous additionnés les uns aux autres, il convient d'attribuer la **marque du pluriel** en anglais. En français, nous pourrions dire : « des histoires ancrées dans notre cerveau ». Le sens serait identique.

3. Autres exemples : *the teacher told us to open our books* (et non : *our book*) ; *in English class we were given English names* (et non : *an English name*).

Termes à relier

Embedded: ancré – **allow:** permettre – **colloquium:** conférence – **plot:** intrigue – **nerd:** passionné – **novel:** roman – **short story:** nouvelle.

Compréhension écrite p. 143

True or false?

1. False (he has been living on Mars for six days) – 2. True – 3. False (they left because they thought he was dead) – 4. False (he knows they are returning to Earth) – 5. False (he doesn't know if anyone is ever going to read his log) – 6. False (he thinks Musk doesn't need to be introduced) – 7. False (the space expedition would be to Mars) – 8. True – 9. True – 10. False (he plans to send one million people to Mars).

QCM

1. c – 2. c.

Termes à relier

In charge: responsible for – **mourning:** funerals – **mankind:** humanity – **vacation jaunt:** holiday trip – **stuff:** belongings – **idle:** lazy, slow.

Expression orale p. 153

True or false?

1. True – 2. True – 3. False (the heroes were mainly the firemen and the health carers) – 4. False (he is hardly ever seen and wants to stay away from the media) – 5. False (the purpose is to pay tribute to the nurses who dedicated their time to the patients suffering from Covid-19) – 6. False (the Red Cross is the symbol of the National Health Service).

Termes à relier

To rise: s'élever – **waste paper basket:** corbeille à papiers – **attack:** attentat – **to kneel:** être à genoux – **skyscraper:** gratte-ciel.

▶ Axe 6 : Innovations scientifiques et responsabilité

Compréhension orale p. 164

Transcription

Anthony Mason: A significant portion of the 100 million dollars that you are committing to fighting this virus goes to Africa, where they have not had a significant outbreak there, yet. How concerned are you about Africa?

Bill Gates: I'm very concerned about Africa and all the developing countries. As you say, the number of cases is not large yet, now that's partly because their capacity to test is very limited. The number of these PCR machines they have is far less than the United States, which actually has by far the most, and their ability to social distance is limited. It may be that the seasonality in the southern hemisphere is holding back infections, and so it will start to accelerate in a few months. That would be good news for the northern hemisphere to have a period of six months of less force of infection. But, unless there's some surprise thing, that means that the virus doesn't do well in those countries, they're likely in the end to have the greatest economic damage and the greatest number of deaths. We should care about that as humans, we should also care because we need to get rid of this disease from the entire world, to avoid the chance of reinfection coming back in the countries who have already gotten it down to low levels.

True or false?

1. True – 2. True – 3. False (at the moment of the interview, it is less important in Africa than in the USA) – 4. True – 5. False (he thinks it is a worldwide problem and it is our responsibility to share our knowledge).

Questions flash

1. Ces formes verbales sont celles du présent en *Be* + *V-ing*.

2. Ces verbes décrivent des actions temporaires qui sont en train de se dérouler sous les yeux des observateurs. On doit bien sûr imaginer que la situation est évolutive et que l'Afrique va peut-être malheureusement connaître une aggravation de la situation.

Termes à relier

To commit: to invest – **to feel concerned:** to worry – **to accelerate:** to increase – **to social distance:** to stay away from someone – **to get rid of:** to eradicate – **to avoid:** to circumvent.

Compréhension écrite p. 167

True or false?

1. False (they have opposite views on artificial intelligence) – 2. True – 3. False (they communicate on social media) – 4. True – 5. False (Zuckerberg thinks AI could be a force for good) – 6. False (he does not agree with what he calls "doomsday scenarios") – 7. True – 8. False (Elon Musk did not provide any details about the movie).

QCM

1. b.

Termes à relier

Responsible: irresponsible – **optimistic:** pessimistic – **sick:** healthy – **tired:** energetic – **uncontrollable:** controllable – **artificial:** genuine – **different:** similar – **best:** worst.

À compléter

Sick: sickness – **responsible:** responsibility – **optimistic:** optimism – **tired:** tiredness – **smart:** smartness.

Expression orale p. 177

True or false?

1. True – 2. True – 3. True – 4. True – 5. False (a second bomb was dropped over Nagasaki three days later) – 6. False (Truman did not know about the long-term effects of radiation).

Termes à relier

Breakthrough: découverte capitale – **ethical:** éthique – **to threaten:** menacer – **harmful:** dangereux – **mushroom cloud:** champignon nuageux – **downside:** inconvénient.

Axe 7 : Diversité et inclusion

Compréhension orale p. 188

Transcription

Harris Pastides: Fifty years ago on this day, September 11th 1963 – also a Wednesday morning – Henrie Monteith, James Solomon and Robert Anderson walked up these nine steps as the first African-Americans since Reconstruction to do two things: to register for classes at the University of South Carolina and to right a grievous wrong. The overall campus experience of Henrie, James and Robert were decidedly mixed, yet their active participation in the classroom and on campus paved the way for a change of heart at this university and to greater understanding. Recently your university was honoured as one of the nation's top universities for diversity and inclusivity, and that could have never happened without you.

Vocabulaire

- ***Reconstruction***: période succédant à la guerre de Sécession
- ***Grievous***: grave
- ***To pave the way***: ouvrir la voie

Henrie Monteith Treadwell: So many people walked up those steps with me, carried me up those steps. They were people from across the State, across the nation, students from every university, individuals who advocated, who wanted to make sure that we turned that corner. I look forward to the 100th celebration.

True or false?

1. False (they were three) – 2. True – 3. False (she felt supported by many people) – 4. True.

Questions flash

1. Les verbes sont au prétérit simple.
2. La forme « *was honoured* » est au passif. Elle est construite avec *be* + *V-en*.
3. Le prétérit permet de parler d'une action passée, terminée et datée, c'est-à-dire en rupture avec le présent.

À compléter

University	Defending somebody
To register Classes Campus Students	To right a grievous wrong To pave the way To advocate To make sure

Compréhension écrite p. 191

True or false?

1. False (schools don't succeed in diagnosing 80% of dyslexic pupils) – 2. True – 3. True – 4. False (teachers are not qualified to diagnose and provide dyslexic pupils with specialist equipment) – 5. False (one of the staff members is qualified to help dyslexic pupils) – 6. True.

Questions flash

1. Il s'agit d'une proposition subordonnée exprimant le but.

2. La proposition subordonnée de but est une proposition infinitive introduite par *to*.

3. On peut remplacer « *to* » par « *in order to* » ou « *so as to* » : *in order to help pupils, in order to block out.*

Termes à relier

Committed: obliged – **to fail:** to fall short – **to achieve:** to succeed – **assessment:** grading method – **ummanageable:** unruly.

Expression orale p. 199

True or false?

1. False (the march took place in 2015, 47 years after his assassination) – 2. True – 3. True – 4. False (they're sent to their home country because they're illegal immigrants) – 5. True – 6. False (they have just left Ellis Island and they're looking at the Statue of Liberty in the distance).

Termes à relier

Exclusion: rejection – **hostility:** animosity – **deport:** exile – **march:** demonstration – **undocumented:** without legal papers.

Axe 8 : Territoire et mémoire

Compréhension orale p. 210

Transcription

Many of the teen survivors say they are tired of waiting for adults to do something about gun control, so they announced a nationwide demonstration: it's called the "March for our lives" and will be held on March 24th. Adriana Diaz spoke with several students about what they hope to accomplish.

Vocabulaire
- ***Polls***: urnes
- ***To stage***: mettre en scène
- ***Walkout***: grève, débrayage

Adriana Diaz: These students, some too young to go to the polls, are using their voices as their vote.

Delaney Tarr: People that I know, people that I loved, died.

Adriana Diaz: Teen after teen…

David Hogg: This is a turning point in American history.

Adriana Diaz: …who survived Wednesday shooting, addressed this rally Saturday.

Emma González: The people in the government who were voted into power are lying to us.

Adriana Diaz: Students like Emma González want to stop mass shootings with stricter gun laws, hoping to achieve what adults before them couldn't.

What year were you born in?

Emma González: 1999.

Adriana Diaz: That was the year of the Columbine shooting.

Emma González: Yes, I have never known a world without a school shooting, without a mass shooting.

Adriana Diaz: They are a generation now taking a stand on social media and on the streets, even staging a walkout at a nearby Florida school on Friday.

Student: I feel like no one listens to us because we are kids.

Adriana Diaz: And what do you say to that?

Student: I think that is crap, I think we should have a voice too. How many more times does this have to happen for them to do something? It's ridiculous.

True or false?

1. False (it is from March 2018) – 2. True – 3. False (the people gathered ask for stricter gun laws) – 4. True

Questions flash

1. Il s'agit de deux gérondifs (verbes en *-ing*).
2. On peut les traduire par un infinitif en français : « survivre à cette tuerie les a menés… », « disent qu'ils sont fatigués d'attendre… ».

Termes à relier

Relentless: persistent – **an agenda:** a plan – **a turning point:** a tipping point – **an address:** a speech – **a rally:** a gathering – **in the wake of:** following – **swayed:** influenced.

Compréhension écrite p. 214

True or false?

1. True – 2. True – 3. True – 4. False (the attacker is Michael Patrick) – 5. False ("as if sorry", l. 26) – 6. False (it's a pro-gun demonstration) – 7. True – 8. False ("Democrats took control of the statehouse for the first time in two decades", l. 5-6) – 9. True – 10. True.

QCM

1. a – 2. b.

Termes à relier

To aim: viser – **to sob:** sangloter – **to flinch:** reculer – **to startle:** surprendre – **to pledge:** promettre – **to spur:** engendrer – **to prompt:** provoquer – **to swell:** augmenter.

Expression orale p. 225

True or false?

1. True – 2. False (it is the equivalent of Halloween) – 3. False (they flew the Great Famine) – 4. False (Lincoln was the leader of the Union States) – 5. False (the Union States were not in favour of slavery) – 6. True.

Termes à relier

Worship: croyance – **deprive:** priver – **settler:** colon / colonisateur – **ancestor:** ancêtre – **descent:** descendant – **root:** racine.

Sujets comme à l'examen

SUJET COMPLET 1 **Sujet inédit** 20 pts 1h40

Épreuve écrite

L'ensemble de l'épreuve écrite porte sur ***l'axe 7*** *du programme:* ***Diversité et inclusion****. Il s'organise en trois parties:*

- ***Compréhension orale***
- ***Compréhension écrite***
- ***Expression écrite***

Compréhension orale 5 pts 30 min

Abortion in India

> En rendant compte, **en français**, du document, vous montrerez que vous avez compris :

- le thème principal du document;
- à qui s'adresse le document;
- le déroulement des faits, la situation, les événements, les informations;
- l'identité des personnes ou des personnages et, éventuellement, les liens entre elles/entre eux;
- les éventuels différents points de vue;
- les éventuels éléments implicites du document;
- la fonction et la portée du document (relater, informer, convaincre, critiquer, dénoncer, etc.).

> Note

Les noms propres cités dans le document audio sont les suivants :

Kamala • Amalner • Maharashtra • Bori River • Dehli

Compréhension écrite 5 pts 30 min

TEXTE 1 Discrimination kills 230,000 girls under five in India each year

Hundreds of thousands of young girls in India die every year because of "invisible discrimination", according to research published in the Lancet Global Health. Researchers estimate an average of 239,000 girls under five in India die each year, or 2.4 million in a decade, because of their gender.

Many of the deaths were due to neglect, both within their families and from health practitioners, as well as an "invisible, routine and continued" bias Indian girls experience in food allocation. Studies have shown that Indian girls receive less education, have poorer nutrition and get less medical attention than boys.

They found what they described as an "excess mortality rate" among girls under five across 29 out of 35 Indian states. The rate was 18.5 per 1,000 live births. The worst affected was northern India, which has a number of large rural agricultural states with low education and socio-economic development levels and high fertility.

Christophe Guilmoto from the Université Paris-Descartes, France, said that for too long, the focus had been on pre-natal sex selection.

"Gender-based discrimination towards girls doesn't simply prevent them from being born, it may also precipitate the death of those who are born," said Guilmoto. "Gender equity is not only about rights to education, employment or political representation. It is also about care, vaccination and nutrition of girls, and ultimately survival."

India, in common with China, is known for having a skewed sex ratio, due to sex-selective abortions. Interestingly, the results did not coincide with states known for sex selection, such as Punjab, Gujarat and Maharashtra.

But in northern India's four largest states, Uttar Pradesh, Bihar, Rajasthan, and Madhya Pradesh, the level of "excess mortality" among girls was much higher than the average – as high as 30 per 1,000 live births.

Dr Nandita Saikia, said any intervention to reduce discrimination against girls should target priority states in northern India. "Discrimination towards the girl child is not justified," Saikia said. "As the regional estimates of excess deaths of girls demonstrate, any intervention to reduce the discrimination against girls in food and healthcare allocation should therefore target priority regions of Bihar and Uttar Pradesh where poverty, low social development and patriarchal institutions persist, and investments in girls are limited. This reinforces the need to address directly the issue of gender discrimination in addition to encouraging social and economic development for its benefits on Indian women."

Karen McVeigh, *The Guardian*, May 15, 2018 (abridged and adapted).

TEXTE 2 Portrait of Nidhi Goyal, disability and gender rights activist and comedian

From the age of four, Nidhi Goyal loved to paint, and by the time she was a teenager, she knew she wanted to be a portrait artist. When Nidhi was diagnosed with a degenerative eye disorder, at age 15, the loss of this dream was the biggest blow.

"I'm not sure, looking back now, that I would have had the temperament – the patience – for it," Nidhi tells us over a lime soda at a beachfront coffee shop in Malad. Articulate, chatty, and quick to laugh, this through-and-through Bombay girl eventually found a different creative outlet to suit her personality. A few years ago, she turned to stand-up comedy, both as a form of self-expression and as a way to extend the advocacy work she was already doing for disability and gender rights.

She eventually chose a career in mass media and then transitioned to rights-based work for people with disabilities. In May 2015, Nidhi recorded with a filmmaker instances of ignorance or prejudice that she encountered, ranging from misconceptions about disability and sexuality, to observations about navigating public spaces – from city streets to airplane bathrooms. Then, it was just a matter of stringing them together for the show. "It's part of the way I've looked at things in life – the lens I adopted to my own challenges," she says.

She may not have become a portrait painter, but Nidhi has succeeded in holding a mirror up to society, challenging its stereotypes one quip at a time.

Sonal Shah, Blog page United Nations in India, In.one.un.org (abridged and adapted).

Answer the following questions in English using your own words:

TEXTE 1

a. After reading the text, can you quote the three reasons explaining why more than 230,000 girls under five die every year?

b. Explain the regional disparities.

c. In what way will social and economic development have benefits on Indian women?

TEXTE 2

d. After reading the text, what can you say about the main character and the situation she has had to face?

e. What can you say about disabled people in India? Are they integrated into the society?

f. Explain how comedy may be "a way to extend the advocacy work she was already doing for disability and gender rights" (l. 10-11).

TEXTE 1 et TEXTE 2

g. In your opinion, can Nidhi Goyal's message be heard by the population in the northern states of India?

Expression écrite 5 pts 30 min

Vous traiterez en anglais et en 120 mots au moins **l'un des deux sujets suivants au choix :**

SUJET A

You have attended Nidhi Goyal's show and you are writing an article for your school paper to express her message and your feelings.

SUJET B

You are a member of the Model United Nations for teenagers and you are in charge of warning other delegates about the dangers Indian girls are facing. Write the speech.

DOC.

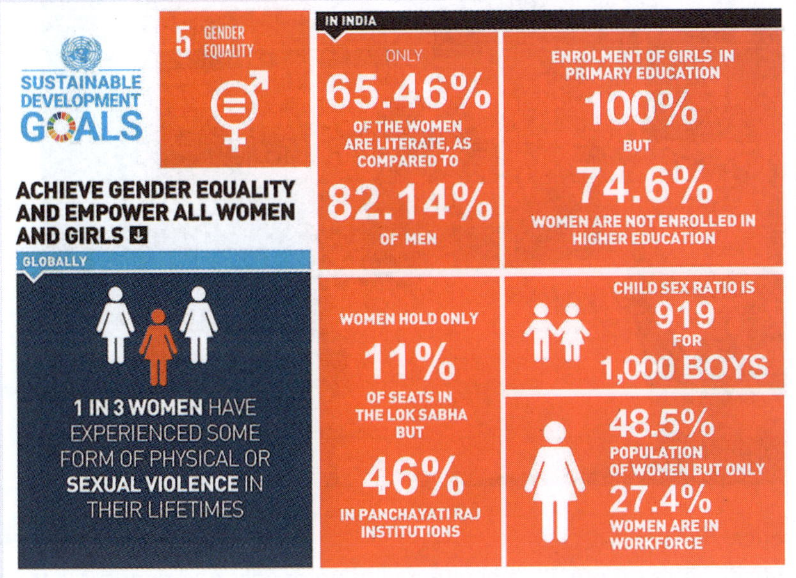

Source: United Nations in India.

Épreuve orale

Cette partie de l'épreuve se déroule dans un second temps face à un examinateur, sans temps de préparation.

Expression orale 5 pts 10 min

› Parmi les deux documents ci-dessous, choisissez celui qui selon vous représente le mieux l'axe **Diversité et inclusion**.

QUOTATION

"As women, we must stand up for ourselves. We must stand up for each other. We must stand up for justice for all."
Michelle Obama, Former First Lady, USA.

VISUAL DOCUMENT

May 31st 2014, Asianews.it.

› Entretien

À la suite de votre exposé, l'examinateur vous posera des questions sur le travail que vous avez effectué en cours sur le même axe.

Quelques questions possibles :

- What dangers may a society face when girls don't receive any education?
- Are women better integrated in western societies?

CORRIGÉ SUJET COMPLET 1

Épreuve écrite

Compréhension orale

Transcription disponible en ligne sur Nathan Live

Ce document traite de l'augmentation du nombre d'avortements en Inde à cause de l'utilisation des techniques d'échographie qui permettent de prédire le sexe du bébé. Le document donne l'exemple de Kamala, une Indienne, qui nous explique qu'elle a dû faire face à ce dilemme.

L'astuce du prof

Relevez les informations concernant le personnage principal :
- nom ;
- origine ;
- lieu d'habitation ;
- statut marital ;
- situation familiale.

Kamala habite à Amalner, une ville de l'État du Maharashtra, sur les bords de la rivière Bori en Inde. Elle relate qu'elle avait beaucoup de rêves en se mariant et qu'elle croyait que ce serait comme dans les films. Aujourd'hui, elle se sent trahie. En effet, elle dit avoir subi des pressions de son mari et de la famille de ce dernier, qui voulaient qu'elle avorte car elle attendait une deuxième fille. Par conséquent, elle a préféré quitter le domicile conjugal avec ses deux filles. Elle est actuellement en procès contre son mari. Mais celui-ci conteste les charges d'accusation.

S'entraîner

Si des informations vous échappent à l'écoute du document, consultez la transcription sur Nathan Live.

Même si ces pratiques sont illégales en Inde, certains y ont recours pour connaître le sexe du bébé. Ainsi, on observe un nombre faible de filles. À Delhi, le ratio est de 821 filles pour 1 000 garçons. Et ce n'est pas la nature qui est responsable de ce déséquilibre. Les filles sont considérées comme un poids par les parents, qui doivent notamment payer des dots élevées au moment du mariage.

Kamala fait aujourd'hui figure de modèle car, dans un pays où des millions de filles ne vont pas à l'école, elle conseille aux autres femmes de suivre son exemple, c'est-à-dire de donner une éducation scolaire à leurs filles.

Compréhension écrite

TEXTE 1

a. In the text, the journalist gives three reasons explaining why more than 230,000 Indian girls die every year. The first two reasons deal with health: girls receive less medical attention than boys and they have poorer nutrition. Many deaths are caused by neglect from the girls' families and health practitioners. Thirdly, girls receive less education than boys.

b. The excess mortality rates concern 29 out of 35 states of India. There are regional disparities. The average rate is 18.5 per 1,000 live births, which is the case in southern states. However, the rate in northern states is much higher. It is 30 per 1,000 live births. The gap can be explained by the fact that northern states are mostly rural with lack of education and socio-economic status and high fecundity.

c. In northern states, poverty is present, social development is low and patriarchal institutions persist. Gender discrimination is high since girls are perceived as a burden by their families. Increasing social and economic development would enable girls to have a better access to food and healthcare.

TEXTE 2

d. The main character is Nidhi Goyal. As a teenager, she wanted to be a portrait artist. But at the age of 15, she was diagnosed with a degenerative eye disorder so she had to change her plans. As a young woman suffering from blindness, she considered she could use her gender and her disability to convey a message. So she decided to become a comedian.

e. Nidhi Goyal observed that Indian people have misconceptions about disabled people. Those false ideas are due to ignorance or prejudice.

f. Nidhi Goyal is a committed woman and she advocates for disability and gender rights. Comedy may be a way to extend her work since she plays on stage the scenes she encounters in her life. It is a way to raise the audience's awareness on both subjects.

TEXTE 1 et TEXTE 2

g. It may be difficult for people from northern states to understand the message she conveys on stage. In fact, as a female comedian, she is not legitimate in states where patriarchal institutions persist. It is certainly too premature to use comedy to make mentalities evolve.

> **L'astuce du prof**
> Relisez rapidement les deux textes pour répondre à cette question.

Expression écrite

SUJET A

Nidhi Goyal, Activist and Committed Comedian

Yesterday, Nidhi Goyal performed on the school stage and fifty students and I got the opportunity to attend the show. Nidhi Goyal is an exceptional Indian woman with a lot of energy. She is a committed comedian who regularly performs in metropolitan cities in India.

> **L'astuce du prof**
> Donnez un titre à votre article !

When she was a child, she wanted to become a portrait artist. But unfortunately, at the age of fifteen, she was diagnosed with a degenerative eye disorder. How disappointed she was! But with courage and determination, she managed to build new plans. In fact, she understood that as a disabled young woman, it was more difficult for her because handicap is ill-regarded in India. That is the reason why she decided to convey her message as a comedian. It is easier to use humour to sensitise people. Her show is based on her everyday experiences and thanks to comedy, people's awareness toward gender rights and disability is raised.

To conclude, I suggest you should attend Nidhi Goyal's show. It is a moment full of joy, happiness and hope.

SUJET B

Honourable Chairs, Honourable Delegates,

As a member of an organisation defending women's rights in India, I would like to depict the worrying conditions young girls are facing in rural regions.

First there is a gender gap in 29 out of 35 states. The ratio is 919 girls for 1,000 boys. Young girls are less likely to be born because of the high rate of abortion. Even if it is illegal in India, screening techniques are used to predict the sex of the baby.

However, abortions are not the only reason explaining the gender gap. In fact, many young girls' deaths are caused by neglect from families and health practitioners. Girls have poorer nutrition and they receive less medical attention than boys. Besides, they receive less education than boys. Only 65% of women are literate compared to 82% of men. It is due to the fact that only 74% of Indian girls have access to higher education.

Secondly, women are regarded as a liability because patriarchal traditions still persist in India. Parents have to pay expensive dowries when they marry their daughters. And married women must move to live by their husband's families and take care of the ageing parents. Many women suffer from physical or sexual violence in their lifetimes. Indeed, one in three women have had such a sad experience.

To conclude, it is difficult for women to leave their husband, as only 27% of women are in the workforce and can thus be financially independent.

I thank you for your attention.

Épreuve orale

Compréhension orale

DOC 1

In the visual document, we can see young women demonstrating in India. In the foreground, a girl is holding a placard where it is written: "I live in a country where a girl is neither safe inside the womb nor outside it." Indeed, there is a gender gap in India and women are treated as second-class citizens. To what extent can tradition explain the gender gap Indian women are facing today?

L'astuce du prof

Décrivez l'image en situant les différents éléments dans l'espace.

The gender gap faced by the Indian society is due to the use of illegal ultrasound screening techniques to predict the sex of babies. When parents learn that they are expecting a baby girl, they choose abortion. Besides young girls suffer from poorer conditions than boys: they receive less medical attention by parents and health practitioners and suffer from starvation as they have poorer nutrition. They are given less education than boys and as a consequence, many girls are illiterate. Moreover, they suffer from physical and sexual violence, which may bring about trauma and death. As the banner explains it, girls may die before birth or once born. The protesters want to raise people's awareness about the dangers of being a woman.

Gagnez des points !

N'hésitez pas à expliciter le contexte du document.

Patriarchal institutions still persist in India, and traditions are even stronger in rural regions. Marriages are still arranged: young girls may get married even before the age of twelve. Their parents see them as a burden as they will have to pay expensive dowries for their marriages. Boys are much more popular; in fact, they will keep their parents' businesses, hold their parents' names and take care of them when they get old. On the contrary, when they get married, girls will leave their families to live by their husbands' families. Thus they are considered as useless mouths to feed. The situation is better in metropolitan cities because women can have access to education more easily and patriarchal institutions have less weight.

To conclude, I would say that this document best illustrates the notion "Diversity and inclusion". If they were included, young girls would not be in danger before birth or once born. I believe education and hard work will help women to be equally-represented in politics and thus will give them more power to change things.

DOC 2

Michelle Obama affirms that "as women, we must stand up for ourselves. We must stand up for each other. We must stand up for justice for all." She is talking about solidarity between women, who should strive to support each other in order to reach equality. This quotation also links gender equality to other struggles, that women ought to be involved in. Education is a means to succeed in gathering all women. If more women had access to higher education, they could claim for justice. They could work and be financially independent.

L'astuce du prof

Explicitez la citation et reliez-la aux problématiques de l'axe.

Michelle Obama was the First Lady during Barack Obama's presidency. As First Lady, she was involved into different actions to favour education, especially girls' education. For instance, she joined the campaign to rescue school girls who had been kidnapped in Nigeria. After this campaign, she launched the initiative "Let Girls Learn". As millions of girls around the world are not in school, the international community must react to build a healthier society, a stronger community and a brighter future. She advocates the fact that it is important to educate them because countries with more girls in secondary education tend to have lower maternal mortality rates and lower infant mortality rates.

We can notice that girls who never attend school are often amongst those who find themselves with limited life and career choices. They are most likely to resort to domestic work. When we read the Universal Declaration of Human Rights, we can see in Article One that "All human beings are born free and equal in dignity and rights." In reality, huge discrepancies still remain.

Vocabulaire

Discrepancies: écarts, disparités

Prohibited: interdit

Advocacy: plaidoyer

To champion: soutenir

Another advocate for girls' education is Malala Yousafzai. In 2012, she was shot in the head by the Taliban because she went to school. In fact, girls were prohibited by the Taliban from going to school in the Swat Valley, north-east Pakistan where she lived. Hopefully, Malala survived. She moved to the United Kingdom, where she now lives and today she studies at the University of Oxford. Her advocacy for girls' education has since grown into a global movement. In fact, she founded the Malala Fund with her father to champion every girl's right to a quality education. She is helping to change the world.

In conclusion, I would say that this quotation best illustrates the notion "Diversity and Inclusion". Girls' education is the key to a better society and a better future. Michelle Obama and other committed women such as Malala are trying to raise our awareness to make things change.

Entretien

What dangers may a society face when girls don't receive any education?

The lack of education is an alarming problem. Women who receive no education are likely to marry at an early age and have more children. All the more, these women will be less likely to survive because they may be ill-nourished and have less access to health care. On the contrary, educated women are more productive at home and better paid in the workplace. They may also be better involved in the life of the community.

Are women better integrated in western societies?

From my point of view, I believe that women are better integrated in western societies. When they are young, some girls are treated as second-class. They are exploited, abused and simply disregarded in many countries. It can be explained by the fact that education for girls is often the lowest budget priority in many countries. However, the situation in western countries is hardly a bed of roses. In fact, in the European Union, women earn on average 16% less per hour than men.

Vocabulaire

A bed of roses: une situation facile, agréable

SUJET COMPLET 2 Sujet inédit

20 pts — 1h40

Épreuve écrite

*L'ensemble de l'épreuve écrite porte sur **l'axe 2** du programme : **Espace privé et espace public**. Il s'organise en trois parties :*

- ***Compréhension orale***
- ***Compréhension écrite***
- ***Expression écrite***

Compréhension orale

5 pts — 30 min

British Army allows women to apply for all roles

› En rendant compte, **en français**, du document, vous montrerez que vous avez compris :

- le thème principal du document ;
- à qui s'adresse le document ;
- le déroulement des faits, la situation, les événements, les informations ;
- l'identité des personnes ou des personnages et, éventuellement, les liens entre elles/entre eux ;
- les éventuels différents points de vue ;
- les éventuels éléments implicites du document ;
- la fonction et la portée du document (relater, informer, convaincre, critiquer, dénoncer, etc.).

› Note

Les noms propres cités dans le document audio sont les suivants :

Kat Dixon • Gavin Williamson • Sharon Nesmith • Adele Robinson

Compréhension écrite

5 pts — 30 min

TEXTE A royal visit

"One has never seen you here before, Mr…"

"Hutchings, Your Majesty. Every Wednesday, ma'am."

"Really? I never knew that. Have you come far?"

"Only from Westminster, ma'am."

"And you are…?"

"Norman, ma'am. Seakins."

"And where do you work?"

"In the kitchen, ma'am."

"Oh, do you have much time for reading?"

"Not really, ma'am."

"I'm the same. Though now that one is here I suppose one ought to borrow a book."

Mr Hutchings smiled helpfully.

"Is there anything you would recommend?"

"What does Your Majesty like?"

The Queen hesitated, because to tell the truth she wasn't sure. She'd never taken much interest in reading. She read, of course, as one did, but liking books was something she left to other people. It was a hobby and it was in the nature of her job that she didn't have hobbies. Jogging, growing roses, chess or rock-climbing, cake decoration, model aeroplanes. No. Hobbies involved preferences and preferences had to be avoided; preferences excluded people. One had no preferences. Her job was to take an interest, not to be interested herself. And besides, reading wasn't doing. She was a doer. So she gazed round the book-lined van and played for time*.

"Is one allowed to borrow a book? One doesn't have a ticket?"

"No problem", said Mr Hutchings.

"One is a pensioner", said the Queen, not that she was sure that made any difference.

"Ma'am can borrow up to six books."

"Six? Heavens!"

Meanwhile the ginger-haired young man had made his choice and given his book to the librarian to stamp. Still playing for time, the Queen picked it up.

"What have you chosen, Mr Seakins?" expecting it to be, well, she wasn't sure what she expected, but it wasn't what it was. "Oh. Cecil Beaton. Did you know him?"

"No, ma'am."

"No, of course not. You'd be too young. He always used to be round here, snapping away." […]

She had still not solved her problem, knowing that if she left without a book it would seem to Mr Hutchings that the library was somehow lacking. Then, on a shelf of rather worn-looking volumes she saw a name she remembered. "Ivy Compton-Burnett! I can read that." She took the book and gave it to Mr Hutchings to stamp."

Alan Bennett, *The Uncommon Reader*, 2007 (abridged and adapted).

* **to play for time:** *to delay until you are ready*

Answer the following questions in English using your own words:

a. After reading the passage, can you explain the difference between the Queen as a private character and the Queen as a public character?

b. She had still not solved her problem" (l. 40): explain what her problem is and what it reveals about her personality.

c. Describe each character's feelings regarding the situation.

Expression écrite 5 pts 30 min

Vous traiterez **en anglais** et en 120 mots au moins **l'un des deux sujets suivants au choix**:

SUJET A

Hutchings comes back home. He tells his wife about what happened on that day and how he felt. Imagine their conversation.

SUJET B

You are a great fan of Queen Elizabeth II and you decide to create a blog page. Write your first article to discuss her as a private and public character

Épreuve orale

Cette partie de l'épreuve se déroule dans un second temps face à un examinateur, sans temps de préparation.

Expression orale 5 pts 10 min

Parmi les deux documents ci-dessous, choisissez celui qui selon vous représente le mieux l'axe **Espace privé et espace public**.

VISUAL DOCUMENT

Typical gated community entrance in the United States.

VISUAL DOCUMENT

Tourists filling up the sightseeing spots of the Rainbow Mountains in China.

› Entretien

À la suite de votre exposé, l'examinateur vous posera des questions sur le travail que vous avez effectué en cours sur le même axe.

Quelques questions possibles :

- To what extent has the role of women evolved in the family?
- How is accommodation changing in our society?
- Can people be allowed to publicly express their religious beliefs?

CORRIGÉ SUJET COMPLET 2

Épreuve écrite

Compréhension orale

Transcription disponible en ligne sur Nathan Live

L'astuce du prof

Soyez attentif aux bruits extérieurs (ici des tirs militaires).

Le reportage présenté par Adele Robinson et intitulé « *British Army allows women to apply for all roles* » commence par une prouesse militaire. Il s'agit de célébrer l'égalité entre les hommes et les femmes dans l'armée. Suite à l'annonce faite par les forces armées britanniques, les femmes pourront postuler pour tous les postes de l'armée, y compris dans les forces spéciales.

Une première intervenante, Kat Dixon, soldate de première classe, nous indique que lorsqu'elle a suivi son entraînement pour devenir artilleuse, le bon maniement de son véhicule de combat était un moyen de se faire accepter. Elle est à présent une des premières femmes qualifiées pour le combat au sol. Elle affirme qu'il faut être forte mentalement et avoir confiance en soi lorsqu'on est la seule femme dans un groupe uniquement composé d'hommes. Mais, pour elle, hommes et femmes doivent avoir ces deux qualités pour faire ce travail.

Le secrétaire à la Défense Gavin Williamson insiste sur le fait que ce sont les compétences qui doivent motiver l'entrée dans l'armée mais il admet que le nombre de femmes ayant des postes à responsabilités doit être augmenté. Selon lui, l'armée doit changer et s'adapter pour qu'hommes et femmes puissent réussir.

Jusqu'en 2016, les femmes ne pouvaient postuler que dans les troupes aéroportées ou dans les troupes défensives au sol. En permettant d'accéder aux troupes de combat au sol, c'est la dernière barrière qui tombe. Cependant, alors que la sélection pour les postes dans le commando d'intervention britannique (SAS) et les Royal Marines reste identique pour les femmes et les hommes, certains pensent que les femmes n'y ont pas leur place. Pour l'intervenant, les soldats ont pour mission de rester vivants. Mais selon lui, dans certaines situations, un groupe mixte ne permettrait pas d'assurer que les soldats en sortent vivants.

Enfin, la brigadière, Sharon Nesmith, pense que c'est un changement important dans la perception du rôle des femmes dans l'armée. Elle explique qu'elle se considère comme ses collègues masculins car elle a accompli la même chose qu'eux, tout en étant maman de deux enfants.

Compréhension écrite

a. In the passage, we can see that Queen Elizabeth II has two distinct roles. On the one hand, she is a private character who enters the library and discusses books with Norman Seakins. But she feels different from him as she must admit that she doesn't know how to borrow books. On the other hand, she is a public character. She is the Queen of England, the monarch. As a public character, she embodies her nation. That is the reason why she uses "One" when she asks a question as a public character. She can't be her true self. So she feels she can't have preferences and hobbies.

L'astuce du prof

Utilisez une couleur de surligneur pour chacun des 3 personnages.

b. When the Queen says that she has not solved her problem, she means that she hasn't chosen a book yet. First of all, she isn't used to going to the library and even if she knows who Mr Hutchings is, she doesn't know what she is expected to do to borrow a book. We can imagine that some of her assistants are in charge of bringing her books and papers. Secondly, she is a public character. Contrary to Norman Seakins who can choose the book he likes, she is not supposed to have preferences and hobbies. Thus it is very difficult for her to choose a book. That is the reason why, she makes the decision to pick up a book only because the author's name rings a bell to her.

c. There are three characters present in the passage and their feelings are different. Mr Hutchings is the librarian. He knows the etiquette. That means that he knows what he is allowed to say and how he is sup-

À savoir

Etiquette: règles et coutumes qui définissent les comportements acceptables en société – ici en présence de la famille royale.

posed to behave when the Queen is present. He is very careful about what he answers to the public character that she represents. Norman Seakins works in the kitchen. He is less educated and doesn't know anything about the etiquette. Therefore, he is spontaneous when he addresses the Queen. Lastly, the Queen seems to be very embarrassed in this passage. She doesn't want to hurt anybody's feelings but must keep embodying her public role. She feels ill-at-ease and feels obliged to choose a book on the shelf.

Expression écrite

SUJET A

Once back home, Hutchings was still bemused. He had known that eventuality could arise, but had not really believed it. He rushed towards the kitchen to tell his wife the whole story.

"Hello sweetheart, you're home at last!", she exclaimed.

"You won't believe your ears. The Queen visited my library today!", he boasted.

"You mean, our Queen?", she corrected.

His wife knew that the library was in the palace but the monarch had never set foot there before.

"Oh, please, tell me everything about her. What was she like?", she kindly asked.

"I was so impressed. As soon as I recognised her, I blushed but I managed to answer her questions with composure and respect. She was as well-dressed as usual, and her bearing was sophisticated. Did you know that she wants to be called ma'am?"

"No, I didn't. Aren't you supposed to use 'Your Majesty' to speak to her?", she asked, smiling.

"Elsewhere, yes, but at the Palace, she prefers ma'am. The Queen is very mindful of correct etiquette when she speaks to her personnel."

"Does she often borrow books from the library?"

"No, I don't think so. It was the first time I had seen her there. Besides, she didn't know she could borrow up to six books", he answered.

"I have heard that she reads the press every day. Every morning she is given the newspaper when she wakes up. I can understand that she is so busy that she can't read books. Political matters as well as the well-being of her subjects are her priority. When she relaxes, she takes her dogs out or she grows her roses", she reported.

"I know you're a true royalist. And I must admit you're right. She leads the country with strength and courage. That's why I was so proud to see her in the library. Do you know that she talked to Seakins?"

L'astuce du prof

Rédigez une courte introduction pour situer votre dialogue.

Vocabulaire

Bemused: stupéfait

To boast: se vanter

To set foot: mettre les pieds

Composure: contenance

Bearing: port, conduite

"Are you kidding? The ginger-haired boy?", she asked, gasping at her husband.

"Yes, the boy who works in the kitchens. He introduced himself and they talked about his reading."

"What an approachable monarch! I wish I had been there to meet her", she declared.

"I suppose you would have bowed to Her Majesty."

"Oh yes. Maybe I will someday..."

SUJET B

Queen Elizabeth Fan Blog

Post: Why I'm a great Fan of Queen Elizabeth II

> **Gagnez des points !**
> Choisissez un titre pour votre blog et commencez votre premier article en vous adressant à votre communauté.

Hi guys,

I'm so pleased to start writing my first post on my blog page dedicated to Queen Elizabeth II. If like me, you're a great fan of Her Majesty, I'm sure you'll like my blog and you'll comment upon it.

From the moment of her accession in February 1952, Queen Elizabeth II has been subjected to relentless visual scrutiny and her private character as well as her public character have made her one of the most depicted women in the world.

When I read books about Queen Elizabeth II in the 1950s and 1960s, I am keen on admiring the portraits and photographs that show her elegance and glamour. The dresses and jewels she wore were so beautiful. I can't stop looking at them. Can you? Personally I find that the character that we could see in the 1970s was much more formal. She was still relaxed and also very elegant. But I like the 1950s and 1960s most!

When Lady Diana started to publicly appear in the 1980s, the press was more intrusive and scrutinised Diana's outfits and accessories. I must admit that she was gorgeous. However, as a fan of Queen Elizabeth, I couldn't stop flipping through papers and tabloids to get informed of the latest news. When Princess Diana tragically died in 1997, the Queen seemed weakened and so did the monarchy. She appeared to be unpopular because she had hidden her feelings at the funeral for instance. I'm truly convinced it's not true. The trouble is as a monarch, she is a public character and she can't show her feelings, which are part of the private space. Fortunately, she managed to strengthen her reign by showing an enduring presence. What a monarch!

Since the beginning of the twenty-first century, she has changed a lot. Of course, she is getting old. But that's not what I mean. Her image in the British society is different. She still embodies the nation. But she seems to be her subjects' granny. I really like this face of the Queen.

To put it a nutshell, I hope you liked my first post. I wanted to show you how different my blog page will be. I am looking forward to sharing my passion and my vision of Her Majesty with you. Feel free to react.

Épreuve orale

Expression orale

DOC 1

The visual document is a photo representing the entrance of a gated community. It is a residential community with strictly controlled entrances. In the photo, we can see that the housing estate is surrounded by a fence. We can imagine that there is a guard box to control and only allow residents to enter.

L'astuce du prof
Définissez d'emblée la notion de « *gated community* ».

As it is closed, it seems to be an inaccessible fortress. The houses look modern and comfortable. Thus the residents of this gated community may be rich. Buying a house in a gated community is more expensive because it includes side costs, such as maintaining the private streets or patrolling. The richer the gated community is, the more luxurious the facilities are. These may include tennis courts, swimming pools, golf courses or a marina.

We can notice that gated communities are more and more numerous in the world, especially in the United States. Some areas like parts of Florida promote them. But others discourage it in order to favour an ethnical, cultural and social melting pot. There are also gated communities in South Africa. They have been developed to protect residents from high levels of violent crime. However, gated communities have a negative impact. In fact, they can lead to a suspicious mindset and the assumption that all non-residents are potential criminals.

The defenders of gated communities advocate that they reduce crime danger as every stranger is easily recognisable. For them, gated communities are safe places. But it seems that it is a false sense of security because in the United States, some gated communities of suburban areas have the same crime rate than in their neighbourhoods.

To conclude, we can say that this photo illustrates the notion "Private Sphere and Public Sphere" because gated communities create the impression of a safe protection of your private sphere. In reality, it destroys the relationships between residents and non-residents. Thus it endangers the cohesion of the whole community.

DOC 2

The photo shows a group of tourists climbing a mountain. It deals with the Rainbow Mountains in China. It is overcrowded and tourists are queuing to enjoy the view of the landscape.

Gagnez des points !
Utilisez des mots de liaison pour organiser votre argumentation.

The photographer aims at denouncing mass tourism in well-known sightseeing places around the globe. The place is considered to be one of the most beautiful sightseeing sites in the world. That is the reason why so many tourists are willing to climb them.

However, mass tourism has many negative impacts on the sites. First of all, it may destroy the natural habitat of the local fauna and flora. As you can see in the picture, they are stuck to each other because the site is overcrowded. Consequently they can't pay attention to the insects, plants, flowers or wild animals living on the mountain.

Secondly, attracting more tourists means building new hotels and other infrastructures to transport and accommodate them, which has an impact on the environment. Biodiversity is also endangered. The tourists who are present on the site overuse resources such as water resources, which may bring about a lack for local population for instance.

Lastly, the afflux of tourists is a high source of pollution and lakes, rivers or forests may be polluted by rubbish and sewage.

As a conclusion, we can say that the photo illustrates the notion "Private Sphere and Public Sphere" because tourism is a means to discover public spaces for our own pleasure. But mass tourism destroys or endangers public spaces for a private pleasure. To me tourists should prefer sustainable tourism or green tourism because they could protect the natural habitats of locals, the flora and fauna and enjoy other types of authentic public spaces..

Entretien

To what extent has the role of women evolved in the family?

The role of women has changed significantly and for better. As they are more and more present in every professional field, women have the opportunity to be financially independent and autonomous. However, we can wonder if this emancipation in the public sphere translates in the private space. More often than not, women are still expected to take care of household chores and the education of their children. Decades after their access to the job market, the distribution of domestic tasks remains unequal.

How is accommodation changing our society?

A person's home is an important facet of their identity and sense of belonging to their private space. Some people sometimes choose to live near people who share a similar cultural identity. Consequently, your home can be in an urban, suburban or rural area. Many workers prefer living in suburban areas in cities called commuter towns. Their conditions of living there are better but they have to commute to and from work in the nearby city every day.

Can people be allowed to publicly express their religious beliefs?

We may wonder whether religious beliefs should remain private. In fact, some people argue that tolerance may spread only if people keep their religious beliefs to themselves in their own private spaces. However, for many others, religious belief is a part of their identity. It seems that you cannot ask a human being to leave a part of their identity at home: it would mean the erasure of diversity, in opposition to inclusion. The problem is not in displaying our religious beliefs in public spaces, the problem is how modern society can make sure that every citizen can live together in peace, without discriminating against their race, gender, sexual orientation, religious beliefs, etc.

SUJET COMPLET 3 Sujet inédit

20 pts 1h40

Épreuve écrite

*L'ensemble de l'épreuve écrite porte sur **l'axe 6** du programme: **Innovations scientifiques et responsabilité**. Il s'organise en trois parties:*

- ***Compréhension orale***
- ***Compréhension écrite***
- ***Expression écrite***

Compréhension orale

5 pts 30 min

SpaceX makes history with first manned flight

> En rendant compte, **en français**, du document, vous montrerez que vous avez compris :

- le thème principal du document;
- à qui s'adresse le document;
- le déroulement des faits, la situation, les événements, les informations;
- l'identité des personnes ou des personnages et, éventuellement, les liens entre elles/entre eux;
- les éventuels différents points de vue;
- les éventuels éléments implicites du document;
- la fonction et la portée du document (relater, informer, convaincre, critiquer, dénoncer, etc.).

> Note

Les noms propres cités dans le document audio sont les suivants :

Ron Trevino • Bob Behnken • Doug Hurley • David Gonzalez

Compréhension écrite

5 pts 30 min

TEXTE WWF-Indonesia using machine learning to save critically endangered orangutans

World Wildlife Fund for Nature Indonesia has turned to AWS to speed up orangutan conservation efforts.

"World Wildlife Fund for Nature Indonesia (WWF-Indonesia) is on a mission to save critically endangered orangutans in Indonesia. According to WWF, Bornean orangutan populations have declined by more than 50% over the past 60 years and the species' habitat has been reduced by at least

55% over the past 20 years. Severe declines in the orangutan population native to Indonesia and Malaysia can be traced directly back to humans and their cruel poaching[1] and illegal pet trade practices, as well as causing the destruction of habitats.

As orangutans are largely solitary and spend much of their lives in trees, conservation efforts to accurately measure remaining populations are complicated and time-consuming, WWF-Indonesia explained. In an attempt to accelerate efforts to save the orangutans, WWF-Indonesia has turned to Amazon Web Services (AWS) to use machine learning services to better understand the size and health of orangutan populations in their native habitat. The non-profit said this allows them to survey more territories with fewer resources, reduce operating expenses, and channel more of the conservation funding to protect the biodiversity of Indonesia.

"With careful use of technology, this innovation will help the biologists and conservationists to effectively and cost-efficiently monitor[2] the wildlife behaviour through time and thus we can allocate our resources to scale up the monitoring efforts and invest more in conservation actions", WWF-Indonesia finance and technology director Aria Nagasastra said.

"The collaboration between WWF-Indonesia and AWS on innovative new technology solutions can lead the opportunity to elevate the biodiversity conservation practices in Indonesia to the next level."

For around 15 years, WWF-Indonesia has assessed[3] the health of orangutan populations and conserved their 568,700-hectare habitat in Sebangau National Park in Central Kalimantan, Indonesia.

The organisation said previously, the assessment had required experts and local community volunteers going into the field daily to find orangutans, photograph them, download images to local computers at the basecamp, and transport the data back to the city for analysis by a WWF expert. This process, however, would take the teams three days to analyse each batch of thousands of photos. WWF-Indonesia said it has now reduced its analysis time down to less than 10 minutes.

Asha Barbaschow, *ZDNet*, June 5, 2020 (abridged and adapted).

---

1. **poaching:** *illegal killing of animals*
2. **to monitor:** *to watch closely*
3. **to assess:** *to analyse, to establish*

› Answer the following questions in English using your own words:

a. After reading the text, can you explain how this innovative technology helps the biologists and conservationists save the remaining orangutan populations?

b. Depict the situation of the orangutan populations and its evolution in the past sixty years.

c. Give the principle of machine learning in this situation.

Expression écrite 5 pts 30 min

› Vous traiterez **en anglais** et en 120 mots au moins **l'un des deux sujets suivants au choix :**

SUJET A

You are a conservationist working for WWF-Indonesia and you have been invited to a press conference to explain the new technology you are using to save Indonesian orangutans. Write the speech.

SUJET B

Do you agree with the following statement: "Artificial intelligence enhances every aspect of people's lives"?

Épreuve orale

Cette partie de l'épreuve se déroule dans un second temps face à un examinateur, sans temps de préparation.

Expression orale 5 pts 10 min

› Parmi les deux documents ci-dessous, choisissez celui qui selon vous représente le mieux l'axe **Innovations scientifiques et responsabilité**.

VISUAL DOCUMENT

A nuclear power plant.

QUOTATION

"I am one of those who believe that mankind will derive more good than harm from the new discoveries."

Pierre Curie, scientist.

› Entretien

À la suite de votre exposé, l'examinateur vous posera des questions sur le travail que vous avez effectué en cours sur le même axe.

Quelques questions possibles :

- Does progress have a dark side?
- Is climate change an issue that worries you?
- Have the machines invented by scientists made our lives easier and more comfortable?

CORRIGÉ SUJET COMPLET 3

Épreuve écrite

Compréhension orale

› **Transcription disponible en ligne sur Nathan Live**

Le reportage présenté par le journaliste Ron Trevino parle du premier lancement de la navette SpaceX avec à son bord deux astronautes, Bob Behnken et Doug Hurley. Au moment où le journaliste prend la parole, ils sont en route vers la Station spatiale internationale. C'est la première fois qu'une entreprise privée envoie des astronautes en orbite. Le journaliste donne la parole à David Gonzalez, le correspondant qui se trouve au centre spatial de Houston.

L'astuce du prof

Relevez les mots accentués car ce sont les mots-clés.

Pour en savoir plus

Le mot « *manned* » dans le titre est le participe passé du verbe « *to man* », qui veut dire actionner, manœuvrer. Il indique la présence humaine au sein de la fusée.

Ce dernier insiste sur le caractère historique de l'événement. L'émotion est très forte. C'est la deuxième tentative de lancement de la navette Falcon Nine dont l'objectif est d'envoyer les deux astronautes à la Station spatiale internationale. Les personnes présentes au centre spatial sont très enthousiastes car il s'agit d'un premier pas vers les vols commerciaux dans l'espace. L'événement est un succès puisque douze minutes après le lancement, la navette est entrée en orbite. De plus, le dernier envoi d'astronautes dans l'espace par la NASA date de 2011.

SpaceX a décollé sans incident, atteignant une vitesse de plus de 17 000 miles par heure. Les porte-paroles du centre de Houston considèrent que cette navette est le point de départ d'une nouvelle ère dans laquelle les compagnies privées financeront la conquête spatiale. Par ailleurs, SpaceX dispose de cinq sièges et ce cinquième siège pourrait être proposé à une personne souhaitant voyager dans l'espace. Grâce aux entreprises privées, il devient possible d'ouvrir la conquête de l'espace à tous.

SpaceX atteindra la Station spatiale internationale demain à 9h30. Au centre spatial de Houston, on peut voir la technologie qui a permis d'envoyer ces astronautes dans l'espace. Le centre sera réouvert au public à partir du 1er juillet. Les réservations en ligne sont ouvertes.

Pour conclure, le journaliste Ron Trevino dit que c'est un grand jour pour l'espace et un grand jour pour Houston.

Compréhension écrite

a. Thanks to artificial intelligence, biologists and conservationists can help save the remaining orangutan populations. In fact, the intelligent machine designed by AWS or Amazon Web Services will follow the populations and record their positions and activities. This machine is efficient and its cost is low. As a consequence, the biologists and conservationists will be able to use the money saved thanks to AI to increase the number of conservation actions.

L'astuce du prof

Les informations sont réparties dans l'ensemble du texte, et non uniquement dans le premier paragraphe !

b. Orangutans are endangered species. In Borneo the populations have decreased by more than 50% in sixty years. Moreover they have lost more than 55% of their natural habitat in twenty years. In Indonesia and Malaysia, orangutans are becoming extinct because of men's activities such as poaching and pet trade. World Wild Fund in Indonesia has been preserving the populations as well as their natural habitats for fifteen years.

Conseil

Mobilisez toutes les données chiffrées repérées lors de vos lectures, pour les intégrer à votre compte rendu de la situation.

c. When they didn't have this new technology at their disposal, biologists and conservationists had to hire experts and local community volunteers to gather data on the remaining populations. Thus they had to go into the forest every day to find orangutans, take photos of them, download them on their computers and send them to WWF experts. That is the reason why it took a lot of time. On average, it took three days for experts to analyse the files. Thanks to AWS, it now takes them less than ten minutes to analyse them.

Expression écrite

SUJET A

Ladies and gentlemen,

I am honoured to present the situation of orangutans in Indonesia. As you know, WWF-Indonesia has always felt passionate about saving the remaining orangutan populations and preserving their natural habitats, especially in Sebangau National Park, in central Kalimantan. Orangutans are an endangered species and their population has decreased by 50% in sixty years. WWF is fighting to save them. And the first thing to do to protect them is to widen our knowledge of their way of life in the forest.

L'astuce du prof
Mettez en avant les avantages de cette nouvelle technologie.

In the past, we had to collect information about orangutans thanks to the help of experts and local community volunteers who went as close to the animals as possible. And this was extremely time-consuming. We are delighted to announce tonight that the situation has dramatically changed thanks to artificial intelligence.

In fact, thanks to a partnership, we have implemented a new technology designed by Amazon World Services. This machine learning service is a real breakthrough because it is able to collect all the information about the position and activities of orangutan populations. It is incredibly fast and 100% efficient. We have a direct access to the information collected and it takes us less than ten minutes to analyse the data whereas we needed three days in the past. Besides, the system is money-saving. Consequently, we can redirect our funding towards developing our conservation actions in the area.

The more money we will save, the more orangutans we will protect. So we are very proud of our collaboration with Amazon World Services and we will expand the system to other conservation areas in Indonesia. In a near future, we hope to implement it in other countries where orangutans are becoming extinct, such as Borneo and Malaysia.

I thank you very much for your attention.

SUJET B

Some people think that artificial intelligence enhances every aspect of people's lives. I agree with the statement up to a certain point. On the one hand, robots and artificial intelligence enhance every aspect of our lives. It is true that robots can improve productivity in factories and elsewhere. In a car factory, for example, a robot on an assembly line can work round the clock without being tired or injured. Moreover, in our everyday life, a robot can improve our quality of life. Robots such as vacuum cleaners or washing machines allow us to save time by making the house chores easier. Human-robot interaction and collaboration are developing and human-like robots are gradually appearing in retirement houses or hospitals to help the elderly.

Gagnez des points !
Faites un plan en deux parties pour mettre en avant les avantages et les risques de l'intelligence artificielle.

On the other hand, artificial intelligence should be supervised because the increasing presence of robots may have a negative impact. We must acknowledge that robots can reduce the number of jobs for human-beings. It is a legitimate concern, even if there are still many jobs robots can't do. Robots like Siri or Alexa know more than we think and we can't trust them with our privacy. In fact, robots are becoming more and more ubiquitous and are progressively able to watch and record us. Besides, the situation keeps evolving as robots are made to resemble humans and display emotions. In the United States, for instance, it is estimated that 50 million jobs are likely to be replaced by robots in the near future.

As a conclusion, I would like to add that on their own, robots do not have the capability to carry out malicious acts. Yet, fearing robots seems to me legitimate because robots are programmed and used by human beings. People with unscrupulous intentions could manipulate and misuse robots to turn practical devices like drones into weapons. This statement is partially right because human beings are responsible for the development and control of artificial intelligence.

Épreuve orale

Compréhension orale

DOC 1

The photo shows a nuclear power plant. We can see reactors rejecting fumes from the smokestacks. We may wonder whether the nuclear power plant represents a risk for the environment.

The plant does not produce any air pollution and the clouds that we can see are only water vapours. However, as a nuclear plant uses highly hazardous products such as uranium, it may spread contamination of air and water, if an accident happens in the reactor.

L'astuce du prof

Donnez des exemples d'accidents nucléaires pour illustrer votre propos. La série *Chernobyl* est très éclairante sur les dangers du nucléaire, et tout à fait en lien avec les problématiques soulevées par l'axe.

In our country, the electricity we use every day is mainly produced by nuclear power plants. Contrary to fossil fuel power plants which produce carbon dioxide emissions, nuclear power plants don't. But nuclear energy is not green at all! In fact, this technology produces nuclear waste. And this is a major environmental problem. The trouble is radioactive waste remains radioactive and dangerous for human health for thousands of years. For instance, the 2011 Japanese tsunami which damaged the Fukushima nuclear power plant released radioactive materials which resulted in people being evacuated in a radius of more than twenty kilometres. Nine years after, the area is still hazardous!

Moreover, as nuclear waste cannot be recycled, there is a risk for human health. Numerous studies have been done to assess the link between nuclear waste and cancer. More than thirty years after the accident at the Chernobyl nuclear power plant in Ukraine, thyroid cancers are still appearing among people who lived in the area at that time. Those people were children or young teenagers when they were irradiated.

As a consequence, the nuclear power plant can be considered as a technological breakthrough because it produces electricity without polluting the air. But when an accident occurs, as it was the case in Fukushima or Chernobyl, it is a disaster for the population as well as for the environment. And at present, nuclear wastes are dug into fields because we are not capable of recycling them. They thus endanger natural resources and human health.

To conclude, we should focus on other renewable energies to produce electricity such as wind energy or geothermal energy. To me, the photo illustrates the notion "Scientific Innovations and Responsibility" because we are responsible for the environmental and social consequences a scientific innovation may have.

DOC 2

I partially share Pierre Curie's opinion because I think that some technological breakthroughs can do more good than evil. In the medical field, for instance, the discoveries scientists have made, enable doctors and surgeons to save lives. We can take the example of triple-drug therapy. Thanks to this discovery, HIV-positive patients can live longer. As a consequence, we can say that medical research helps people live longer and in better physical conditions. Besides, as the new Coronavirus disease keeps spreading around the world, people are anxious to know when we might discover a vaccine to stop it.

S'entraîner

Développez votre curiosité en recherchant des inventions et découvertes scientifiques.

However, we must admit that some discoveries may have lethal effects. When physicists discovered nuclear fission in the 1940s, their discovery opened up the possibilities of nuclear technology, including weapons such as the atomic bomb which was used against Japan at the end of World War II, in Hiroshima and Nagasaki.

So it proves that it depends on how people use scientific discoveries. The inventor of plastic only imagined that it would benefit people by changing their habits. He was not aware of the harmful effects plastic could have. Unfortunately, plastic is causing an environmental disaster because more than thirteen million tons of plastic enter oceans and seas every year.

As a conclusion, scientific discoveries can change our lives for the better, but they also present risks, either through deliberate misuse or accident. The quotation illustrates the notion "Scientific Innovations and Responsibility" because mankind must control the use of scientific discoveries and measure the potential consequences they may have.

Entretien

Does progress have a dark side?

From my point of view, progress may have a dark side. In many situations, progress enables people to live a better life because robots improve productivity and our quality of life by doing arduous and tiring tasks. Thanks to artificial intelligence, human beings avoid running themselves ragged. However, progress should be supervised because people with evil intentions could use artificial intelligence for their own profit.

Is climate change an issue that worries you?

Yes, it is. I really feel concerned about the environment and climate change in particular. Global warming is caused by pollution. Industries, cars and other means of transport pollute the air and deplete our natural resources. Consequently, some species are becoming extinct and people suffer from cancers such as lung cancer or other diseases like asthma. To me, people should react by choosing renewable energies such as wind energy, and by embracing a more sustainable lifestyle.

Have the machines invented by scientists made our lives easier and more comfortable?

In my opinion, I think that the machines invented by scientists have made our lives much easier and more comfortable. Let's take the example of the washing machine. In the past, people had to wash their laundry by hand. It was tiring and time-consuming. At present, you can relax while the washing machine does it for you. I am truly convinced that in the future, human-like robots will be more and more present in our homes to help us with some tasks like cooking meals and looking after children.

Annexes

FICHES DE RÉVISIONS

FICHE DE RÉVISION 1

Identifier les différents types de documents

▶ **Plusieurs types de documents pourront être proposés pour les épreuves de compréhension orale et écrite.**

Document iconographique

a photograph / a photo / a shot of	une photographie
a drawing	un dessin
a cartoon	un dessin humoristique
a comic strip	une bande dessinée
a painting	une peinture
a caricature	une caricature
an advertisement / an advert / an ad	une publicité
a poster / a placard	un poster / un panneau publicitaire
a chart / a diagram	un graphique

Document écrit

Textes littéraires ***Literary texts***	***a novel:*** un roman ***a poem:*** un poème ***a play:*** une pièce de théâtre
Textes (auto)biographiques ***(Auto)biographies***	***a letter:*** une lettre ***a logbook:*** un journal de bord ***a diary:*** un journal intime ***memoirs:*** des mémoires
Journaux ***Newspapers***	***a press article***: un article de presse ***a scientific article:*** un article scientifique ***an inquiry:*** une enquête ***a survey:*** un sondage
Argumentations ***Argumentations***	***a speech:*** un discours ***a debate:*** un débat
Ressources en ligne ***Online resources***	***a blog:*** un blog ***an online article:*** un article en ligne

Document audio

a speech	un discours
a radio newsflash	un flash information à la radio
a debate	un débat
a survey	un sondage
an interview	une interview
a TV show	une émission télévisée
a report	un reportage

Les locuteurs

a journalist	un journaliste
a reporter	un reporter
a columnist	un chroniqueur
a (foreign) correspondent	un correspondant (à l'étranger)
an editor	un rédacteur en chef
a radio announcer	un présentateur radio
a presenter	un présentateur
a broadcaster	une personnalité (radio ou TV)
a newsreader	un présentateur du journal télévisé

Les principaux faux-amis

Contrairement aux mots dits « transparents », dont la structure est quasiment identique en anglais et en français, les faux-amis ont une forme similaire mais un sens différent.

De l'anglais vers le français

Les noms	
Affluence: richesse ***Argument:*** dispute ***Audience:*** public, auditoire ***Bachelor:*** célibataire ***Character:*** personnage ***College:*** université ***Comedian:*** comique ***Deception:*** tromperie ***Demonstration:*** manifestation ***Drug:*** médicament ***Exhibition:*** exposition	***Journey:*** voyage ***Lecture:*** conférence ***Library:*** bibliothèque ***Occupation:*** métier ***Physician:*** médecin ***Preservative:*** conservateur ***Relative:*** membre de la famille ***Résumé:*** C.V. ***Sport:*** chic type ***Surname:*** nom de famille
Les adjectifs	
Abusive: grossier ***Gentle:*** doux ***Inconsistent:*** incohérent ***Lunatic:*** fou ***Maroon:*** bordeaux	***Terrific:*** formidable ***Sensible:*** raisonnable ***Sympathetic:*** compatissant
Les adverbes	
Actually: en réalité ***Eventually:*** finalement	***Evidently:*** apparemment ***Fatally:*** mortellement
Les verbes	
To abuse: insulter ***To accommodate:*** loger ***To achieve:*** réaliser ***To attend:*** assister à ***To be apt to do something:*** avoir tendance à faire quelque chose ***To charge somebody:*** accuser quelqu'un en justice ***To deceive:*** tromper ***To deliver:*** livrer ***To demand:*** exiger	***To graduate:*** obtenir sa licence ou son bac (USA) ***To pass an exam:*** réussir un examen ***To pretend:*** faire semblant ***To prosecute:*** poursuivre ***To purchase:*** acheter ***To support:*** soutenir ***To sympathise:*** compatir

Exemple

John had always wished he would pass his **college** exam. When he **graduated** he let his friends and **relatives** know about his success. "First of all I want to thank you all for your **terrific support** during my exam period. I have **eventually achieved** my goal. From now on my **résumé** will read: Diploma: **College graduate**; **Occupation**: **Physician**; Marital status: **Bachelor**... not for long though, but I can't let the cat out of the bag yet... Anyway, I do **sympathise** with those who have failed in spite of their hard work. Indeed our professors are so **demanding**! I hope you will all be able to **attend** my **graduation** party. Most of my **lecturers** will! I can **accommodate** those of you who have a long **journey** home. The most **sensible** thing to do would be to **purchase** your air **tickets** now! Again thank you for being such a nice **audience**, and friends, thanks for being such good **sports**!"

Du français vers l'anglais

Les noms	
Affluence : ***crowds*** Comédien : ***actor*** Exhibition : ***show*** Journée : ***day***	Lecture : ***reading*** Préservatif : ***condom*** Résumé : ***summary*** Surnom : ***nickname***
Les adjectifs	
Gentil : ***nice*** Inconsistant : ***weak*** Lunatique : ***moody***	Marron : ***brown*** Terrifiant : ***terrifying***
Les adverbes	
Actuellement : ***at present*** Éventuellement : ***possibly***	Évidemment : ***obviously*** Fatalement : ***inevitably***
Les verbes	
Accommoder : ***to prepare*** Achever : ***to finish*** Attendre : ***to wait for*** Décevoir : ***to disappoint***	Délivrer : ***to set free*** Passer un examen : ***to take an exam*** Pourchasser : ***to pursue***

Les mots de liaison

▶Il est nécessaire d'employer des mots de liaisons pour organiser votre pensée. Il est également utile de les identifier dans un texte pour mieux le comprendre.

Développer des idées	***first of all:*** tout d'abord ***to begin / start with:*** pour commencer ***then, next:*** ensuite ***to some extent:*** dans une certaine mesure
Exprimer le but	***to*** + groupe verbal / ***for*** + groupe nominal: pour ***so as (not) to, in order (not) to:*** afin de… (ne pas) ***so that:*** si bien que
Exprimer la condition	***if:*** si ***in case:*** au cas où ***as long as:*** à condition que
Exprimer la concession ou la restriction	***although / though:*** bien que ***even though, even if:*** même si ***however, nevertheless:*** cependant ***unless:*** à moins que ***despite:*** malgré
Exprimer la cause	***because:*** parce que ***since:*** puisque ***this is the reason why:*** c'est la raison pour laquelle
Exprimer la conséquence	***so that:*** de telle sorte que ***that's why / therefore:*** c'est pourquoi ***as a result, consequently:*** en conséquence
Exprimer le temps	***eventually:*** finalement ***till / until:*** jusqu'à ce que ***while:*** pendant que ***whenever:*** chaque fois que ***meanwhile:*** pendant ce temps-là
Ajouter un élément	***in addition, furthermore:*** en outre ***besides:*** d'ailleurs ***moreover, on top of that:*** de plus
Donner un exemple	***for instance, for example:*** par exemple ***such as, like:*** comme ***namely:*** c'est-à-dire
Conclure	***to conclude, as a conclusion:*** pour conclure ***in short, to put it in a nutshell:*** pour résumer ***at last, finally:*** pour finir

Établir une comparaison/un contraste

L'expression de la comparaison ou du contraste se fait par l'emploi du comparatif ou du superlatif. Ceux-ci varient selon la longueur de l'adjectif.

Les comparatifs et superlatifs

Adjectifs	Comparatif	Superlatif
Courts • Une syllabe : *Ex: big, thin, clean, high…* • Deux syllabes se terminant en : ***-y, -le, -ow, -er*** *Ex: happy, gentle, narrow, clever…*	**Supériorité** (plus que) *Bigger **than…*** *Narrower **than…***	**Supériorité** (le plus) ***The** thinnest* ***The** happiest*
	Infériorité (moins que) ***Less** clever **than***	**Infériorité** (le moins) ***The least** gentle*
Longs • Plus de deux syllabes : *Ex: obvious, important, relevant, accurate…*	**Supériorité** ***More** obvious **than***	**Supériorité** ***The most** relevant*
	Infériorité ***Less** important **than***	**Infériorité** ***The least** accurate*

Ex: To conclude, I would say that this document is more accurate than the others.

Pour conclure, je dirais que ce document est plus pertinent que les autres.

As a conclusion, the image is less representative of the notion than the quotation I have analysed.

Pour conclure, l'image est moins représentative de la notion que la citation que je viens d'analyser.

Les marqueurs du contraste

whereas / while	*alors que / tandis que*
on the contrary	*au contraire*
contrary to / unlike	*contrairement à / à la différence de*
instead of	*au lieu de*

FICHE DE RÉVISION 5

Comprendre un énoncé

▶ **Certains termes de vocabulaire sont récurrents dans les énoncés. Il est nécessaire de les maîtriser pour le jour de l'examen.**

Glossaire des termes les plus usités

• Les verbes

to account for: expliquer, justifier
to allude to: faire allusion à
to apply to: s'appliquer à
to cross out: barrer
to match: associer
to fill in the blanks: compléter les blancs
to hint at: faire allusion à
to occur: se produire
to pick out: relever (dans le texte)
to quote: citer
to refer to: faire référence à
to sum up: résumer
to tick a box: cocher une case
to underline: souligner
to focus on: se concentrer sur

• Les noms

brackets: parenthèses
a clue: un indice
a compound adjective / noun: un adjectif / nom composé
a stylistic device: un procédé stylistique
an excerpt / an extract from: un extrait de
a grid: un tableau, une grille
a narrative: un récit
an occurrence: une occurrence
a phrase: une expression
a sentence: une phrase
a statement: une affirmation
a quotation, a quote: une citation
a sequel: une suite
a summary: un résumé

• Autres

on the whole: dans l'ensemble
throughout the text: à travers tout le texte
in your own words: en utilisant vos propres mots

Les consignes les plus fréquentes

- ***Tick the right answer(s)*** • Cochez la (les) bonne(s) réponse(s).
- ***Put the jumbled elements in chronological order*** • Reclassez dans l'ordre chronologique les éléments donnés.
- ***Choose the most suitable / relevant title*** • Choisissez le titre qui convient le mieux / le plus pertinent.
- ***What kind of text is it?*** • De quel type de texte s'agit-il ?
- ***Sum up the text*** • Résumez le texte.

- ***There are five mistakes in the following summary of the text. Underline them and correct them*** • Il y a cinq erreurs dans ce résumé du texte. Soulignez-les et corrigez-les.
- ***Fill in the blanks with words from the text*** • Complétez les blancs avec des mots tirés du texte.
- ***Who or what do the following pronouns / the underlined words refer to?*** • À qui / à quoi renvoient les pronoms / les mots soulignés suivants ?
- ***How many characters are active / present in the text?*** • Combien de personnages sont actifs / présents dans le texte ?
- ***How many characters are just mentioned?*** • Combien de personnages sont seulement mentionnés ?
- ***Cross out the adjectives which do not apply to the main character*** • Barrez les adjectifs qui ne s'appliquent pas au personnage principal.
- ***To what extent can you say that an evolution occurred in the character's life?*** • Dans quelle mesure pouvez-vous dire qu'une évolution s'est produite dans la vie du personnage ?
- ***Back up your answer with elements from the text*** • Appuyez votre réponse sur des éléments du texte.

Comment répondre aux questions ?

- ***What kind of text is it? What type of document is this text taken from?*** • *It is a narrative; an article; a dialogue; a diary; a letter.*
- ***What type of narrative is it?*** • *It's a first person narrative; it's a third person narrative; it seems like an excerpt taken from an autobiographical novel.*

L'astuce du prof

Attention ! Tous les récits à la première personne ne sont pas obligatoirement des autobiographies.

- ***How are the characters related?*** = Comment les personnages sont-ils reliés entre eux ? Quels sont les liens qui les unissent ? • *They are friends; relatives; siblings; colleagues.*
- ***What are the relationships between the main characters?*** • *They get on well with each other; they are on good terms; they can't stand each other; they barely bear each other's company; they can hardly communicate.*
- ***Choose the best title(s)*** = Choisissez un ou plusieurs titres parmi ceux qui vous sont proposés.
- ***Find information in the text*** = Trouvez plusieurs informations dans le texte.
- ***What do the following pronouns refer to?*** • "I" refers to the narrator. "They" refers to the group of students.

Vocabulaire

Attention ! *Information* = des informations; ***a piece of*** *information* = **une** information.

Organiser sa pensée/donner son opinion

Dans l'épreuve d'expression orale notamment, vous devez être capable de présenter et d'analyser textes ou images. Recourez à quelques formules clés pour vous aider à structurer vos réponses.

Présenter le document

- Dites en quoi l'image répond à **une problématique liée à l'axe.**

This picture is clearly related to the notion… since…	Cette image est clairement reliée à la notion… car…
The drawing refers to the notion… because…	Le dessin renvoie à la notion… parce que…
Obviously, the notion at stake here is… given that…	Évidemment, la notion en jeu ici est… dans la mesure où…

- Exprimez vos **premières réactions** :

What is striking is…	Ce qui est choquant, est…
I find it disturbing / surprising that…	Je trouve perturbant / surprenant que…
At first sight, I get a feeling of…	À première vue, j'ai l'impression que…

Analyser le document

- **Interprétez** ce que vous avez décrit :

I have the feeling that it's about…	J'ai l'impression que c'est à propos de…
The cartoonist warns us about…	Le dessinateur nous met en garde sur…
The message conveyed is…	Le message transmis est…
The photographer aims at criticising / denouncing…	Le but du photographe est de critiquer / dénoncer…

- Donnez **votre opinion** :

Personally, I think…	Personnellement, je pense que…
As far as I'm concerned…	En ce qui me concerne…
I totally agree / disagree with…	Je suis tout à fait d'accord avec… / Je suis en total désaccord avec…
To me / according to me…	Selon moi…

- **Nuancez** votre pensée :

In other words...	En d'autres termes...
To put it differently...	Pour dire les choses autrement...
This amounts to saying that...	Cela revient à dire que...
That is to say...	C'est-à-dire...
Up to a point...	Dans une certaine mesure...
To a certain extent...	Jusqu'à un certain point...
By no means must we...	En aucun cas nous ne devons...
On no account should we...	Sous aucun prétexte nous ne devrions...

Conclure

To conclude... / In conclusion...	En conclusion...
As a conclusion...	En guise de conclusion...
All things considered...	Tout bien considéré...
I would like to conclude by saying...	J'aimerais conclure en disant que...

UNITED STATES OF AMERICA

THE BRITISH ISLES

p. 51 : © SpecialistStock / Andia.fr ; **p. 64 :** © Petia_is / Shutterstock **p. 73 :** © Evan EL-AMIN / Shutterstock ; **p. 87 :** © Press Information Bureau / AFO ; **p. 95 :** © Christian BERTRAND / Shutterstock ; **p.117 :** © Taimy ALVAREZ / ZUMA Press / ZUMA / REA ; **p. 131 :** © TY Lim / Shutterstock ; **p. 139 :** © Vadim SADOVSKI / Shutterstock ; **p. 153 : haut** © gary718 / Shutterstock ; **bas** © Courtesy of Pest Control, Game Changer, 2020 ; **p. 163 :** © Andrush / Shutterstock ; **p. 177 : haut** © National Archives / Hulton Archives / Getty Images France ; **bas** © Bernard Hoffman / The Life Picture Collection / Getty Images France ; **p.187 :** © R. M. NUNES / Shutterstock ; **p. 199 : haut** © a.Katz / Shutterstock ; **bas** Shutterstock / Everett Collection ; **p. 209 :** © Joaquin Ossorio CASTILLO / Shutterstock ; **p. 225 :** © Viii / Adobe Stock ; **p. 250 :** © Anupam Nath / AP / Sipa Press ; **p. 258 :** © RodClementPhotography / Shutterstock ; **p. 259 :** © Flystock / Shutterstock ; **p. 268 :** © Ugis Riba / Shutterstock.

FSC www.fsc.org MIXTE Papier issu de sources responsables FSC® C022030

Nathan est un éditeur qui s'engage pour la préservation de son environnement et qui utilise du papier composé de fibres naturelles, renouvelables, fabriquées à partir de bois provenant de forêts gérées de manière responsable et contrôlée.

Dépôt légal : Août 2020 - N° de projet : 10259707
Imprimé en France par Maury-Imprimeur
45330 Malesherbes
N° d'imprimeur : 245189

IMPRIM'VERT Votre imprimeur agit pour l'environnement